新时代新理念职业教育教材·轨道交通系列

铁道工程（管理）专业教材

行业紧缺人才、关键岗位从业人员培训教材

铁路建设工程招投标与合同管理概论

（修订本）

主 编 齐 凤 汪 倩

副主编 张 涛 陈文帅 颜中伟

北京交通大学出版社

·北京·

内 容 简 介

本书根据国家最新颁布的铁路建设工程招投标与合同管理方面的法律法规进行编写，全面系统地介绍了铁路建设工程招投标与合同管理的相关知识、基本理论与方法。本书主要内容包括：绪论，铁路建设工程招标，铁路建设工程投标，铁路建设工程开标、评标、定标，铁路建设工程施工合同管理，铁路建设工程监理合同管理，铁路建设工程索赔，FIDIC 土木工程施工合同条件简介，铁路建设工程电子招投标。

本书通俗易懂，案例丰富，可操作性强，可作为高等院校铁道工程技术、铁路工程管理等相关专业的教学用书，也可作为铁路在职工程技术人员的培训教材和自学用书，还可以作为铁路工程建造师职业资格考试人员的参考用书。

图书在版编目（CIP）数据

铁路建设工程招投标与合同管理概论／齐凤，汪倩主编. —北京：北京交通大学出版社，2019.8（2022.8 重印）

ISBN 978 - 7 - 5121 - 3696 - 0

Ⅰ. ①铁… Ⅱ. ①齐… ②汪… Ⅲ. ①铁路工程 – 招标 ②铁路工程 – 投标 ③铁路工程 – 经济合同 – 管理 Ⅳ. ①U215.1

中国版本图书馆 CIP 数据核字（2018）第 187438 号

铁路建设工程招投标与合同管理概论

TIELU JIANSHE GONGCHENG ZHAO-TOUBIAO YU HETONG GUANLI GAILUN

策划编辑：刘 辉 责任编辑：刘 辉

出版发行：北京交通大学出版社 电话：010 – 51686414 http：//www. bjtup. com. cn

地 址：北京市海淀区高梁桥斜街 44 号 邮编：100044

印 刷 者：北京时代华都印刷有限公司

经 销：全国新华书店

开 本：185 mm×260 mm 印张：15 字数：370 千字

版 次：2022 年 8 月第 1 版第 1 次修订 2022 年 8 月第 2 次印刷

书 号：ISBN 978 - 7 - 5121 - 3696 - 0／U·382

定 价：47.00 元

本书如有质量问题，请向北京交通大学出版社质监组反映。对您的意见和批评，我们表示欢迎和感谢。

投诉电话：010 – 51686043，51686008；传真：010 – 62225406；E-mail：press@ bjtu. edu. cn。

前　言

　　随着我国铁路建设工程招投标与合同管理制度的不断完善和发展，培养掌握扎实的理论知识、具备实际操作技能的复合型铁路建设工程招投标与合同管理人才已势在必行。

　　本书根据国家最新颁布的铁路建设工程招投标与合同管理方面的法律法规进行编写，融入了《必须招标的工程项目规定》（中华人民共和国国家发展和改革委员会令 2018 年第 16 号）、《招标公告和公示信息发布管理办法》（中华人民共和国国家发展和改革委员会令 2017 年第 10 号）、《国务院关于修改和废止部分行政法规的决定》（2018 年国务院令第 698 号）中关于《中华人民共和国招标投标法实施条例》的修改部分、《中华人民共和国招标投标法（2017 年修订）》[中华人民共和国主席令（第八十六号）]、《铁路建设工程评标专家库及评标专家管理办法》（国铁工程监〔2017〕27 号）、《国家铁路局关于发布调整铁路工程造价标准增值税税率的公告》（国铁科法〔2018〕39 号）、《铁路基本建设工程设计概（预）算编制办法》（TZJ 1001—2017，国铁科法〔2017〕30 号）、《铁路基本建设工程设计概（预）算费用定额》（TZJ 3001—2017，国铁科法〔2017〕31 号）、《铁路建设工程招标投标监管暂行办法》（国铁工程监〔2016〕8 号）、《铁路建设项目施工招标投标实施细则（试行）》（铁总建设〔2015〕146 号）、《铁路建设项目总价承包标准施工资格预审文件和施工招标文件补充文本》（铁总建设〔2015〕200 号）、《铁路建设项目监理招标资格预审文件和招标文件示范文本》（铁总建设〔2015〕317 号），以及《建设工程施工合同（示范文本）》（GF—2017—0201）、《工程建设项目施工招标投标办法》（2013 年修订）、《建设工程工程量清单计价规范》（GB 50500—2013）、《电子招标投标办法》（2013 年 5 月 1 日施行）、《铁路工程建设项目招标投标管理办法》（中华人民共和国交通运输部令 2018 年第 13 号）等内容。

　　《中华人民共和国招标投标法实施条例》、《铁路建设项目施工招标投标实施细则（试行）》和《铁路建设工程招标投标监管暂行办法》（国铁工程监〔2016〕8 号）的实施，使得铁路建设工程招标投标主体的行为、招投标活动、招投标市场秩序更加规范，新版《建设工程施工合同（示范文本）》（GF—2017—0201）及《铁路建设项目总价承包标准施工招标文件补充文本》的出台，完善了铁路建设工程合同要素的结构与体系、合同价格类型、合同价格调整与合同的履行，增加了缺陷责任期及质量保证金的返还条款，提高了对铁路建设工程施工合同进行管理的科学性和合理性。

本书结合项目教学法的特点和铁路建设工程实际应用的需要，系统地论述了铁路建设工程招投标与合同管理的基础理论；阐述了铁路建设工程招投标的程序、资格预审文件和招投标文件的编制，以及开标、评标和定标等内容；介绍了铁路建设工程施工合同管理、铁路建设监理合同管理、铁路建设工程施工索赔、FIDIC 合同条件等内容。

2019 年 6 月 18 日，经国务院批准，中国铁路总公司改制为中国国家铁路集团有限公司，由于目前仍沿用中国铁路总公司颁布的相关法规，为方便读者阅读，本书仍沿用中国铁路总公司的名称，特此说明。

本书由齐凤、汪倩担任主编，张涛、陈文帅、颜中伟担任副主编，戴冰、付荣、李慧、林娜、蒋颖、石旭辉、王献贞、王道泊参加了本书的编写。

本书稿经过了反复讨论和多次修改，并参考、借鉴了相关的文献资料，在此向相关专家、学者表示深深的感谢。

由于编者水平有限，本书难免存在疏漏、不妥之处，恳请广大师生及相关读者、同行提出批评和建议。反馈本书意见、建议，以及索取相关教学资源，可与出版社编辑刘辉联系（cbslh@ jg. bjtu. edu. cn；QQ39116920）。

编　者

2022 年 8 月

目　　录

1 绪 论

随着国民经济的发展，全社会对铁路交通运输的需求日益强烈，这不仅给铁路建设企业带来了机遇，也对铁路建设工程提出了更高的要求。作为铁路建设企业，不仅要加强管理、提高效率，还要防止铁路工程建设中违法、违规现象的发生。铁路建设企业只有建立一套相对规范、灵活的招投标与合同管理体系，才能更有效地落实投资计划，更科学、规范、高效地利用和控制投资，尽快地发挥投资效益，以保证铁路建设工程的顺利进行。此外，了解国内外铁路建设工程的特点和国内外铁路建设工程招投标发展过程、发展趋势，掌握国际铁路建设工程招投标的管理方式，也是铁路建设工程招投标与合同管理工作顺利进行的关键。

【教学目标】

1. 知识目标

（1）了解国内外铁路建设工程招投标的发展过程。

（2）了解国内铁路建设工程招投标的发展前景。

（3）熟悉国内铁路建设工程招投标的特点。

（4）熟悉国际铁路建设工程招投标的程序。

（5）熟悉国内外铁路建设工程招投标的联系和区别。

2. 能力目标

（1）能区别国内外铁路建设工程招投标管理工作的差异。

（2）能初步确定国内铁路建设工程招投标的方式。

（3）能初步确定国际铁路建设工程招投标的方式。

3. 素质目标

（1）培养学生积极思考的能力。

（2）培养学生吃苦耐劳、勇于创新的职业素养。

（3）培养学生分析问题、解决问题的能力。

1.1 国内铁路建设工程招投标

1.1.1 铁路建设工程招投标的特点及意义

1. 铁路建设工程招投标

招投标是在市场经济条件下进行大宗货物的买卖、工程建设项目的发包与承包，以

1

及服务项目的采购与提供时所采用的一种交易方式。在这种交易方式下，采购方（招标方）通过发布招标公告或投标邀请信等方式发出招标信息，公开采购要求，吸引众多的供应方（投标方）通过投标竞价的方式公平竞争，按照规定程序组织技术、经济和法律等方面的专家对众多投标方，进行综合评审，从中择优选定中标方，并最终与其签订合同。

就铁路建设工程而言，招投标是铁路建设过程中采用的竞争机制，它在增强铁路建设工程整体质量、节省铁路建设投资的同时，可以缩短工程施工时间，从而确保铁路建设顺利地实施。

中国铁路总公司建设管理部归口管理铁路行业建设项目招投标工作，并负责铁路建设项目招标计划的审查、报批，以及评标方案、招标结果的审查、核准。具体的铁路建设工程招投标工作由铁路相关部门或受其委托的招标代理机构统一管理。招标代理机构是铁路招标人委托的具备编制招标文件和组织评标能力、依法设立的社会中介组织。

根据《中华人民共和国招标投标法》第三条和《必须招标的工程项目规定》（国家发展和改革委员会令2018年第16号）中的相关规定，下列工程建设项目，必须进行招标。

（1）大型基础设施、公用事业等关系社会公共利益、公众安全的项目。

（2）全部或者部分使用国有资金投资或者国家融资的项目：

① 使用预算资金200万元人民币以上，并且该资金占投资额10%以上的项目；

② 使用国有企业事业单位资金，并且该资金占控股或者主导地位的项目。

（3）使用国际组织或者外国政府贷款、援助资金的项目：

① 使用世界银行、亚洲开发银行等国际组织贷款、援助资金的项目；

② 使用外国政府及其机构贷款、援助资金的项目。

（4）不属于以上（2）、（3）条规定情形的大型基础设施、公用事业等关系社会公共利益、公众安全的项目，必须招标的具体范围由国务院发展改革部门会同国务院有关部门按照确有必要、严格限定的原则制订，报国务院批准。

（5）以上（2）～（4）条规定范围内的项目，其勘察、设计、施工、监理，以及与工程建设有关的重要设备、材料等的采购达到下列标准之一的，必须招标：

① 施工单项合同估算价在400万元人民币以上；

② 重要设备、材料等货物的采购，单项合同估算价在200万元人民币以上；

③ 勘察、设计、监理等服务的采购，单项合同估算价在100万元人民币以上。

同一项目中可以合并进行的勘察、设计、施工、监理，以及与工程建设有关的重要设备、材料等的采购，合同估算价合计达到上述规定标准的，必须招标。

任何单位和个人不得将依法必须进行招标的项目化整为零或者以其他任何方式规避招标。

2. 铁路建设工程招投标的特点

1）组织性

铁路建设工程的招投标是一种有计划、有组织的商业交易活动。它的实施过程，必须按照招标文件规定的时间、地点、规则、办法和程序进行，有高度的组织性。

2）公开性

铁路建设工程的招投标必须做到招标活动的信息公开、开标的程序公开、评标的标准和程序公开、中标的结果公开。

3）公平性

在铁路建设工程的招投标过程中，招标方对待各方投标者应一视同仁，不得有任何歧视某一个投标者的行为，开标过程实行公开方式，依照严格的保密原则和科学的评标办法，保证评标过程的公正性，同时要求与投标人有利害关系的招标人员不得作为评标委员会成员。

4）一次性

铁路建设工程招标与投标的交易行为，不同于一般商品交换，也不同于公开询价与谈判交易。在招标与投标过程中，投标人没有讨价还价的权利是招投标活动的又一个显著特征。投标人参加投标，只能应邀进行一次性秘密报价，是"一口价"。投标文件递交后，不得撤回或进行实质性条款的修改。

5）规范性

铁路建设工程招投标程序目前已相对成熟、规范，不论是工程施工招标，还是有关货物或服务采购招标，都要按照编制招标文件—发布招标公告—投标—开标—评标—签订合同这一程序进行。

3. 铁路建设工程招投标的意义

1）能够促进铁路建设工程的规范化和法制化

从法律角度来说，铁路建设工程的招投标是投标和招标双方按照法定程序进行交易的具有法律效力的行为。双方的全部行为受法律约束，即在市场经济条件下，铁路建设工程中的所有经济活动都有法可依、有章可循。

2）能够提高管理水平和推动技术进步

铁路建设工程招投标活动实质上就是投标人之间的竞争，而中标者看似是凭借价格获得最终的工程建设权利，但事实上，投标人如果想要在竞标中取得胜利，不仅要在价格上有一定的优势，还要在业绩、技术及实力上有较强的能力。这就导致竞争者需要不断引进先进的技术、选用先进的材料、采用新工艺的同时还要强化对工程项目和企业的管理，这在一定程度上促进了铁路建设企业管理水平和技术能力的提高，提高了铁路工程的质量。

3）能够有效地遏制铁路建设工程中的违法、违规现象

目前，在铁路建设工程中存在着某些违法、违规现象，为了防止这种情况的发生，国家铁路局于 2016 年 2 月 25 日发布了《铁路建设工程招标投标监管暂行办法》（国铁工程监〔2016〕8 号），该办法从 2016 年 3 月 15 日起执行。

国家铁路局负责对铁路建设工程招标投标进行监督、管理，指导、协调地区铁路监督管理局的铁路建设工程招标投标监督管理工作，管理铁路建设工程评标专家库，对地方政府有关部门的铁路建设工程招标投标监管工作予以行业指导。铁路建设工程招标投标监管方式主要包括监督检查、投诉处理、办理备案、行政处罚、记录公告等方式。

《铁路建设工程招标投标监管暂行办法》（国铁工程监〔2016〕8 号）的实施，保证了铁路建设工程招投标的每一个环节都严格依法进行，有效地遏制了不正当的竞争行为和贪污受贿等现象的发生，促进了铁路工程建设行为的公平、公开、公正。

4）能够提高效益，保护各方利益

铁路建设工程中使用招投标机制，能够创造公平竞争的市场环境，促进铁路建设企业间的公平竞争，有利于推动和完善我国建立市场经济体制的步伐。依法招标，能保证投标方在

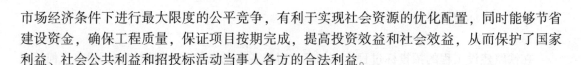

市场经济条件下进行最大限度的公平竞争，有利于实现社会资源的优化配置，同时能够节省建设资金，确保工程质量，保证项目按期完成，提高投资效益和社会效益，从而保护了国家利益、社会公共利益和招投标活动当事人各方的合法利益。

1.1.2　我国铁路建设工程招投标发展历程

从中华人民共和国成立初期至今，我国铁路建设工程招投标发展主要经历了三个阶段。

1. 以行政手段分配铁路建设任务阶段

中华人民共和国成立初期到党的十一届三中全会以前，我国实行的是高度集中的计划经济体制。在此期间，铁路建设任务主要是依靠行政手段由铁道部交其下辖的施工企业来完成。工资、管理费等维持施工企业日常运转的基本费用也是依靠上级下拨为主，企业基本没有太多的生存困难，所以也没有起码的紧迫感和危机感。这一时期，铁路建设工程招投标还尚未起步。

2. 铁路建设工程招投标的试行、推行阶段

20 世纪 80 年代中、后期，招投标开始引入我国，并在社会主义计划经济体制下小范围探索实践。20 世纪 90 年代，国家相关部委先后发布了《关于加强国家重点建设项目及大型建设项目招标投标管理的通知》、《工程建设施工招标投标管理办法》、《国家基本建设大中型项目实行招标投标的暂行规定》等规定，这些规定成为我国制定的最早一批针对基本建设项目招投标的具有基本规范和指导意义的法规性文件，铁路建设工程招投标开始进入试行、推行阶段。

20 世纪 90 年代初，铁路建设施工企业逐步实行自负盈亏的经济核算体制，部分企业逐步向公司制企业过渡，但它们依然直属于铁道部或铁路局。铁路建设任务不再采用此前的指令性的行政分配方式，部分工程采用了议标或不规范的邀请招标，邀请对象仅限于铁路行业内部施工企业。虽然铁路建设工程招投标工作有所发展，但这些招投标行为都缺乏有效的监督、监管，以及公开、公平的约束激励机制，因而抑制了招投标工作的健康发展。

为维护铁路建设市场秩序，加强铁路工程建设施工招投标管理，促进公平竞争，达到控制建设投资，确保工期和工程质量，提高投资效益的目的，结合铁路建设工程的实际情况，1996 年 8 月 2 日铁道部出台了《铁路工程建设施工招标投标管理办法》（铁建〔1996〕81号），该办法规定了凡列入铁道部基本建设计划的大中型项目（包括合资铁路）、小型项目（包括自筹资金），除特殊情况经铁道部批准外，均应实行施工招标。

3. 铁路建设工程招投标的强制实施阶段

20 世纪 90 年代末为了规范招投标行为，维护市场竞争秩序，保护国有资产和社会公共利益，1999 年国家出台了《中华人民共和国招标投标法》，通过立法，招投标制度作为一种强制性规定被确认下来。此后，我国的建设工程项目全部采用招投标报价方式，它标志着我国招投标的发展进入了全新的历史阶段。

21 世纪初，为了认真贯彻《中华人民共和国招标投标法》，铁道部发布了《铁路建设工程招标投标实施办法》（铁道部令第 8 号）和《铁路建设管理办法》（铁道部令第 11号），相继出台了《关于铁路建设项目招标投标若干问题处理意见的通知》（建工〔2000〕55 号）、《铁路建设工程招标评标委员会评委专家库管理办法》（铁建设〔2000〕

56 号）等规定，规范了铁路建设工程招投标管理工作，确保了铁路建设工程招投标工作的科学性、权威性、公正性，增加了铁路建设工程招投标工作的透明度。

1.1.3 我国铁路建设工程招投标发展趋势

1. 法律体系完善化

随着国务院于 2011 年 12 月 20 日颁布《中华人民共和国招标投标法实施条例》，以及其他相关法律法规的重新修订，铁路建设工程项目的招投标制度也在进一步完善：铁道部出台了《铁路工程建设项目招标投标活动监督办法》（铁建设〔2012〕105 号）、国家铁路局出台了《铁路建设工程招标投标监管暂行办法》（国铁工程监〔2016〕8 号）、中国铁路总公司出台了《铁路建设项目总价承包标准施工资格预审文件和施工招标文件补充文本》（铁总建设〔2015〕200 号）等相关的法律规章。

2. 资格预审制度严格化

资格预审制度是指在发出投标邀请书或者发售招标文件前，按照事先确定的资格条件对申请参加投标的投标候选人的资质、业绩、技术水平、财务状况等进行审查，选择合格投标人的活动。只有通过资格预审环节的潜在投标人才可以继续参加投标。

对投标人来说，资格预审可以让未通过审查的企业明白到底差距在哪里，在今后的竞争中如何改善；对业主来说，资格预审使技术力量强、资金雄厚、信誉良好、施工业绩优异的企业入围参加投标，确保了项目的质量。

建立严格的资格预审制度，规范招投标行为，保障工程质量是完善铁路建设工程招投标工作的重要环节。

3. 评标、定标公平、合理化

目前，由于评标、定标方法不够科学、不够合理或程序有失公正，导致竞争力很强的铁路建设施工单位不能中标的现象还时有发生。有些招投标工程因泄露标底，使通过非法途径得知标底的单位因报价准而得了高分；有些针对招投标工程专门制定的评分办法向某一施工单位透露，使其顺利中标；还有的评分办法出于地方保护的需要，对外地企业作出了限制性的规定，等等。同时，铁路建设工程招投标过程中存在着评委或招标人事先向有倾向性的单位透露评标标准、标底的现象，虽然走了形式上的招投标程序，但却没有发挥招投标工作的作用。

随着国家铁路局《铁路建设工程招标投标监管暂行办法》和《铁路建设工程评标专家库及评标专家管理办法》的相继出台，确保了铁路建设工程招投标工作的公平、公正、合理。

4. 中标工程跟踪的管理化

铁路工程建设中存在着工程层层转包和违法分包的情况，"一级企业中标，二级企业承包，三、四级企业施工"的现象仍然存在。

铁路建设主管部门将通过对招投标工程的跟踪管理，来维护铁路工程建设市场的秩序和招投标的成果，把好施工合同的审查关、履约关和纠纷的调解关，并配备必要的市场执法监察人员，将施工企业的履约情况与资质的动态管理结合起来，真正使招投标工作落到实处，避免"走过场"现象的发生。

5. 推行独立招标代理

招标代理机构是招投标工作的中介机构，招投标工作是否规范，很大程度上取决于招标代理机构的职责、职能是否真正到位。

《中华人民共和国招标投标法》尽管允许招标人自行招标，但业主自行招标往往不能保证招标的公平、公正。一些铁路建设工程项目，虽然采用了招标代理，但大多数代理公司属于业主的下属公司或与其有经济关联的组织，也不能完全保证招标活动的公正性。

推行独立招标代理，由与招投标双方均无直接或间接利益关系的中介公司代理招标业务，以保证招标的公平和公正。

6. 铁路建设工程招投标管理信息化

随着互联网的广泛使用及各种系统软件的不断完善，我国采用电子招投标方式进行招标采购的时机已经基本成熟。《中华人民共和国招标投标法实施条例》第五条规定："国家鼓励利用信息网络进行电子招标投标。"采用电子招投标可以通过技术手段有效防止弄虚作假、暗箱操作、串通投标、围标等现象的发生。

2013 年 2 月，国家发展和改革委、监察部、交通运输部、铁道部等相关部门联合下发了《电子招标投标办法》，并于 2013 年 5 月 1 日起实施，铁路建设工程招投标逐渐向信息化方向发展。

【案例】

某铁路隧道工程初步设计方案已通过审批，概算总投资：67 800 万元。资金来源及落实情况：政府投资与自筹资金，资金已落实。

招标采取代理招标方式，发包人是 A 工程建设有限公司，招标代理人是 B 工程咨询中心。该工程根据工程地址、施工条件大致分为四部分：输水隧道 0 + 009.56—3 + 000 段（上游进口段）；2#支洞及输水隧道 3 + 000—5 + 560 段；输水隧道 5 + 560—8 + 600 段；输水隧道 8 + 600—19 + 825.94 段。

此铁路隧道工程是否具备招标资格？应怎样进行招标？

【解答】

1. 确定该工程是否具备招标资格

因铁路建设工程属于国家重点工程，所以该隧道工程具备招标资格。

2. 确认该工程的招标方法

当招标人不具备编制招标文件和组织评标的能力时，招标人应当委托具有相应资质的工程招标代理机构代理进行工程招标，因此招标人可采用代理方式进行工程招标。

3. 该铁路隧道工程进行招标的具体方法

施工和监理分别划分为四个标段进行招标。施工标段 I 为输水隧道 0 + 009.56—3 + 000 段（上游进口段）施工，施工标段 II 为 2#支洞及输水隧通 3 + 000—5 + 560 段施工，施工标段 III 为输水隧道 5 + 560—8 + 600 段施工，施工标段 IV 为输水隧道 8 + 600—19 + 825.94 段施工。监理标段的划分与 4 个施工标段相对应。

1.2　国际铁路建设工程招投标

1.2.1　国际铁路建设工程招投标的发展

国际铁路建设工程通常是指一项允许由外国公司来承包建造的铁路建设工程项目，即全面向国际进行招标，并且按照国际上通用的工程项目管理模式进行管理的铁路建设工程。

国际铁路建设工程既包括我国公司去海外参与投资和实施的各项铁路建设工程，也包括国际组织和国外的公司到中国来投资和实施的铁路建设工程。

国际铁路建设工程招投标是一种有组织的、在国际范围内公开的、按一定规则进行的贸易方式，它向世界各国公开提出铁路工程建设条件，以征询工程承包商的最佳报价，其基本环节为发布招标公告、投标资格预审、发售招标文件、开标、评标和决标等。

1.2.2　国际铁路建设工程招投标内容及特点

1. 国际铁路建设工程招投标的内容

1）国际铁路建设工程招标的内容

（1）确定招标方式。

（2）确定招标程序（按国际招标基本程序进行）。

（3）招标前的准备工作。

（4）开标。

（5）评标。

（6）决标和授标。

2）国际铁路建设工程投标的内容

（1）投标决策。

（2）组建投标班子。

（3）投标前的准备工作。

（4）计算标价。

（5）确定投标策略。

（6）编制标书。

（7）投标过程中的细节工作。

（8）合同签订。

2. 国际铁路建设工程招投标的特点

国际铁路建设工程招标是以业主为主体进行的活动，国际铁路建设工程投标则是以承包商为主体进行的活动。招标是市场经济中最普遍和最常见的择优竞争方式之一，国际铁路建设工程的业主通常都通过招标方式来选择最佳的承包商。国际铁路建设工程招投标有以下特点。

（1）国际铁路建设工程招投标的交易行为具有组织性。

（2）国际铁路建设工程招投标的竞争过程具有公开、公平、公正和择优的特征。

（3）国际铁路建设工程招投标具有一次性报价的特征。

国际铁路建设工程招投标是诸多投标人在同一时间进行一次性报价，其投标文件递交后，一般不得撤回或修改。

（4）国际铁路建设工程招投标的目标是追求多目标条件下的系统最优化。

国际铁路建设工程招投标的根本目的不仅是简单地追求最低价，招投标的工程往往具有资本、技术、劳务和成套设备相结合的综合属性。

1.2.3 国际铁路建设工程招标方式

国际铁路建设工程普遍采用承包发包方式进行建设，即通过招标的方式选择理想的施工企业。一般情况下，招标人邀请几个或几十个投标人参加投标，通过多个投标人竞争，选择其中对招标人最有利的投标人达成交易。国际铁路建设工程招标方式归纳起来有：国际竞争性招标、国际有限招标、议标、其他招标方式。其中其他招标方式包括两阶段招标，保留性招标，多层次招标等。下面对国际竞争性招标、国际有限招标、议标、两阶段招标进行介绍。

1. 国际竞争性招标

国际竞争性招标是指在全球范围内，对一切有能力的承包商一视同仁，凡有兴趣的承包商均可报名参加投标，通过公平、公开的竞争，择优选定中标人。

1）国际竞争性招标方式

（1）公开招标。

公开投标是一种无限竞争性招标，招标人要在国内外主要报刊上刊登招标广告，凡对该项招标内容有兴趣的人均有机会购买招标资料进行投标。

（2）选择性招标。

选择性招标又称邀请招标，它是有限竞争性招标，招标人不在报刊上刊登广告，而是根据自己具体的业务关系和情报资料由招标人对承包商进行邀请，进行资格预审后，再由通过资格预审的承包商进行投标。

2）国际竞争性招标的意义

采用国际竞争性招标可以最大限度地挑起竞争，形成买方市场，使招标人有最充分的挑选余地，取得最有利的成交条件，因此国际竞争性招标是目前世界上广泛采用的招标方式。

3）国际竞争性招标的适用范围

（1）按资金来源划分。

① 由世界银行及其附属组织提供优惠贷款的工程项目。

② 由联合国多边援助机构和国际开发组织地区性金融机构提供援助性贷款的工程项目。

③ 由某些国家的基金会和一些政府提供资助的工程项目。

④ 由国际财团或多家金融机构投资的工程项目，以及两国或两国以上合资的工程项目。

⑤ 需要承包商提供资金的工程项目。

⑥ 以实物偿付的工程项目。

⑦ 发包国拥有足够的自有资金，而自己无力实施的工程项目。

（2）按工程性质划分。

① 大型土木工程。

② 施工难度大，发包国在技术或人力方面均无实施能力的工程。

③ 跨越国境的国际工程。

④ 极其巨大的现代工程。

2. 国际有限招标

国际有限招标是一种有限竞争招标。较之国际竞争性招标，有其局限性，即投标人选有一定的限制，不是任何对发包项目有兴趣的承包商都有资格参加投标。

1）国际有限招标方式

国际有限招标包括一般限制性招标和特邀招标两种方式。

（1）一般限制性招标。

这种招标虽然也是在世界范围内进行，但对投标人有一定的限制。其具体做法与国际竞争性招标颇为类似，只是更强调投标人的资信，采用一般限制性招标方式也应该在国内外主要报刊上刊登广告，只是必须注明是有限招标，还需注明对投标人的限制范围。

（2）特邀招标。

特邀招标即特别邀请招标。采用这种方式时，一般不在报刊上刊登广告，而是根据招标人自己积累的经验和资料或由咨询公司提供的承包商名单，由招标人在征得世界银行或其他项目资助机构的同意后对某些承包商发出邀请，经过对应邀人进行资格预审后，再通知其提出报价，递交投标书。

① 特邀招标的优点。

经过选择的投标商在经验、技术和信誉方面比较可靠，基本上能保证招标的质量和进度。

② 特邀招标的缺点。

由于发包人所了解的承包商的数目有限，在邀请时很可能漏掉一些在技术上或报价上有竞争力的承包商。

2）国际有限招标的适用情况

（1）工程量不大，投标人数目有限或有其他不宜采用国际竞争性招标的正当理由，如对工程有特殊要求等。

（2）某些大而复杂且专业性很强的工程项目，参与的投标者可能很少，而准备招标的成本很高。

（3）由于工程性质特殊，要求有专门经验的技术队伍及专业技术设备，只有少数承包商能胜任。

（4）工程规模太大，中小型公司不能胜任，只好邀请若干家大型公司投标。

（5）工程项目招标通知发出后无人投标，或投标商数目不足法定人数，招标人可再邀请少数公司投标。

（6）由于工程紧迫，或由于保密要求等其他原因不宜公开招标的工程。

3. 议标

议标也称邀请协商或谈判招标。就其性质而言，议标乃是一种非竞争性招标。严格地说，这不算是一种招标方式，只是一种"合同谈判"。它是由发包人物色一家承包商直接进行合同谈判。

议标的适用情况如下。

（1）属于研究、试验或实验及有待完善的项目承包合同。

（2）项目已付诸招标，但没有中标者或没有理想的承包商。

（3）属于紧急情况或有急迫需求的项目。

（4）秘密工程。

（5）属于国防需要的工程。

（6）已为业主实施过项目且业主对这些项目都很满意的承包商重新承担基本技术相同的工程项目。

4. 两阶段招标

两阶段招标是国际竞争性招标和国际有限招标相结合的方式。第一阶段按公开招标方式进行招标，经过开标和评标后，再邀请其中报价较低的或较合格的三家或四家投标人进行第二次投标报价。

两阶段招标适用于以下几种情况。

（1）招标工程内容属高新技术，需在第一阶段招标中博采众议，进行评价，选出最新、最优设计方案，然后在第二阶段中邀请选中方案的投标人进行详细的报价。

（2）一次招标不成功，即所有投标报价超出标底20%以上，只好邀请若干家较低报价者再次报价。

（3）在某些新型的大型项目承包之前，招标人对此项目的建造方案尚未最后确定，这时可以在第一阶段招标中向投标人提出要求，就其最擅长的建造方案进行报价。经过评价，选出其中最佳方案的投标人再进行第二阶段的详细报价。

1.2.4 国际铁路建设工程招投标程序

1. 国际铁路建设工程招标程序

国际铁路建设工程招标的一般程序如图 1-1 所示。

2. 国际铁路建设工程投标程序

国际铁路建设工程投标的一般程序如图 1-2 所示。

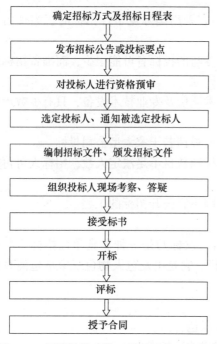

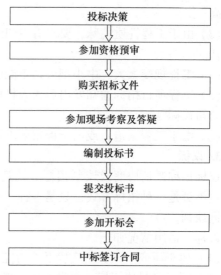

图 1-1　国际铁路建设工程招标的一般程序　　图 1-2　国际铁路建设工程投标的一般程序

国际铁路建设工程的招标文件一般包括：投标邀请函、投标人须知或投标指南、投标书格式或附录、合同条款、规范、图纸、工程量清单、投标保函、履约保函、协议书。

1.3　国内和国际铁路建设工程招投标的联系和区别

1.3.1　国内和国际铁路建设工程招投标的联系

（1）都受时间序列自然规律的约束。

（2）都是商品经济的产物。

1.3.2　国内和国际铁路建设工程招投标的区别

（1）招投标制度的完善、成熟程度不同。

我国的招投标管理制度未明确将铁路建设工程区分为政府工程和民间工程。《中华人民共和国招标投标法》规定了必须经过招标的项目，实际运作中各省市的政府管理部门往往不分投资来源和使用功能，要求所有的工程项目采用相同的招标文件、评标办法和授标原则。

美国、日本等国家和地区，根据资金来源和使用功能的不同把铁路建设工程分为政府工程和民间工程。

政府工程的招标必须采取公开招标的形式，对投标人的资格审查非常严格，往往选择价格最低的投标人中标，采用政府工程的合同格式文本。

根据业主的意愿，民间工程的招标可以自由选择公开招标、邀请招标、邀请议标等形式。选择中标人的依据也可以由业主自行确定。可能是最低价，也可能是综合评议结果最好、甚至还可能仅是业主的喜好。

（2）国内外铁路建设工程招投标编制投标报价的依据不同。

国际铁路建设工程的工程造价没有统一的确定依据，消耗量可能是承包商自己测算的经验定额，也可能是根据施工方案测算出来的实物量；市场价格是随时变化的，利润和管理费随着竞争的形势也在不断调整。

由于不同的时期、地点、供应渠道，以及资源市场价格不同，承包商对利润和管理费等间接费用的期望值有很大差距，所以不同的承包商同时对同一个工程投标，其报价可能相差很远。

（3）其他不同。

① 所涉及的技术规范、政策法规、金融制度、经济法规等有较大差异。

② 国内工程招投标中招投标制度的适用范围、标底的编制、中标原则、评标组织等做法和规定不同于国际上通行的惯例。

【案例】

×× 年 CHBE 公司欲在 A 国首都承建既有铁路线的改造工程，工期 20 个月。该工程为政府投资，采用国际公开招标，采用 FIDIC《施工合同条件》。

针对案例，CHBE 公司要想承建 A 国首都既有铁路线的改造工程，具体应做哪些工作？

【解答】

1. 分析 A 国铁路建设工程的特点，进行投标决策、组建投标小组、做好投标前准备工作、计算标价、确定投标策略、编制标书等工作。

2. 踏勘现场。进行现场调查，发现该国经济稳定，气候干燥，地下水位较高，属海洋性气候。

3. 购买 A 国关于铁路线改造的招标文件。

4. 复核招标文件工作量表中的工程量。

5. 制定针对铁路线改造的施工计划。

6. 进行各种费用的计算。

7. 提交投标书。

8. 参加开标会。

【本章思考题】

1. 我国铁路建设工程招投标的发展经历了哪几个阶段？

2. 我国铁路建设工程招投标的基本特点是什么？

3. 什么是国际有限招标？

4. 简述国际招投标程序。

5. 国内和国际铁路建设工程招投标的联系和区别是什么？

2 铁路建设工程招标

铁路建设工程招标是铁路建设单位对拟建的铁路建设工程通过法定的程序和方式吸引建设项目的承包单位竞争，并从中选择条件优越者来完成铁路工程建设任务的法律行为。

随着工程招标代理行业竞争的不断加剧，工程招标代理企业间并购整合与资本运作也日趋频繁，国内优秀的工程招标代理企业越来越重视对行业市场的研究，特别是对企业发展环境和客户需求趋势变化的深入研究。铁路建设工程招标代理机构在工程招标、工程专业技术咨询、规范招标行为、提高招标质量等方面，都起着积极的作用。

【教学目标】

1. 知识目标

（1）了解铁路建设工程招标的概念。

（2）熟悉招标人、铁路建设工程招标的范围、特点、分类和方式。

（3）掌握铁路建设工程的招标程序与内容。

（4）掌握铁路建设工程中的文件（预审文件和招标文件）的编制。

（5）掌握铁路建设工程招标控制价的编制。

2. 能力目标

（1）能识别铁路建设工程招标的范围。

（2）能编写铁路建设工程资格预审文件。

（3）能编写铁路建设工程招标文件。

3. 素质目标

（1）培养学生自学和独立思考的能力。

（2）培养学生严谨的工作态度和信息收集、处理的能力。

（3）培养学生吃苦耐劳、严谨求实的工作作风。

（4）培养学生分析和解决问题的能力。

2.1 铁路建设工程招标的相关知识

2.1.1 铁路建设工程招标的概念及特点

1. 铁路建设工程招标的概念

铁路建设工程招标，是指铁路招标人事先提出工程的条件和要求，邀请众多投标人参加投标并按照规定程序从中选择承包商的一种市场交易行为。

铁路建设工程招标交易过程包括招标和投标两个最基本的环节，前一个环节是招标人以一定的方式邀请不特定或一定数量的潜在投标人进行投标，后一个环节则是投标人响应招标人的要求参加投标竞争。

2. 铁路建设工程招标特点

随着我国经济体制改革的不断深入，招标作为铁路建设工程中实现公开、公正、平等竞争的有效方式也不断得到完善，并逐渐形成了如下特点。

（1）招标程序规范。

（2）多方位开放，透明度高。

（3）过程统一，监管有效。

（4）公平，客观。

（5）双方一次成交。

2.1.2 铁路建设工程招标人

铁路建设工程招标人是指提出招标项目，进行招标的法人或其他组织，通常为该铁路建设工程的投资人即项目业主或建设单位。铁路建设工程招标人在铁路建设工程招投标活动中起主导作用。

随着我国铁路建设工程投资管理体制改革的深入，铁路建设工程投资主体已由过去单一的政府投资，发展成国家、集体、个人多元化投资。投资主体多元化使铁路建设工程招标人也出现多样化的趋势。

1. 铁路建设工程招标人招标资格

铁路建设工程招标人招标资格，是指铁路建设工程招标人能够自己组织招标活动所必须具备的条件和素质。铁路建设工程招标人可以自行办理招标，也可以委托具有相应资质的招标代理机构招标。

铁路建设工程招标人自行办理招标必须具备两个条件：一是有编制招标文件的能力；二是有组织评标的能力。

除此之外，铁路建设工程招标人自行招标时还应具备项目法人资格或者法人资格；有从事同类铁路建设工程招标的经验；有与招标项目规模和复杂程度相适应的铁路建设工程技术、工程造价、财务和工程管理等方面的专业技术力量，即招标人应具有 3 名以上本单位的中级以上职称的铁路建设工程技术、经济人员（熟悉和掌握招投标的有关法规，且至少包括一名在本单位注册的造价工程师）。

凡符合上述要求的，招标人应向中国铁路总公司报批备案后组织招标。招标人不符合上述条件的，不得自行组织招标，只能委托铁路工程建设项目招标代理机构代理组织招标。中国铁路总公司建设管理部归口管理铁路行业建设项目招投标工作，并负责铁路建设项目招标计划的审查、报批，以及评标方案、招标结果的审查、核准。

2. 铁路建设工程招标人的权利和义务

1）铁路建设工程招标人权利

（1）自行组织招标或者委托招标的权利。招标人是铁路建设工程建设项目的投资责任者和利益主体，也是项目的发包人。招标人发包铁路建设工程项目，凡具备招标资格的，有权自己组织招标，自行办理招标事宜；不具备招标资格的，则可委托招标代理机构代理组织招标，代为办理招标事宜。

铁路建设工程委托招标代理机构进行招标时，享有自由选择招标代理机构的权利，同时享有参与整个招标过程的权利，招标人代表有权参加评标组织。任何机关、社会团体、企事业单位和个人不得以任何理由为招标人指定或变相指定招标代理机构，招标代理机构只能由招标人选定，招标人对招标代理机构办理的招标事务要承担法律后果。

招标人委托招标代理机构代理招标时，不只是委托，还必须对招标代理机构的代理活动，特别是评标、定标代理活动进行必要的监督，这就要求招标人在委托招标时仍需保留参与招标全过程的权利，其代表可以进入评标组织，作为评标组织的组成人员之一。

（2）进行投标资格审查的权利。对于要求参加投标的潜在投标人，招标人有权要求其提供有关资质情况的资料，有权进行资格审查、筛选，拒绝不合格的潜在投标人参加投标。

（3）择优选定中标人的权利。招标过程是一个选优过程，通过公开、公正、公平的市场竞争，确定最优中标人。这是招标人最重要的权利。

（4）享有依法约定的其他各项权利。铁路建设工程招标人的权利依法确定，法律、法规无规定时则依双方约定，但双方的约定，不得违法或损害社会公共利益和公共秩序。

2）铁路建设工程招标人义务

（1）遵守法律、法规、规章，以及相关方针、政策的义务。铁路建设工程招标人的招标活动必须依法进行，违法或违规、违章的行为不仅不受法律保护，而且还要承担相应的法律责任。遵纪守法是铁路建设工程招标人的首要义务。

（2）接受招投标管理机构的管理和监督义务。为了保证铁路建设工程招投标活动公开、公正、公平，铁路建设工程招投标应依法接受社会监督。国家铁路局负责铁路建设工程招投标监督管理工作，地区铁路监管局负责辖区内铁路建设工程招投标监督管理工作，工程质量监督中心协助进行铁路建设工程招投标监督工作。

（3）不侵犯投标人合法权益的义务。招标人、投标人是招投标的当事人，他们在招投标中的地位是完全平等的，因此招标人在行使自己权利的时候，不得侵犯投标人的合法权益、妨碍投标人公平竞争。

（4）招标人委托代理机构招标时应向代理机构提供招标所需资料，支付委托费用等的义务。

① 招标人对于招标代理机构在委托授权的范围内所办理的招标事务的后果直接接受并承担民事责任。

② 招标人应向招标代理机构提供招标所需的有关资料，提供或者补偿办理委托事务所必需的费用。

③ 招标人应向招标代理机构支付委托费或报酬。支付委托费或报酬的标准和期限，应按照法律规定或合同的约定来确定。

④ 招标人应向招标代理机构赔偿招标代理机构在执行受托任务中非自己过错所造成的损失。

（5）保密的义务。铁路建设工程招标投标活动应当遵循公开原则，对可能影响公平竞争的信息，招标人必须保密。

（6）与中标人签订并履行合同的义务。招标投标的最终结果，是择优确定中标人，与中标人签订并履行合同。

（7）承担依法约定的其他各项义务。在铁路建设工程招投标过程中，招标人与投标人、招标代理机构依法约定的义务，应认真履行。

2.1.3 铁路建设工程招标方式

我国《铁路建设项目施工招标投标实施细则（试行）》第十条规定：施工招标分为公开招标和邀请招标。铁路建设项目招标方式应在上报可行性研究报告时提出申请，并严格执行可行性研究报告批复。

1. 公开招标

公开招标，是指招标人在公开媒介上以招标公告的方式邀请不特定的法人或其他组织参与投标。

采用公开招标方式时，铁路建设工程招标人按照法定程序，在公开出版物（指报刊、广播、网络等公共媒体）上发布招标公告，招标公告应同时注明发布的所有媒介的名称。

公开招标是所有符合条件的供应商或者承包商都可以平等参加投标竞争，并从符合条件的投标人中择优选择中标人的一种招标方式。

公开招标的优点在于其能够在最大范围内选择投标人，择优率高，同时也可以避免招标活动中的违法行为，达到节约建设资金、保证工程质量、缩短建设工期的目的，但是采用公开招标时，投标人较多，一般会耗时较长，花费的成本也较大。

2. 邀请招标

邀请招标，是指铁路建设工程招标人根据供应商或承包商的资信和业绩，选择若干供应商或承包商（不能少于三家），向其发出投标邀请，由被邀请的供应商、承包商投标竞争，从中选定中标者的招标方式。

对于采购标的较小、专业性较强的项目，由于有资格承接的潜在投标人较少，或者需要在较短时间内完成采购任务等原因，最好采用邀请招标。

2.1.4 铁路建设工程招标范围

1. 铁路建设工程必须招标的项目

铁路建设工程必须招标的项目请参考 1.1.1 节的相关内容，此处不再重复。

2. 铁路建设工程邀请招标的项目

依法必须进行公开招标的项目，有下列情形之一的，可以邀请招标。

（1）项目技术复杂，或有特殊要求，或者受自然环境限制，只有少量潜在投标人可供选择。

（2）涉及国家安全、国家秘密或者抢险救灾，适宜招标但不宜公开招标。

（3）采用公开招标方式的费用占项目合同金额的比例过大。

全部使用国有资金投资或者国有资金投资占控股或者（主导地位）的，并需要审批的铁路工程建设项目的邀请招标，应当经中国铁路总公司审批。

3. 可不进行招标的项目

依法必须进行施工招标的铁路建设工程项目有下列情形之一的，可以不进行施工招标。

（1）涉及国家安全、国家秘密、抢险救灾或者属于利用扶贫资金实行以工代赈需要使用农民工等特殊情况，不适宜进行招标。

（2）施工主要技术采用不可替代的专利或者专有技术。

（3）已通过招标方式选定的特许经营项目投资人依法能够自行建设。

（4）采购人依法能够自行建设。

（5）在建工程追加的附属小型工程或者主体加层工程，原中标人仍具备承包能力，并且其他人承担将影响施工或者功能配套要求。

（6）国家规定的其他情形。

2.1.5 铁路建设工程招标分类

1. 按照铁路工程建设程序分类

按照铁路工程建设程序，可以将铁路建设工程招标分为铁路建设项目可行性研究招标、铁路工程勘察设计招标、铁路工程施工招标。

2. 按照铁路行业业务性质分类

按照铁路行业业务性质，可以将铁路建设工程招标分为铁路勘察招标、铁路设计招标、铁路施工招标、铁路建设监理招标，以及铁路工程设备、材料招标。

3. 按照铁路工程建设项目的构成分类

按照铁路工程建设项目的构成，可以将铁路建设工程招标分为铁路建设项目招标、单项工程招标、单位工程招标。

4. 按照铁路工程发包承包的范围分类

按照铁路工程发包承包的范围，可以将铁路建设工程招标分为铁路工程总承包招标、铁路工程分项承包招标和铁路工程专项承包招标。

5. 按照铁路工程是否具有涉外因素分类

按照铁路工程是否具有涉外因素，可以将铁路建设工程招标分为国内工程招标和国际工程招标。

2.1.6 铁路建设工程招标原则

铁路建设工程招标的基本原则为公平原则、公正原则、公开原则和诚实信用原则。

1. 公开原则

公开原则是指铁路建设工程招标活动应有较高的透明度，具体表现为铁路建设工程招标的信息公开、条件公开、程序公开和结果公开。

2. 公平原则

铁路建设工程招标属于民事法律行为，公平原则是指民事主体的法律地位平等。一方把自己的意志强加于对方，招标压价或签订合同前无理压价，以及投标人恶意串通、提高标价损害对方利益等违反平等原则的行为无效。

3. 公正原则

公正原则是指按铁路建设工程招标文件中规定的统一标准，实事求是地进行评标和决标，不偏袒任何一方。

4. 诚实信用原则

诚实信用原则是指招标工作要真实、合法。违反诚实信用原则的行为是无效的，且应对由此造成的损失和损害承担责任。诚实信用原则是市场经济健康有序发展的基本前提。

【案例】

经国家发展和改革委员会批准，拟新建铁路沪汉蓉通道合肥至武汉段。武合铁路湖北有限责任公司作为招标人，现决定对本项目武汉枢纽站前工程进行施工招标，该站前工程建设资金来自资本金、国内银行贷款，项目出资比例分别为50%和50%。

针对案例，武合铁路湖北有限责任公司应采用何种招标方式进行招标？其在招标活动中有何种权利和义务？

【解答】

（1）根据《工程建设项目施工招标投标办法》、《铁路建设项目施工招标投标实施细则（试行）》和《必须招标的工程项目规定》中的规定，新建铁路沪汉蓉通道合肥至武汉段项目的施工招标方式应采用公开招标，并在中国铁路总公司建设管理部和监察局的监督、指导下进行。

（2）武合铁路湖北有限责任公司作为招标人应享有的权利和应尽的义务如下。

① 权利。

- 自行组织招标或者委托招标。
- 对于要求参加投标的潜在投标人进行投标资格审查，拒绝不合格的潜在投标人参加投标。
- 根据评标组织的评审意见和推荐建议择优选定中标人。
- 享有依法约定的其他各项权利。

② 义务。

- 遵守法律、法规、规章，以及相关方针、政策。
- 接受中国铁路总公司建设管理部和监察局的监督管理。
- 不侵犯投标人合法权益。

- 委托代理招标时应向代理机构提供招标所需资料，支付委托费用等。
- 对可能影响公平竞争的信息必须保密。
- 与中标人签订并履行合同。
- 承担依法约定的其他各项义务。

2.2 铁路建设工程招标程序

2.2.1 铁路建设工程招标条件

在铁路建设工程进行招标之前，招标人必须完成必要的准备工作，具备招标所需的条件。铁路建设工程招标时应该具备以下条件。

（1）建设单位（或项目管理机构）依法成立。

（2）有相应的资金或资金来源已经落实。

（3）施工图已经审核合格。

（4）施工图预算已经核备或批准。

（5）指导性施工组织设计已经编制完毕。

（6）建设项目的特殊重点控制工程可以分段实施。

2.2.2 铁路建设工程招标计划

铁路建设工程具备招标条件后，铁路建设单位应严格按照标段划分原则划分标段，并按照中国铁路总公司相关规定编制招标计划，招标计划报中国铁路总公司审批。

招标计划内容应包括：工程概况、招标依据、招标范围、承包方式、标段划分（含标段起讫里程、长度、主要工程内容、重点控制工程、招标预算）、时间安排、资格审查方式、评委会组成方案、交易场所、参与研究确定者的签字背书材料等。

铁路建设项目分期、分批招标的，建设单位应在招标计划中说明已招标内容、本次招标内容，以及剩余招标安排。

铁路建设工程委托代建的，应在代建协议签订后，由代建单位上报招标计划。

2.2.3 铁路建设工程招标程序概述

1. 铁路建设工程报建

铁路建设工程的立项批准文件或年度投资计划下达后，按照有关规定，招标人须向中国铁路总公司建设管理部报建备案。铁路建设工程报建应按规定的格式进行填报，其主要内容包括以下几点。

（1）工程名称。

（2）建设地点。

（3）投资规模。

（4）资金来源。

（5）当年投资额。

（6）工程规模。

（7）开、竣工时间。

（8）发包方式。

（9）工程筹建情况等。

2. 铁路建设工程报建程序

（1）铁路建设工程单位到铁路工程建设行政主管部门或者授权机构领取铁路建设工程项目报建表。

（2）按要求认真填写报建表。

（3）向铁路建设工程行政主管部门或者授权机构报送铁路建设工程项目报建表，并按要求进行招标准备。

3. 办理铁路建设工程报建应交验的文件资料

（1）立项批准文件或年度投资计划。

（2）固定资产投资许可证。

（3）铁路建设工程规划许可证。

（4）资金证明等。

铁路建设工程报建备案，是为了铁路建设行政主管部门掌握铁路建设工程的规模，规范铁路建设工程实施阶段程序的管理，加强对铁路建设工程实施过程的监督。铁路建设工程报建备案后，具备招标条件的铁路建设工程即可开始办理招标事宜。

凡未报建备案的铁路建设工程，不得办理招标手续和发放施工许可证。

4. 铁路建设工程招标程序

铁路建设工程招标程序主要是指招标工作在时间和空间上应遵循的先后顺序。铁路建设工程报建工作完成后，招标人即可按规定程序进行铁路建设工程招标工作。铁路建设工程公开招标程序如图2-1所示，邀请招标程序可参照公开招标程序进行。

5. 铁路建设工程招标内容

1）审查招标人资质

对于招标人自行办理招标事宜的，必须满足一定的条件，并向中国铁路总公司建设管理部备案，中国铁路总公司建设管理部招标办对招标人是否具备自行招标的条件进行检查。对委托招标代理机构代理招标的，也应向中国铁路总公司建设管理部备案，对委托的招标代理机构，招标人应与其签订委托代理合同。

2）确定招标方式

当招标人自行或委托招标代理机构代理组织招标确定后，应根据招标项目的具体情况，按照法律法规的规定确定招标方式（公开招标或邀请招标），并向中国铁路总公司建设管理部进行备案。

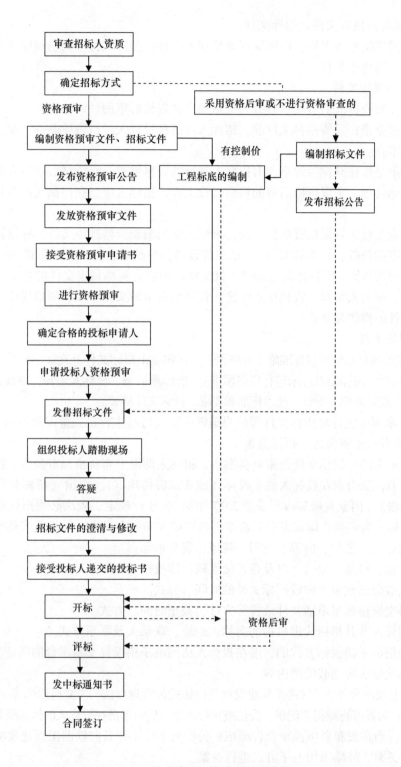

图 2 - 1 铁路建设工程公开招标程序

(注：实线为采用资格预审方式的程序，虚线为采用资格后审方式的程序)

3）编制资格预审文件、招标文件

招标方式确定并备案后，即可编制资格预审文件、招标文件。资格预审文件或者招标文件的发售期不得少于 5 日。

（1）资格预审文件。

公开招标对投标人的资格审查分为资格预审和资格后审两种。

资格预审是指在发售招标文件前，招标人对潜在投标人进行资质条件、业绩、技术、资金等方面的审查。

资格后审是指在开标后评审前对投标人进行的资格审查。经资格后审不合格的投标人的投标应作废标处理。采取资格后审的铁路建设工程，招标人应当在招标文件中载明对投标人资格的要求。

铁路建设工程招标采取资格预审的，招标人应当编制资格预审文件，资格预审文件中应载明资格预审的条件、标准和方法。《铁路建设项目总价承包标准施工资格预审文件和施工招标文件补充文本》（铁总建设〔2015〕200 号）中规定资格预审文件的主要内容包括：资格预审公告、申请人须知、资格审查办法、资格预审申请文件格式、项目建设概况，以及对资格预审文件的澄清和修改。

（2）招标文件。

《铁路建设项目总价承包标准施工资格预审文件和施工招标文件补充文本》中规定招标文件的主要内容包括：招标公告（未进行资格预审）、投标邀请书、投标人须知、评标办法、合同条款及格式、工程量清单、图纸、技术标准和要求、投标文件格式。

（3）资格预审文件和招标文件需向当地铁路建设行政主管机关报审及备案。

4）发布资格预审公告、招标公告

资格预审文件、招标文件经审查备案后，招标人即可发布资格预审公告、招标公告或发出投标邀请书，吸引潜在投标人前来投标（或参加资格预审）。根据《招标公告和公示信息发布管理办法》（国家发展和改革委令 2017 年第 10 号）规定，依法必须招标项目的资格预审公告、招标公告必须在国家发展和改革委指定的发布媒介发布，并且应当载明以下内容。

（1）招标项目名称、内容、范围、规模、资金来源。

（2）投标资格能力要求，以及是否接受联合体投标。

（3）获取资格预审文件或招标文件的时间、方式。

（4）递交资格预审申请文件或投标文件的截止时间、方式。

（5）招标人及其招标代理机构的名称、地址、联系人及联系方式。

（6）采用电子招投标方式的，潜在投标人访问电子招投标交易平台的网址和方法。

（7）其他依法应当载明的内容。

除以上七项内容外，《铁路工程建设项目招标投标管理办法》（交通运输部令 2018 年第 13号）增加了：对具有行贿犯罪记录、失信被执行人等失信情形潜在投标人的依法限制要求。

招标人应当在发布资格预审公告或招标公告前 7 个工作日向铁路工程建设项目招投标行政监管部门备案。鼓励采用电子方式进行备案。

5）对投标人进行资格预审

资格预审工作应当遵循公平、公正、科学、择优的原则，任何单位和个人不得以不合理的条件限制或排斥潜在投标人，不得非法干预、影响资格预审过程和结果。资格预审的作用如下。

（1）排除不合格的投标人。招标人可以在资格预审中设置基本要求，将不具备要求的投标人排除在外。

（2）降低招标人的招标成本。如果允许所有愿意投标的投标人都参加投标，招标工作量增加，招标成本也会增加，通过资格预审，排除不合格的投标人，把参加投标的投标人控制在一个合理的范围内，有利于降低招标成本，提高招标工作效率。

（3）可以吸引实力雄厚的投标人参加竞争。资格预审排除一些条件差的投标人，可以避免恶性竞争，这对实力雄厚的潜在投标人是一种吸引。

6）资格预审的程序

（1）编制资格预审文件。

（2）发布资格预审公告。

（3）发出资格预审文件。

（4）潜在投标人编制并提交资格预审申请文件。

（5）对资格预审申请文件进行审查。

进行资格预审时，通过对申请单位填报的资格预审文件和资料进行评比和分析，按程序确定合格的投标申请人名单，并告知获取招标文件的时间、地点和方法。

投标人收到资格预审合格通知书后，应以书面形式予以确认，并在规定的时间领取招标文件、图纸及有关技术资料。同时向资格预审不合格的潜在投标人发出资格预审结果通知书（注明未通过资格预审的具体理由）。通过资格预审的申请人少于 3 个的，应重新招标。

7）发售招标文件和有关资料

铁路建设招标人应按规定的时间和地点向经审查合格的投标人（含被邀请的投标人）发售招标文件及有关资料，并收取一定数量的投标保证金。投标保证金是为了防止投标人在投标过程中擅自撤回投标或中标后不愿与招标人签订合同而设立的一种保证措施。

招标文件发出后，招标人不得擅自变更其内容。确需进行必要的澄清、修改或补充的，应当在招标文件要求提交投标文件截止时间前一定的时期内进行，并书面通知所有获得招标文件的投标人。该澄清、修改或补充的内容是招标文件的组成部分，对招标人和投标人都有约束力。

8）组织投标人踏勘现场并答疑

招标文件公布后，招标人要在招标文件规定的时间内，组织投标人踏勘现场，并对投标人涉及招标文件和踏勘现场的问题进行答疑。

踏勘现场的目的在于使投标人了解工程现场和周围环境情况，获取对投标有帮助的信息，并据此作出关于投资策略和投标报价的决定；同时还可以针对招标文件中的有关规定和数据，通过现场踏勘进行详细的核对，对于现场实际情况与招标文件不符之处向招标人书面提出。

投标人在现场踏勘中产生的疑问或不清楚的问题，应当用书面的形式向招标人提出，招标人应当给予解释和答复。招标人的答疑可以根据情况采用以下方式进行。

（1）以信函的方式书面解答。解答内容应同时送达所有获得招标文件的投标人，并将解答内容向铁路建设行政主管部门备案。

（2）通过召开答疑会进行解答。以会议纪要形式将解答内容送达所有获得招标文件的投标人，并同时将会议纪要（答疑纪要）向铁路建设行政主管部门备案。

招标人答疑后对招标文件的澄清与修改，应在投标结束前一定时间，以书面形式发给所有投标人。招标文件的澄清与修改属于招标文件的一部分，与招标文件有同等效力，应将招标文件的澄清与修改内容向铁路建设行政主管部门备案。

9）接受投标文件

招标人接受投标人的投标文件，并记录接受日期和时间。投标人在招标文件约定的投标截止日期前，提交投标文件，逾期送达的投标文件将被拒收。在开标前招标人应妥善保管投标文件。

10）开标

开标是铁路建设工程招标过程中的重要环节。开标应在招标文件规定的提交投标文件截止时间的同一时间公开进行，开标地点应在招标文件中确定。开标会议由招标人或招标代理机构组织并主持，所有投标单位的法定代表人或授权代理人均应参加，招投标管理机构到场监督。

11）评标

开标结束后，招标人将有效投标文件，送评标委员会进行评审。

评标由招标人依法组建的评标委员会来负责，评标委员会由招标人或其委托的招标代理机构的熟悉相关业务的代表和有关经济、技术方面的专家组成。

12）定标、发中标通知书

评标结束后，招标人以评标委员会提供的评标报告为依据，对评标委员会所推荐的中标候选人进行比较以确定中标人，招标人也可以授权评标委员会直接确定中标人。确定中标人后，招标人应当向中标人发出中标通知书，并同时将中标结果通知所有未中标的投标人。中标通知书对招标人和中标人均具有法律约束效力。中标通知书发出后，招标人改变中标结果的，或者中标人放弃中标项目的，应承担法律责任。

13）签订合同

招标人与中标人应当在规定的时间期限内，正式签订书面合同。

【案例】

新建铁路沪汉蓉通道合肥至武汉段工程于 2012 年 3 月 1 日获国家发展和改革委批准建设。武合铁路湖北有限责任公司作为招标人，为了择优选择承包人承建该铁路武汉枢纽站前工程，决定采取公开招标的方式进行招标。

针对本案例，武合铁路湖北有限责任公司应如何进行该铁路武汉枢纽部分站前工程的公开招标？

【解答】

武合铁路湖北有限责任公司的招标工作应按照：发布招标公告、资格预审、发售招标文件，收取投标文件等程序进行。

1）发布招标公告

（1）公告时间：2012 年 3 月 3—9 日。

（2）有投标意向的申请人于 2012 年 3 月 9 日 17：00 前，将参加投标申请表传真给投标人。

（3）有投标意向的申请人，在 2012 年 3 月 9 日至 2012 年 3 月 13 日 8:30—11:30，14:30—17:30，持书面申请到武合铁路湖北有限责任公司获取资格预审文件。

（4）资格预审申请文件必须密封，于 2012 年 3 月 20 日 10:00 之前送到武合铁路湖北有限责任公司，并清楚地标明"新建铁路沪汉蓉通道合肥至武汉段引入武汉枢纽站前施工总承包资格预审申请文件"，招标编号、标段编号、投标人名称及通信地址。迟于规定时间递交的资格预审申请文件将不被接受并原封退还申请人。

2）公布资格预审结果

2012 年 3 月 24 日。资格预审的评审结果在××交易中心公布，只有通过资格预审评审的申请人方可参加投标。

3）发售招标文件

发售时间：2012 年 4 月 5—10 日，9:00—11:30，14:00—16:30。

发售地点：××交易中心（地址：×××区×××大街×××号）。

2012 年 4 月 5 日 14:30，在××交易中心召开标前会议，通过资格预审的投标人须派人员参加。

4）现场踏勘

武合铁路湖北有限责任公司组织投标人进行现场踏勘。

5）答疑

投标人按照招标文件要求在 2012 年 4 月 10 日 17:00 前以书面形式（包括传真、信函）向武合铁路湖北有限责任公司提交要求澄清或答疑的问题，武合铁路湖北有限责任公司在 4 月 11 日 17:00 之前以"答疑书"形式书面答复投标人提出的问题。

6）投标文件递交

武合铁路湖北有限责任公司要求投标人按照招标文件要求于 2012 年 4 月 26 日上午 8:30—10:00 在××交易中心（地址：×××区×××大街×××号）递交投标文件。逾期的投标文件将被拒收。

7）开标时间、地点

武合铁路湖北有限责任公司于 2012 年 4 月 26 日上午 10:00 在××交易中心召开工程施工招标开标会。届时参加投标的投标人法定代表人或委托代理人持有效证件在开标会之前签到。

2.3　铁路建设工程资格预审文件与招标文件

2.3.1　铁路建设工程资格预审文件

铁路建设工程资格预审文件（简称资格预审文件）是投标人编制投标资格预审申请文件的依据，也是招标人对投标人进行资格审查的依据，其由招标人或其委托的招标代理机构编制。资格预审原则上采用合格制，符合资格预审文件规定条件的均为合格。

1. 铁路建设工程资格审查委员会

铁路建设工程招投标实行资格预审的，招标人应依法组建资格审查委员会，资格审查委员会成员为不少于 5 人的单数，其中招标人代表 1~2 人，比例不得大于四分之一，技术、经济等方面的专家不少于四分之三，资格审查委员会中的铁路专业专家从铁路专业评标专家库中随机抽取，通用专业专家从地方专家库抽取，并严格执行回避政策。2 个及以上施工企业组成 1 个联合体参加投标的，招标人应要求其在资格预审申请文件中提交联合体共同投标协议；协议中应明确联合体组建原则、牵头单位和各成员单位拟承担的工作内容和责任等。

2. 铁路建设工程资格审查

铁路建设工程招标人在规定的时间内，按照资格预审文件中规定的标准和方法，对参加资格预审的投标申请人进行资格审查，资格预审应在交易中心封闭评标室进行。

（1）资格审查的内容。

① 企业概况。

② 财务状况。

③ 拟投入的主要管理人员情况。

④ 目前剩余劳动力和施工机械设备情况。

⑤ 近三年承建工程状况。

⑥ 目前正在承建的工程情况。

⑦ 两年来涉及的诉讼案件情况。

⑧ 其他资料（如各种奖励和处罚等）。

涉及营业线施工的标段，项目经理必须具有营业线施工和管理经验，不具备的，不得通过资格审查。

（2）中国铁路××局集团有限公司（原铁路局）和铁路公司招标时，可将以下情况作为资格审查的条件。

① 招标公告发布之日前 1 年内在本单位管辖范围内发生质量、安全事故或较严重质量安全稳定问题或运营安全事故的。

② 项目经理在招标公告有效期内具有公示的较大及以上不良行为的。

以上两点如作为资格预审条件，应在资格预审文件中载明。

3. 铁路建设工程资格预审文件的编制

《铁路建设项目总价承包标准施工资格预审文件和施工招标文件补充文本》（铁总建设〔2015〕200 号）规定，铁路建设项目 1 个批次招标只编制 1 套资格预审文件，招标人应根据标段工程特点，在资格预审文件中载明各标段的具体资格审查条件和要求。铁路建设项目资格预审文件包括以下方面的内容。

1）资格预审公告

资格预审公告应按照实际发布的资格预审公告编入出售的资格预审文件中，作为资格预审邀请。其中，资格预审公告应同时注明所有发布本公告的媒介的名称。

2）申请人须知

申请人须知的前附表由招标人根据招标项目具体特点和实际需要进行填写，但不得与

"申请人须知正文"的内容相抵触。

3）资格审查办法

资格审查办法的前附表审查或评审因素、标准，招标人可根据招标项目具体特点和实际需要进行填写。前附表没有列明的因素和标准不得作为资格审查的依据。

资格审查办法分为合格制和有限数量制两种审查方法，招标人应根据招标项目具体特点和实际需要选择使用，原则上采用合格制。资格审查工作表包括以下内容。

（1）初步审查。

① 资格预审申请人申请标段汇总表。

② 资格预审初步审查表。

（2）详细审查。

① 营业执照及安全生产许可证审查表。

② 资质等级审查表。

③ 财务状况审查表。

④ 信贷证明汇总表。

⑤ 业绩要求审查表。

⑥ 信誉要求审查表。

⑦ 项目经理和总工程师资格审查表。

⑧ 其他要求审查表。

⑨ 联合体申请人审查表。

⑩ 利益冲突审查表。

⑪ 特殊情形审查表。

⑫ 汇总表。

4）资格预审申请文件格式

资格预审申请文件格式包括：资格预审申请函、法定代表人身份证明或附有法定代表人身份证明的授权委托书、联合体牵头人授权委托书及联合体协议书、申请人基本情况表、近年财务状况表、近年完成的类似项目情况表、正在施工和新承接的项目情况表、近年发生的诉讼及仲裁情况、其他材料。

5）项目建设概况

（1）项目说明。

① 工程概述（说明线路走向、主要技术标准）。

② 主要工程内容。

（2）建设条件。

建设条件指铁路建设工程所在地条件（包括地理位置、气象、水文、地貌与地质条件、进出现场交通情况及其他设施情况等）。

（3）建设要求。

建设要求是招标人对铁路建设工程工期、质量、安全等方面的要求。

（4）其他需要说明的情况。

4. 铁路建设工程招投标资格预审文件的澄清和说明

铁路建设工程招标资格审查委员会可以书面方式要求对资格预审申请文件中下列事项含义不明确的内容作必要的澄清、说明，但不得暗示或者诱导资格预审申请人作出澄清、说明，不得接受资格预审申请人主动提出的澄清、说明。澄清、说明应以书面方式进行并不得改变资格预审申请文件的实质性内容。

（1）近3年平均营业收入。

（2）施工业绩。

（3）项目经理和总工程师工作年限或资格。

（4）对招标人提出的专用设备（如对运梁车、架桥机、超前水平地质钻机、混凝土模板衬砌台车、铺轨机、混凝土搅拌站、无砟轨道铺设设备、接触网作业车等）要求未明确说明的。

资格预审申请人拒绝澄清或不能对存在问题作出合理解释的，资格审查不通过。

5. 铁路建设工程招投标有下列情况之一，不能通过资格审查

（1）投标人资质不满足要求的。

（2）被暂停或取消投标资格的。

（3）安全生产许可证被暂扣或没有安全生产许可证的。

（4）资格预审申请文件无单位盖章且无法定代表人或法定代表人授权的代理人签字或盖章的。

技术复杂、有特殊要求或受自然环境限制的铁路建设项目及高风险等级铁路工程招标时，可要求潜在投标人具有类似工程业绩。潜在投标人不具有类似工程业绩的，不能通过资格审查。

6. 铁路建设工程招投标资格预审报告

铁路建设工程招投标资格预审完成后，资格审查委员会应向招标人提交资格预审报告。资格审查委员会成员对资格预审结论持有异议的，可以书面方式阐述其不同意见和理由。资格审查委员会成员拒绝在资格预审报告上签字且不阐述其不同意见和理由的，视为同意资格预审结论，资格审查委员会在资格预审报告中应对此作出说明。

铁路建设工程资格预审报告内容应包括：基本情况、资格审查委员会成员名单、递交资格预审申请文件的资格预审申请人一览表、审查标准、审查方法、通过资格预审的资格预审申请人一览表、未通过资格预审的资格预审申请人一览表及原因说明、资格审查委员会各成员的意见和理由等。

7. 铁路建设工程招投标资格预审结果通知

铁路建设工程招投标资格预审结束后，招标人应以书面形式及时向资格预审申请人发出资格预审结果通知书，并向未通过资格预审的申请人说明其资格预审未通过的原因。

通过资格预审申请人少于3个的，铁路建设工程应当重新招标。

铁路建设工程招标人不得向他人透露已获取资格预审文件的潜在投标人的名称、数量及可能影响公平竞争的有关招投标的其他情况。

铁路建设工程招标人在资格预审结果通知发出之日起2日内，收到潜在投标人对资格预审结果书面质疑的，应在收到质疑后 3 日内予以答复；招标人需进行调查处理的，答复时间可适当延长；作出答复前，应当暂停招投标活动。对招标人的答复仍有异议的，可向中国铁路总公司建设管理部或监察局提出投诉。

2.3.2 铁路建设工程招标文件的编制

铁路建设工程招标文件是铁路建设工程施工招投标活动中最重要的法律文件，它不仅规定了招标的完整程序，而且还提出了各项技术标准，拟列了合同的主要条款。招标文件是评标委员会对投标文件评审的依据，也是业主与中标人签订合同的基础，同时也是投标人编制投标文件的重要依据。

铁路建设工程招标文件应按照国家发展与改革委员会等九部委颁布的《中华人民共和国标准施工招标文件》、批准的招标计划和《铁路建设项目总价承包标准施工资格预审文件和施工招标文件补充文本》（铁总建设〔2015〕200 号）编制，空白部分根据项目的实际情况和有关要求进行填写，确实没有内容需要填写的，在空格中用"/"标示，其他部分不得修改。招标文件应载明实质性要求和条件。

1. 铁路建设工程招标文件的组成

铁路建设工程招标文件由四卷组成。

1）第一卷

第一卷由招标公告或投标邀请书、投标人须知、评标办法、合同条款及格式、工程量清单（采用工程量清单招标的应当提供）等组成。

（1）招标公告或投标邀请书。

招标公告或投标邀请书按照实际发布的招标公告或投标邀请书编入出售的招标文件中，作为投标邀请，用来邀请资格预审合格的投标人。招标公告应同时注明所有发布本公告的媒介的名称。

招标公告或投标邀请书一般包括以下内容：招标条件，项目概况与招标范围，投标人资格要求，招标文件的获取，投标文件的递交，发布公告的媒体，联系方式。

（2）投标人须知。

投标人须知是投标人正确地进行投标报价的文件，其包括投标人应遵循的各项规定，一般包括投标人须知前附表和投标人须知正文。（投标人须知）前附表由招标人根据招标项目的具体特点和实际需要进行填写，但不得与投标人须知正文内容抵触。

投标人须知前附表包括：招标人，招标代理机构，项目名称，建设地点，资金来源，出资比例，资金落实情况，招标范围，计划工期，投标人资质条件、能力和信誉，是否接受联合体投标，勘察现场，投标预备会，投标人提出问题截止时间，招标人书面澄清的时间，分包，构成招标文件的其他材料，投标人要求澄清招标文件截止时间，投标截止时间，投标人确认收到招标文件澄清的时间，投标人确认收到招标文件修改的时间，构成投标文件的其他材料，投标有效期，投标保证金，近年财务状况的年份要求，近年完成的类似项目的年份要求，近年诉讼及仲裁情况的年份要求，签字或盖章要求，投标文件副本份数，装订要求，封套上写明内容的要求，递交投标文件地点，是否退还投标文件，开标时间和地点，开标程序，评标委员会的组建，是否授权评标委员会确定中标人，履约担保，需要补充的其他内容。

（3）评标办法。

列出的评标办法为综合评估法和经评审的最低投标价法两种评标方法中的一种。

（4）合同条款及格式。

专用合同条款分为"铁路工程专用合同条款"和"项目专用合同条款"两部分，"铁路工程专用合同条款"原则上不允许修改；"项目专用合同条款"中的空格由招标人结合招标项目具体特点和实际需要填写。

（5）工程量清单。

由招标人根据招标项目具体特点和实际需要遵从《铁路工程工程量清单计价指南》编制，并与"投标人须知""通用合同条款""专用合同条款""技术标准和要求""图纸"相衔接。

2）第二卷

第二卷是铁路建设工程图纸。

铁路建设工程招标人在招标阶段给出的图纸是招标文件的重要组成部分，由招标人根据招标项目具体特点和实际需要编制，并与"投标人须知""通用合同条款""专用合同条款""技术标准和要求"相衔接。其是投标人在拟定施工方案、确定施工方法、计算或校核工程量、计算投标报价时不可缺少的资料。招标人应对其所提供的图纸资料的正确性负责。

3）第三卷

第三卷是技术标准和要求，主要包括本工程采用的技术规范和特殊项目的施工工艺标准和要求。

技术标准反映的是招标人对工程项目的技术要求，也是指导承包商正确施工、确保铁路建设工程质量的重要文件，由招标人根据招标项目具体特点和实际需要编制。

技术标准和要求中的各项技术标准应符合国家强制性标准，不得要求或标明某一特定的专利、商标、名称、设计、原产地或生产供应者，不得含有倾向或者排斥潜在投标人的其他内容。如果必须引用某一生产供应者的技术标准才能准确或清楚地说明拟招标项目的技术标准，则应当在参照后面加上"或相当于"字样。

4）第四卷

第四卷是投标文件格式。包括投标函及投标函附录、法定代表人身份证明或授权委托书、联合体协议书、投标保证金、已标价工程量清单、施工组织设计、项目管理机构、拟分包项目情况表、资格审查资料、其他资料。

2. 铁路建设工程招标文件的编制要求

（1）铁路建设工程招标文件规定的各项技术标准应符合国家强制性标准，且均不得要求或标明某一特定的专利、商标、名称、设计、原产地或生产供应者，不得含有倾向或者排斥潜在投标人的其他内容。

招标文件必须严格执行批准的设计文件，技术标准明确、工程数量准确、施工组织清晰，由投标人自主报价。

（2）招标人对铁路建设招标文件的补遗须按要求及程序办理，涉及有关技术标准和技术条件的补遗，应严格执行批复的设计文件。

招标人可以对已发出的招标文件进行必要的澄清或者修改。澄清或者修改的内容可能影响投标文件编制的，招标人应当在投标截止时间至少15日前，以书面形式通知所有获取招标文件的潜在投标人，不足15日的，招标人应当顺延投标文件提交截止时间。该澄清或者修改的内容为招标文件的组成部分。

（3）招标人确定投标文件提交截止时间时，应充分考虑投标人编制投标文件所需要的时间，自招标文件开始发出之日起至投标人提交投标文件截止之日止，最短不得少于20日。

（4）招标文件应当规定投标有效期，以保证招标人有足够的时间完成评标和与中标人签订合同。投标有效期从投标人提交投标文件截止之日起计算。

在铁路建设工程原投标有效期结束前，出现特殊情况的，招标人可以书面形式要求所有投标人延长投标有效期。投标人同意延长的，不得要求或被允许修改其投标文件的实质性内容，但应当相应延长其投标保证金的有效期；投标人拒绝延长的，其投标失效，但投标人有权收回其投标保证金。因延长投标有效期造成投标人损失的，招标人应当给予补偿，但因不可抗力需要延长投标有效期的除外。

【案例】

武合铁路湖北有限责任公司决定对2012年3月1日获国家发展和改革委批准的新建铁路沪汉蓉通道合肥至武汉段的武汉枢纽站前工程采用公开招标方式进行招标，并发布了资格预审公告和招标公告。

武合铁路湖北有限责任公司针对该工程的资格预审文件和招标文件应编制哪些内容？

【解答】

1. 沪汉蓉通道合肥至武汉段的武汉枢纽站前工程资格预审文件的编制内容应包括以下方面。

（1）资格预审公告。

（2）申请人须知。

（3）资格审查办法：初步审查、详细审查。

（4）资格预审申请文件格式。

（5）项目建设概况。

2. 沪汉蓉通道合肥至武汉段的武汉枢纽站前工程招标文件的编制包括以下内容。

铁路建设工程招标文件由四卷组成。

第一卷：招标公告或投标邀请书、投标人须知、评标办法、合同条款及格式、工程量清单（采用工程量清单招标的应当提供）等组成。

第二卷是铁路建设工程图纸。

第三卷是技术标准和要求。

第四卷是投标文件格式。

2.4 铁路建设工程招标控制价

2.4.1 铁路建设工程招标控制价编制要求

1. 铁路建设工程招标控制价的作用

国有资金投资的铁路工程建设项目应实行工程量清单招标，并应编制招标控制价。招标控制价是铁路建设工程招标人根据国家颁发的有关计价依据和办法，以及拟定的招标文件和招标工程量清单，结合工程具体情况编制的招标工程的最高投标限价。

铁路建设工程招标人应根据建设项目情况，在不超过施工图预算的前提下，自主确定最高投标限价，并在招标文件中公布。招标文件公布的最高投标限价不包括甲供物资设备费用，投标人的报价不含甲供物资设备费用。

铁路建设工程招标控制价的作用主要体现在以下几个方面。

（1）可以有效控制项目投资，防止恶性投标带来的投资风险。

（2）增强招标过程的透明度，有利于正常评标。

（3）利于引导投标方投标报价，避免投标方无标底情况下的无序竞争。

（4）招标控制价反映的是社会平均水平，为招标人判断最低投标价是否低于成本提供参考依据。

（5）可为工程变更、新增项目确定单价提供计算依据。

（6）作为评标的参考依据，避免出现较大偏离。

（7）投标人根据本企业实力、施工方案等报价，不必揣测招标人的标底，提高了市场交易效率。

（8）减少了投标人的交易成本，使投标人不必花费人力、财力去套取招标人的标底。

（9）招标人把工程投资控制在招标控制价范围内，提高了交易成功的可能性。

2. 铁路建设工程招标控制价的编制要求

1）资质要求

铁路建设工程招标控制价编制是一项技术性、政策性很强的经济活动，因此编制单位必须具有编制工程造价的资质和能力。

2）编制原则

① 国有资金投资的铁路建设工程原则上不能超过批准的投资概算，因此，在工程招标发包时，若编制的招标控制价超过批准的概算，招标人应当将其报原概算审批部门重新审核。

② 根据《建设工程工程量清单计价规范》（GB 50500—2013）中5.1.1条的规定，国有资金投资的工程建设项目应实行工程量清单招标，招标人应编制招标控制价。

《中华人民共和国招标投标法实施条例》第二十七条规定：招标人可以自行决定是否编制标底。一个招标项目只能有一个标底。标底必须保密。接受委托编制标底的中介机构不得参加受托编制标底项目的投标，也不得为该项目的投标人编制投标文件或者提供咨询。招标人设有最高投标限价的，应当在招标文件中明确最高投标限价或者最高投标限价的计算方法。招标人不得规定最低投标限价。

③ 国有资金投资的工程，招标人编制并公布的招标控制价相当于招标人的采购预算，同时要求其不能超过批准的概算，因此，招标控制价是招标人在工程招标时能接受投标人报价的最高限价。

3. 铁路建设工程招标控制价的主要内容

（1）招标控制价的综合编制说明。

（2）招标控制价计算书、带有价格的工程量清单、现场因素、各种施工措施费的测算明细，以及采用固定价格工程的风险系数测算明细等。

（3）主要材料用量。

（4）招标控制价附件。如各项交底、纪要，各种材料及设备的价格来源，现场的地质、水文、地上情况的有关资料，编制招标控制价所依据的施工方案或施工组织设计等。

2.4.2　铁路建设工程招标控制价的编制

1. 招标控制价的编制依据

（1）《建设工程工程量清单计价规范》（GB 50500—2013）。

（2）《铁路工程工程量清单计价指南》。

（3）铁路建设工程设计文件及相关资料。

（4）拟定的招标文件及招标工程量清单。

（5）与建设项目相关的标准、规范、技术资料。

（6）施工现场情况、工程特点及常规施工方案。

（7）工程造价管理机构发布的工程造价信息；工程造价信息没有发布的，参照市场价。

（8）其他的相关资料，主要指施工现场情况、工程特点及常规施工方案等。

2. 招标控制价的编制

1）工程量清单的综合单价和合价

根据招标文件中铁路建设工程项目的特征描述及有关要求，按综合单价进行计价。综合单价是指完成最低一级的清单子目计量单位全部具体工程（工作）内容所需的费用。

综合单价应包括但不限于以下费用：人工费、材料费、机械费、填料费、措施费、间接费、税金、一般风险费用。

2）其他费

投标人投标报价工程量清单中的其他费包括：营业线施工配合费、工程保险费、安全生产费。

3）计日工

计日工是指完成招标人提出的，工程量暂估的零星工作所需的费用。计日工表应由招标人根据拟建工程的具体情况，详细估列出人工、材料、施工机具的名称、规格型号、计量单位和相应数量，并随工程量清单发给投标人。

4）激励约束考核费

激励约束考核费指为确保铁路工程建设质量、建设安全、建设工期和投资控制，建立激励约束考核机制，根据有关规定计列的激励考核费用。

5）暂列金额

暂列金额是在签订协议书时尚未确定或不可预见的金额，暂列金额的费率或额度由招标人在招标文件中明确。

暂列金额由招标人根据工程特点，按有关计价规定进行估算确定。为保证工程施工建设的顺利实施，在编制招标控制价时应对施工过程中可能出现的各种不确定因素对工程造价的影响进行估算，列出一笔暂列金额。

6）总承包风险费

总承包风险费是指由总承包单位为支付风险费用计列的金额，总承包风险费的计费基数为建筑工程费、安装工程费与安全生产费三项之和扣除甲供材料设备费，按规定的费率计取。通常的费率控制在 2.5% 以内（其中包含激励约束考核费）。

7）设备费

设备费指构成固定资产标准的和虽低于固定资产标准，但属于设计明确列入设备清单的一切需要安装与不需要安装的生产、动力、弱电、起重、运输等设备（包括备品备件）的购置费。设备费由设备原价和设备自生产厂家或来源地运至安装地点所发生的运输费、装卸费、手续费、采购及保管费等组成。

3. 招标控制价的编制步骤

（1）了解编制要求与范围。

（2）熟悉施工图纸和有关文件。

（3）熟悉与铁路建设工程有关的标准、规范、技术资料。

（4）熟悉拟定的招标文件及其补充通知、答疑纪要等。

（5）了解施工现场情况和工程特点。

（6）熟悉工程量清单。

（7）工程造价汇总、分析、审核。

（8）成果文件确认，盖章。

（9）提交成果文件。

4. 编制招标控制价的注意事项

（1）为体现招标的公平、公正，防止招标人有意抬高或压低工程造价，招标人应在招标文件中如实公布招标控制价，不得对所编制的招标控制价进行上浮或下调。招标人在招标文件中公布招标控制价时，应公布招标控制价各组成部分的详细内容，不得只公布招标控制价总价。同时，招标人应将招标控制价报中国铁路总公司建设管理部备查。

（2）投标人经复核认为招标人公布的招标控制价未按照《建设工程工程量清单计价规范》（GB 50500—2013）及《铁路工程工程量清单计价指南》、《铁路建设项目总价承包标准施工资格预审文件和施工招标文件补充文本》中的规定进行编制的，应在开标前 5 日内向招投标监督机构和工程造价管理机构投诉。

招投标监督机构应会同工程造价管理机构对投诉进行处理，发现确有错误的，应责成招标人修改。

示范文本

投 标 邀 请 书

新建辽源至长春铁路工程施工总价承包招标文件

（招标编号：SYJS2013－06）

招标人：吉林（省）中西部铁路有限责任公司筹备组

2013 年11 月2 日

【投标邀请书（代资格预审通过通知书)】

【资格预审通过通知书（代投标邀请书)】

　　　　×××××公司　　　：

　　你单位已通过新建辽源至长春铁路工程××标段资格预审，现邀请你单位于2013 年11 月6 日至2013 年11 月10 日，每日上午9:00 至11:00，下午14:00 至16:00，在长春市宽城区×××号春铁大厦××座××层持本通知书购买招标文件。

　　招标文件每标段售价为5 000 元，售后不退，图纸押金_____×××_____元，在退还图纸时退还（不计利息）。邮购招标文件的，需另加手续费（含邮费）_____×××_____元。招标人在收到邮购款（含手续费）后___×___日内寄送。

　　投标文件递交的时间为2013 年11 月26 日14 时00 分至2013 年11 月26 日15 时00 分，递交投标文件的截止时间（投标截止时间，下同）为2013 年11 月26 日15 时00 分，地点：北京市建设工程发包承包交易中心评标区第二开标室（地址：北京市房山区长阳镇稻田南里15 号）。逾期送达的或者未送达指定地点的投标文件，招标人不予受理。

　　你单位收到本投标邀请书后，请于2013 年11 月4 日17:00 时前以传真或快递方式予以确认。

　　招 标 人：吉林（省）中西部铁路有限责任公司筹备组

　　地　　址：长春市宽城区×××号春铁大厦××座××层

　　邮　　编：130051

　　联 系 人：×××　　　　　×××

　　电　　话：0431-×××××　0431-×××××

　　传　　真：0431-×××××

　　电子邮件：×××××@163.com

　　网　　址：××××××××

　　账户名称：××××××××××

　　开户银行：××银行×××××支行

　　账　　号：××××××××××××

　　　　　　　　　　　　　　　　　　　　　　　2013 年11 月2 日

【投标人须知前附表】

序号	条款号	条款名称	编列内容
1	1.1.2	招标人	名称：<u>吉林（省）中西部铁路有限责任公司筹备组</u> 地址：<u>长春市宽城区×××号春铁大厦××座××层</u> 联系人：<u>×××</u> 电话：<u>0431-××××××</u> 电子邮件：<u>×××××@163.com</u>
2	1.1.3	招标代理机构	名称：/ 地址：/ 联系人：/ 电话：/ 电子邮件：/
3	1.1.4	项目名称	<u>新建辽源至长春铁路工程</u>
4	1.1.5	建设地点	<u>长春至辽源</u>
5	1.2.1	资金来源	<u>中国铁路总公司、吉林省、贷款</u>
6	1.2.2	出资比例	45:16:39
7	1.2.3	资金落实情况	<u>已落实</u>
8	1.3.1	招标范围	新建辽源至长春铁路站前工程施工图设计范围内全部内容
9	1.3.2	计划工期	计划工期：<u>730</u> 日历天 计划开工日期：<u>2013</u> 年 <u>12</u> 月 <u>1</u> 日 计划竣工日期：<u>2015</u> 年 <u>11</u> 月 <u>30</u> 日
10	1.3.3	质量要求	质量要求：执行《建设工程质量管理条例》；符合国家和中国铁路总公司现行的工程质量验收合格标准和工程设计文件要求；消灭质量等级事故，全部工程确保一次验收合格率100%
11	1.4.1	投标人资质条件、能力和信誉	资质条件：见附表2-1 财务要求：见附表2-2 业绩要求：见附表2-3 信誉要求：见附表2-4 项目经理和总工程师资格：见附表2-5 其他要求：（1）主要人员要求；（2）分包要求；（3）设备要求；……；见附表2-6 注：附表2-1～附表2-6仅在未进行资格预审或资格预审后所涉及的内容有变化时，投标人再行提交

序号	条款号	条款名称	编列内容
12	1.4.2	是否接受联合体投标	☑不接受 □接受,除满足本项正文所提要求外,还应满足下列要求: (1)联合体中标后,联合体各方共同与招标人签订合同,联合体各方就中标项目向招标人承担连带责任,投标文件及随后签订的合同(如中标)将对联合体各成员有共同的和各自的法律约束 (2)……
13	1.4.3	是否存在第二章"申请人须知"第1.4.3项明示的任一情形	不存在 注:(9)~(12)规定的情形,应以铁路建设主管部门或司法机关出具的有关文件为依据
14	1.9.1	踏勘现场	☑不组织 □组织
15	1.10.1	投标预备会	☑不召开 □召开,召开时间: / 召开地点: /
16	1.10.2	投标人提出问题截止时间	2013 年 11 月 10 日 16 时
17	1.10.3	招标人书面澄清的时间	2013 年 11 月 11 日 12 时
18	1.11	分包	☑不允许 □允许,分包内容: / 分包人资质: /
19	1.12	偏离	☑不允许 □允许
20	2.1	构成招标文件的其他材料	(1)招标人制定的本项目标准化管理推进总体规划,"架子队"实施要求及现场管理要求 (2)……
21	2.2.1	投标人要求澄清招标文件截止时间	2013 年 11 月 10 日 16 时 00 分
22	2.2.2	投标截止时间	2013 年 11 月 26 日 15 时 00 分
23	2.2.3	投标人确认收到招标文件澄清的时间	2013 年 11 月 11 日 16 时
24	2.3.2	投标人确认收到招标文件修改的时间	2013 年 11 月 11 日 16 时
25	3.1.1	构成投标文件的其他材料	本项目标准化管理实施方案、"架子队"管理组织实施方案、临时工程设置实施方案、保密承诺协议书、投标人承诺等
26	3.3	投标有效期	120 天

序号	条款号	条款名称	编列内容
27	3.4.1	投标保证金	投标保证金形式：银行出具的银行保函、保兑支票、银行汇票或现金支票，不得以现金形式提交投标保证金，以支票汇票形式提交的投标保证金应当从投标人基本账户转出，投标保证金有效期应当与投标有效期要求一致，单独密封，开标时随投标文件一并交给招标人 投标保证金金额：80 万元人民币
28	3.5.2	近年财务状况的年份要求	2010—2012 年（近 3 年）
29	3.5.3	近年完成的类似项目的年份要求	2008—2012 年（近 5 年）
30	3.5.5	近年完成的诉讼及仲裁情况的年份要求	2010—2012 年（近 3 年）
31	3.6	是否允许投备选投标方案	☑不允许 □允许
32	3.7.3	签字或盖章要求	按招标文件要求签字、盖章，除此之外不要求逐页签字、盖章
33	3.7.4	投标文件副本份数	2 份，另加一份电子文件（U 盘单独密封，随投标文件一起递交）
34	3.7.5	装订要求	技术、商务、报价标的正本与副本应分别装订成册，采用胶订、平订或线订等，不得采用活页方式
35	4.1.2	封套上写明	招标人的地址：长春市宽城区×××号春铁大厦××座××层 招标人全称：吉林（省）中西部铁路有限责任公司筹备组 新建辽源至长春铁路工程施工投标文件 ×× 标段在2013年11 月26 日15 时00 分前不得开启
36	4.2.2	递交投标文件地点	北京市建设工程发包承包交易中心评标区第二开标室（地址：北京市房山区长阳镇稻田南里15 号）
37	4.2.3	是否退还投标文件	☑否 □是，退还安排： ／
38	5.1	开标时间和地点	开标时间：同投标截止时间 开标地点：北京市建设工程发包承包交易中心评标区第二开标室（地址：北京市房山区长阳镇稻田南里15 号）
39	5.2	开标程序	（4）密封情况检查：由投标人代表确认投标文件的密封完整性。 （5）开标顺序：以投标文件递交顺序的逆序开标
40	6.1.1	评标委员会的组建	评标委员会构成：5 人，其中招标人代表 1 人，专家 4 人； 评标专家确定方式：从北京发改委专家库铁路相关专业中随机抽取确定

序号	条款号	条款名称		编列内容
41	7.1	是否授权评标委员会确定中标人		□是 ☑否，推荐的中标候选人数： 3
42	7.3.1	履约担保		履约担保按以下形式和金额提供： (1) $(A-D)/A \leqslant 9\%$，提供合同价 8% 的银行保函 (2) $9\% < (A-D)/A \leqslant 12\%$，除提供合同价 8% 的银行保函外，另外提供合同价 1% 的现金担保 (3) $(A-D)/A > 12\%$，除提供合同价 8% 的银行保函外，另外提供合同价 2% 的现金担保 其中，A 为最高投标限价扣除安全生产费后的费用，D 为中标合同价扣除安全生产费后的费用
43	10	需要补充的其他内容	利益冲突	(1) 与招标人存在利害关系可能影响招标公正性的投标人不得参加投标 (2) 单位负责人为同一人或者存在控股、管理关系的不同投标人，不得参加同一标段或未划分标段的同一招标项目投标 (3) 同属 1 个企业集团公司的 2 个及以上子公司（不包括总公司所属的局级施工企业）在同一标段应符合下列要求：当购买某一标段的潜在投标人在 6 个及以下时，最多只允许 1 个子公司通过资格审查；当购买某一标段的潜在投标人超过 6 个时，最多只允许 2 个子公司通过资格审查。具体个数由评标委员会决定
			施工安全目标	安全要求：(1) 杜绝重大伤亡事故、一般以上责任事故的发生。(2) 严格执行国家、中国铁路总公司有关铁路建设工程安全生产的文件规定
			环保、水保目标	环保要求：符合国家、中国铁路总公司及地方有关环保、水保的要求，在施工过程中严格按照国家有关部委批复的环保、水保方案实施，确保工程所处的环境不受污染
			投标人承诺	按第八章"投标文件格式"规定的格式和最低要求，递交"投标人承诺书"
			评标办法	本次招标在招标文件内同时载明综合评估法和经评审的最低投标价法，在开标会上由投标人代表通过抽签确定具体评标办法
			最高投标限价	LCS－Ⅰ标段 780 506 645 元；LCS－Ⅱ标段 839 081 432 元
			风险包干费	LCS－Ⅰ标段 11 601 342 元；LCS－Ⅱ标段 12 439 027 元
			安全生产费	LCS－Ⅰ标段 10 950 952 元；LCS－Ⅱ标段 13 959 309 元

【案例】

武合铁路湖北有限责任公司作为招标人，依据《建设工程工程量清单计价规范》（GB 50500—2013），编制了经国家发展和改革委批准的新建铁路沪汉蓉通道合肥至武汉段的武汉枢纽站前工程的招投标控制价。请写出该工程招投标控制价包括的费用内容。

【解答】

武合铁路湖北有限责任公司编制的招投标控制价包括以下内容。

1）工程量清单的综合单价和合价

综合单价应包括但不限于以下费用：人工费、材料费、机械费、填料费、措施费、间接费、税金、一般风险费用。

2）其他费

投标人投标报价工程量清单中的其他费包括：营业线施工配合费、工程保险费、安全生产费。

3）计日工

计日工是指完成招标人提出的，工程量暂估的零星工作所需的费用。

4）激励约束考核费

5）暂列金额

6）总承包风险费

总承包风险费的计费基数为建筑工程费、安装工程费与安全生产费三项之和扣除甲供材料设备费，按规定的费率计取。通常的费率控制在2.5%以内（其中包含激励约束考核费）。

7）设备费

设备费由设备原价和设备自生产厂家或来源地运至安装地点所发生的运输费、装卸费、手续费、采购及保管费等组成。

【本章思考题】

1. 简述铁路建设工程招标人的权利和义务。

2. 哪些项目必须进行招标？

3. 铁路建设工程招标有哪两种法定招标方式？

4. 铁路建设工程招标前应具备什么样的前提条件？

5. 铁路建设工程公开招标怎样进行资格预审？

6. 铁路建设工程招标文件由哪些内容组成？

7. 什么是铁路建设工程招标控制价？

8. 铁路建设工程招标控制价由哪些内容组成？

3　铁路建设工程投标

随着我国铁路建设市场的开放，投标工作对各地铁路建设施工企业变得越来越重要。施工企业只有按照招标公告的要求，通过了资格预审，完成踏勘现场和投标文件的编制后，才有中标并获得施工任务的机会。

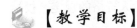【教学目标】

1. 知识目标

（1）熟悉铁路建设工程投标人的串标、以他人名义投标行为。

（2）熟悉铁路建设工程投标人的合格条件。

（3）掌握铁路建设工程资格预审申请文件的编制、递交和澄清。

（4）掌握铁路建设工程投标文件的编制。

（5）掌握铁路建设工程投标报价的编制。

2. 能力目标

（1）能够识别铁路建设工程投标人的串标、以他人名义投标行为。

（2）能够进行铁路建设工程资格预审申请文件的编制。

（3）能够进行铁路建设工程投标文件的编制。

（4）能够进行铁路建设工程投标报价的编制。

3. 素质目标

（1）培养学生逻辑思维能力。

（2）培养学生分析问题、解决问题的能力。

（3）培养学生将理论知识运用于实践、勇于创新的能力。

3.1　铁路建设工程投标人

3.1.1　铁路建设工程投标概述

铁路建设工程投标是指经过审查获得投标资格的铁路建设承包单位按照招标文件的要求，在规定的时间内向招标单位填报投标书并争取中标的法律行为。

铁路建设工程是关系社会公共利益、公众安全的基础设施工程，必须依法进行招投标。为保护国家利益、社会公共利益和招投标当事人的合法权益，保证项目质量和公众安全，提高投资效益，铁路建设工程投标活动必须依据《中华人民共和国招标投标法》《中华人民共和国招标投标法实施条例》，以及 2018 年国务院令第 698 号中关于《中华人民共和国招标投标法实施条例》的修改部分、中华人民共和国主席令第 86 号中关于《中华人民共和国招标投标法》的修改部分、《工程建设项目施工招标投标办法》（2013 年修订）和《铁路建设项目施工招标投标实施细则（试行）》（铁总建设〔2015〕146 号）等相关法律、法规实施。

3.1.2 铁路建设工程投标人概述

铁路建设工程投标人是响应招标、参加投标竞争的法人或者其他组织。铁路建设工程投标人参加依法必须进行招标的项目的投标，不受地区或者部门的限制，任何单位和个人不得非法干涉。

按照《中华人民共和国标准施工招标文件》、《铁路建设项目总价承包标准施工资格预审文件和施工招标文件补充文本》（铁总建设〔2015〕200 号）中关于投标人资格的规定，投标人必须具备承担招标项目的相关资格要求才可以参加投标活动。

1. 铁路建设工程投标人应具备的资质条件、能力和信誉

（1）投标人的资质应符合要求。

（2）投标人的业绩应符合要求。

（3）投标人在施工、设备、资金方面应具有相应的能力。

（4）投标人拟派的项目经理应具有执业资格。

（5）应具有经工商行政管理部门注册登记核准的营业执照。

（6）应具有与招标工程相对应的铁路行业资质条件，以及承担招标项目的相应能力。

（7）应具有重要设备、主要材料的产品生产许可证或特许证。

（8）应具有开户银行的资信证明。

（9）应具有社会中介机构对年度财务报表出具的年审报告。

2. 铁路建设工程联合体投标人

铁路建设工程联合体投标，是指两个以上法人或者其他组织组成一个联合体，以一个投标人的身份共同投标的行为。

铁路建设工程招标人应当在资格预审公告、招标公告或者投标邀请书中载明是否接受联合体投标。铁路建设工程招标文件中规定可以接受联合体投标时，联合体投标人应满足下列要求。

（1）国家有关规定或者招标文件对投标人资格条件有规定的，联合体各方均应具备规定的相应条件，由同一专业的各方组成的联合体，按照资质等级较低的一方考核。

（2）联合体各方应当签订共同投标协议，约定各方拟承担的工作和责任，明确联合体代表及授权。联合体代表在协议授权的范围内代表联合体各方处理有关问题。联合体各方签订共同投标协议后，不得再以个体名义单独投标，也不得组成新的联合体或参加其他联合体在同一项目中投标。

（3）联合体投标的，招标人应要求其提交由所有联合体成员法定代表人签署的授权书，并指定联合体牵头人。由联合体牵头人代表所有联合体成员负责投标和合同实施阶段的主办、协调工作。

（4）联合体投标的，招标人应要求其随投标文件提交明确约定各成员拟承担的工作内容和报价的联合体协议书，并以联合体各方或者联合体牵头人的名义提交投标保证金。以联合体牵头人名义投标的，投标文件对联合体各成员均具有约束力。

（5）资格预审后联合体增减、更换成员的，其投标无效。

3. 铁路建设工程投标人无资格参加招标项目的情况

（1）为招标人不具有独立法人资格的附属机构（单位）。

（2）为本标段前期准备提供设计或咨询服务的，但设计施工总承包的除外。

（3）为本标段的监理人。

（4）为本标段的代建人。

（5）为本标段提供招标代理服务的。

（6）与本标段的监理人或代建人或招标代理机构同为一个法定代表人的。

（7）与本标段的监理人或代建人或招标代理机构相互控股或参股的。

（8）与本标段的监理人或代建人或招标代理机构相互任职或工作的。

（9）被责令停业的。

（10）被暂停或取消投标资格的。

（11）财产被接管或冻结的。

（12）在最近三年内有骗取中标或严重违约或重大工程质量问题的。

（13）投标人发生合并、分立、破产等重大变化的，应当及时书面告知招标人。投标人不再具备资格预审文件、招标文件规定的资格条件或者其投标影响招标公正性的，其投标无效。

3.1.3 铁路建设工程投标人权利和义务

1. 铁路建设工程投标人权利

（1）有权决定参加或不参加投标。

（2）在提交投标文件截止时间前有权补充、修改乃至撤回投标文件。

（3）有权要求招标人书面澄清招标文件中词义表达不清、遗漏的内容或对比较复杂的事项进行说明。

（4）当自己的权益受到损害或认为招投标活动不符合有关法律、法规规定时，有权向招标人提出异议或依法向有关行政部门投诉。

2. 铁路建设工程投标人义务

（1）接受依法实施的监督，遵守招投标法律、法规和招标文件的规定，遵循诚实信用原则，公平竞争；对投标文件的真实性负责。

（2）按评标委员会的要求对投标文件中含义不明确的内容作必要的澄清或者说明，但不得超出投标文件范围或者改变投标文件实质内容。

（3）按规定提供投标保证金、履约保证金或其他经济担保。

（4）中标通知书发出后，在规定期限内，按招标文件和中标的投标文件与招标人签订合同。

3.1.4 铁路建设工程投标人合格条件

铁路建设工程招标人组织评标专家对投标人进行资格预审，铁路建设工程投标人须满足以下合格条件才可以成为合格投标人。

（1）投标人或联合体投标人已通过资格预审，取得投标资格。

（2）投标人或联合体投标人应有完成本项目所需要的技术能力和财务能力。在递交资格预审申请文件后，如果与资格预审文件要求的审查内容对应的情况发生改变，则须在投标文件中提供更新资料，以证明其仍能满足资格预审标准要求。

（3）联合体组成的任何变化都必须在提交投标文件截止日期前征得招标人的同意。

（4）每个投标人对同一个标段只能递交一份投标文件，投标人既以联合体成员身份又以其独家名义对同一标段做出两个以上投标的，其投标和与此有关的联合体投标将被拒绝。

（5）投标人必须对整个标段进行投标，只对某个标段的部分工程做出投标的，该投标将被拒绝。

3.1.5　铁路建设工程投标中的串标、以他人名义投标

在铁路建设工程投标活动中，禁止投标人相互串通投标，禁止招标人与投标人串通投标，禁止以他人名义投标，不得以其他方式弄虚作假，骗取中标。

1. 有下列情形之一的，属于投标人相互串通投标

（1）投标人之间协商投标报价等投标文件的实质性内容。

（2）投标人之间约定中标人。

（3）投标人之间约定部分投标人放弃投标或者中标。

（4）属于同一集团、协会、商会等组织成员的投标人按照该组织要求协同投标。

（5）投标人之间为谋取中标或者排斥特定投标人而采取的其他联合行动。

2. 有下列情形之一的，视为投标人相互串通投标

（1）不同投标人的投标文件由同一单位或者个人编制。

（2）不同投标人委托同一单位或者个人办理投标事宜。

（3）不同投标人的投标文件载明的项目管理成员为同一人。

（4）不同投标人的投标文件异常一致或者投标报价呈规律性差异。

（5）不同投标人的投标文件相互混装。

（6）不同投标人的投标保证金从同一单位或者个人的账户转出。

3. 有下列行为者均属招标人与投标人串通投标

（1）招标人在开标前开启投标文件并将有关信息泄露给其他投标人，或者授意投标人撤换、修改投标文件。

（2）招标人向投标人泄露标底、评标委员会成员等信息。

（3）招标人明示或者暗示投标人压低或抬高投标报价。

（4）招标人明示或者暗示投标人为特定投标人中标提供方便。

（5）招标人与投标人为谋求特定中标人中标而采取的其他串通行为。

4. 投标人以他人名义投标

以他人名义投标，指投标人挂靠其他施工单位，或从其他单位通过受让或租借的方式获取资格或资质证书，或者由其他单位及其法定代表人在自己编制的投标文件上加盖印章和签字等行为。

5. 投标人有下列情形之一的，属于以其他方式弄虚作假行为

（1）使用伪造、变造的许可证件。

（2）提供虚假的财务状况或者业绩。

（3）提供虚假的项目负责人或者主要技术人员简历、劳动关系证明。

（4）提供虚假的信用状况。

（5）其他弄虚作假的行为。

【案例】

南昌铁路局（已更名为中国铁路南昌局集团有限公司，以下简称南昌铁路局）筹建衢州至宁德铁路，该线路正线全长 382.5 km，其中新建线路 206.549 公里。该工程计划工期 66 个月。南昌铁路局发布了关于该铁路建设工程的招标公告，中铁三局、中铁六局、中铁十二局等多家公司都参与了此次投标。

中铁三局、中铁六局、中铁十二局等多家公司必须具备怎样的资质要求，才能参与此次投标？

【解答】

中铁三局、中铁六局、中铁十二局等多家公司必须具备以下资质要求，才能参与此次投标。

（1）投标人的资质应符合要求。

（2）投标人的业绩应符合要求。

（3）投标人在施工、设备、资金方面应具有相应的能力。

（4）投标人拟派的项目经理应具有执业资格。

（5）应具有经工商行政管理部门注册、登记、核准的营业执照。

（6）应具有与招标工程相对应的铁路行业资质条件，以及承担招标项目的相应能力。

（7）应具有重要设备、主要材料的产品生产许可证或特许证。

（8）应具有开户银行的资信证明。

（9）应具有社会中介机构对年度财务报表出具的年审报告。

3.2　铁路建设工程资格预审申请文件

3.2.1　铁路建设工程资格预审申请文件的概况

1. 铁路建设工程资格预审申请文件的组成

（1）资格预审申请函。

（2）法定代表人身份证明或授权委托书。

（3）联合体牵头人授权委托书及联合体协议书。

（4）申请人基本情况。

（5）近年财务状况。

（6）近年完成的类似项目情况。

（7）正在施工和新承接的项目情况表。

（8）近年发生的诉讼及仲裁情况。

（9）其他材料。

2. 联合体资格预审申请文件

招标人不接受联合体资格预审申请的或申请人没有组成联合体的，资格预审申请文件不包括上述第（3）点所指的联合体协议书。

招标人接受联合体投标并进行资格预审的，联合体应当在提交资格预审申请文件前组成。资格预审后联合体增减、更换成员的，其投标无效。

3.2.2 铁路建设工程资格预审申请文件的编制

（1）铁路建设工程资格预审申请文件应按"资格预审申请文件格式"进行编写，如有必要，可以增加附页，并作为资格预审申请文件的组成部分。

申请人须知前附表规定接受联合体资格预审申请的，在以下的第（3）到第（7）项的表格和资料中应包括联合体各方相关情况。

（2）法定代表人授权委托书必须由法定代表人签署。

（3）"申请人基本情况"应附申请人营业执照副本及其年检合格的证明材料、资质证书副本和安全生产许可证等材料的复印件。

（4）"近年财务状况"应附经会计师事务所或审计机构审计的财务会计报表，包括资产负债表、现金流量表、利润表和财务情况说明书的复印件，具体年份要求见申请人须知前附表。

（5）"近年完成的类似项目情况"应附中标通知书和（或）合同协议书、工程接收证书（工程竣工验收证书）的复印件，具体年份要求见申请人须知前附表。每张表格只填写一个项目，并标明序号。

（6）"正在施工和新承接的项目情况表"应附中标通知书和（或）合同协议书复印件。每张表格只填写一个项目，并标明序号。

（7）"近年发生的诉讼及仲裁情况"应说明相关情况，并附法院或仲裁机构作出的判决、裁决等有关法律文书复印件，具体年份要求见申请人须知前附表。

3.2.3 铁路建设工程资格预审申请文件的装订、签字

（1）申请人应按要求编制完整的资格预审申请文件，用不褪色的材料书写或打印，并由申请人的法定代表人或其委托代理人签字或盖单位章。资格预审申请文件中的任何改动之处应加盖单位章或由申请人的法定代表人或其委托代理人签字确认。签字或盖章的具体要求见申请人须知前附表。

（2）资格预审申请文件正本一份，副本份数见申请人须知前附表。正本和副本的封面上应清楚地标记"正本"或"副本"字样。当正本和副本不一致时，以正本为准。

（3）资格预审申请文件正本与副本应分别装订成册，并编制目录，具体装订要求见申

请人须知前附表。

3.2.4 铁路建设工程资格预审申请文件递交与澄清

1. 铁路建设工程资格预审申请文件密封和标识

（1）资格预审申请文件的正本与副本应分开包装，加贴封条，并在封套的封口处加盖申请人单位章。

（2）在资格预审申请文件的封套上应清楚地标记"正本"或"副本"字样，封套还应写明的其他内容见申请人须知前附表。

（3）未按要求密封和加写标记的资格预审申请文件，招标人不予受理。

2. 铁路建设工程资格预审申请文件递交

（1）申请截止时间是提交资格预审申请文件的时间。依法必须进行招标的项目提交资格预审申请文件的时间，自资格预审文件停止发售之日起不得少于5日。

（2）申请人递交资格预审申请文件的地点在申请人须知前附表中有明确规定。

（3）除申请人须知前附表另有规定的外，申请人所递交的资格预审申请文件不予退还。

（4）逾期送达或者未送达指定地点的资格预审申请文件，招标人不予受理。

3. 铁路建设工程资格预审申请文件澄清

申请人的澄清和说明内容属于资格预审申请文件的组成部分。资格审查委员会可以书面方式要求对资格预审申请文件中下列事项含义不明确的内容作必要的澄清、说明，但不得暗示或者诱导资格预审申请人作出澄清、说明，不得接受资格预审申请人主动提出的澄清、说明。澄清、说明应以书面方式进行并不得改变资格预审申请文件的实质性内容。

（1）近3年平均营业收入。

（2）施工业绩。

（3）项目经理和总工程师工作年限或资格。

（4）对招标人提出的专用设备（如对运梁车、架桥机、超前水平地质钻机、混凝土模板衬砌台车、铺轨机、混凝土搅拌站、无砟轨道铺设设备、接触网作业车等）要求未明确说明的。

资格预审申请人拒绝澄清或不能对存在问题作出合理解释的，资格审查不通过。

3.2.5 铁路建设工程资格预审申请的通过确认和改变

1. 铁路建设工程申请人资格的通过确认

通过资格预审的铁路建设工程申请人收到投标邀请书后，应在申请人须知前附表规定的时间内以书面形式明确表示是否参加投标。在申请人须知前附表规定时间内未表示是否参加投标或明确表示不参加投标的，不得再参加投标。因此造成潜在投标人数量不足3个的，招标人重新组织资格预审或不再组织资格预审而直接招标。

2. 铁路建设工程申请人资格的改变

通过资格预审的申请人组织机构、财务能力、信誉情况等资格条件发生变化，使其不再实质上满足资格预审文件中"资格审查办法"规定标准的，其投标不被接受。

【案例】

上海铁路局计划新建上海至南通铁路（南通至安亭段），正线全长 137.473 公里，该项目位于长江下游，北起宁启线平东站，南至京沪线安亭站，并引入上海枢纽。某铁路建设工程有限公司购买了资格预审文件，准备参加资格预审。该铁路建设工程有限公司应如何准备资格预审文件？

【解答】

（1）按"资格预审申请文件格式"编写资格预审申请文件，如有必要，可以增加附页，并作为资格预审申请文件的组成部分。

（2）由法定代表人签署一份法定代表人授权委托书。

（3）编制申请人基本情况表，并附申请人营业执照副本及其年检合格的证明材料、资质证书副本和安全生产许可证等材料的复印件。

（4）汇总本公司经会计师事务所或审计机构审计的财务会计报表，包括资产负债表、现金流量表、利润表和财务情况说明书的复印件。

（5）整理本公司近年完成的类似项目情况表和正在施工和新承接的项目情况表，附中标通知书和（或）合同协议书、工程接收证书（工程竣工验收证书）的复印件。

（6）对新建上海至南通铁路建设工程的资格预审申请文件进行装订和签字。

（7）对新建上海至南通铁路建设工程的资格预审申请文件进行密封和标识。

（8）在资格预审文件停止发售之日起 5 日后递交新建上海至南通铁路建设工程的资格预审申请文件。

3.3　铁路建设工程投标文件编制

3.3.1　铁路建设工程投标文件的组成

（1）投标函及投标函附录。

（2）法定代表人身份证明或授权委托书。

（3）联合体协议书。

（4）投标保证金。

（5）已标价工程量清单。

（6）施工组织设计。

（7）项目管理机构。

（8）拟分包项目情况表。

（9）资格审查资料。

（10）其他材料。

投标人须知前附表规定不接受联合体投标的，或投标人没有组成联合体的，投标文件不包括上述第（3）条所指的联合体协议书。

3.3.2 铁路建设工程投标有效期

《铁路建设项目施工招标投标实施细则（试行)》第四十四条规定：

招标文件应当规定投标有效期，以保证招标人有足够的时间完成评标和与中标人签订合同。投标有效期从投标人提交投标文件截止之日起计算。

在原投标有效期结束前，出现特殊情况的，招标人可以书面形式要求所有投标人延长投标有效期。投标人同意延长的，不得要求或被允许修改其投标文件的实质性内容，但应当相应延长其投标保证金的有效期；投标人拒绝延长的，其投标失效，但投标人有权收回其投标保证金。因延长投标有效期造成投标人损失的，招标人应当给予补偿，但因不可抗力需要延长投标有效期的除外。

投标有效期从提交投标文件截止之日起计算，一般考虑如下因素。

（1）组织评标委员会完成评标需要的时间。

（2）候选人公示时间。

（3）中标通知书发出时间。

（4）签订合同时间。

一般项目的投标有效期为 60~90 天，大型项目为 120 天，投标保证金的有效期与投标有效期保持一致。

3.3.3 铁路建设工程投标保证金

1. 铁路建设工程投标保证金概念

铁路建设工程投标保证金是招投标活动中，投标人随投标文件一同递交给招标人的一定形式、一定金额的投标责任担保金。

作为投标人必须缴纳的投标保证金，其主要用于保证投标人在递交投标文件后不得撤销投标文件，中标后不得无正当理由不与招标人订立合同，在签订合同时不得向招标人提出附加条件，或者不按照招标文件要求提交履约保证金，否则，招标人有权不予返还其递交的投标保证金。

2. 铁路建设工程投标保证金提交

铁路建设工程投标保证金应以银行出具的银行保函、保兑支票、银行汇票或现金支票等方式提交，不得以现金形式提交投标保证金。以支票、汇票形式提交的投标保证金应当从投标人基本账户转出，未从基本账户转出的，招标人应当拒绝其投标。

（1）投标人在递交投标文件的同时，应按投标人须知前附表规定的金额、担保形式等递交投标保证金，并作为其投标文件的组成部分提交给招标人。

（2）铁路建设工程投标保证金额度不得超过最高投标限价的 2%，且不超过 80 万元人民币，有效期应当与投标有效期的要求一致。

（3）联合体投标的，其投标保证金由牵头人递交，并应符合投标人须知的规定。以联合体中牵头人名义提交的投标保证金，对联合体各成员具有约束力。

（4）投标人不按要求提交投标保证金的，其投标文件作废标处理。

3. 铁路建设工程投标保证金退还

（1）投标人在投标截止时间前撤回已提交投标文件的，招标人已收取投标保证金的，应当自收到投标人书面撤回通知之日起 5 日内退还。

（2）招标人与中标人签订合同后 5 日内，发包人向中标人和未中标的投标人退还投标保证金及银行同期存款利息。

（3）铁路建设工程投标有下列情形之一的，投标保证金将不予退还。

① 投标人在规定的投标有效期内撤销或修改其投标文件。

② 中标通知书发出后，中标人放弃中标项目的。

③ 中标人在收到中标通知书后，无正当理由拒签合同协议书或未按招标文件规定提交履约担保。

④ 中标人在签订合同时向招标人提出附加条件的。

3.3.4　铁路建设工程投标资格审查

1. 经过资格预审的铁路建设工程投标人应准备的资料

经过资格预审的铁路建设工程投标人在编制投标文件时，应按新情况更新或补充其在申请资格预审时提供的资料，以证实其各项资格条件仍能继续满足资格预审文件的要求，具备承担本标段施工的资质条件、能力和信誉。

2. 未经过资格预审的铁路建设工程投标人，应准备的审查资料

（1）"投标人基本情况表"，附投标人营业执照副本及其年检合格的证明材料、资质证书副本和安全生产许可证等材料的复印件。

（2）"近年财务状况表"，附经会计师事务所或审计机构审计的财务会计报表，包括资产负债表、现金流量表、利润表和财务情况说明书的复印件，具体年份要求见投标人须知前附表。

（3）"近年完成的类似项目情况表"，附中标通知书和（或）合同协议书、工程接收证书（工程竣工验收证书）的复印件，具体年份要求见投标人须知前附表。每张表格只填写一个项目，并标明序号。

（4）"正在施工和新承接的项目情况表"，附中标通知书和（或）合同协议书复印件。每张表格只填写一个项目，并标明序号。

（5）"近年发生的诉讼及仲裁情况"，说明相关情况，并附法院或仲裁机构作出的判决、裁决等有关法律文书复印件，具体年份要求见投标人须知前附表。

（6）投标人须知前附表规定接受联合体投标的，上述第（3）到第（5）项规定的表格和资料应包括联合体各方的相关情况。

3.3.5　铁路建设工程投标文件编制概述

《铁路建设项目施工招标投标实施细则（试行）》第四十五条规定：

招标人应在招标文件中载明，投标人应当按照招标文件要求自主报价，独立编制投标文件。投标文件应当对招标文件载明的质量、安全、工期、造价、标准化管理、上场机械设备类型、合同条款、环保、水保、职业健康安全、土地复垦、架子队组建等实质性要求和条件作出响应。

投标人拟在中标后将中标项目的部分非主体、非关键性工程进行分包的，应当在投标文件中载明。

1. 铁路建设工程投标文件的编制要求

（1）投标文件应按招标文件中的"投标文件格式"进行编写，如有必要，可以增加附页，作为投标文件的组成部分。其中，投标函附录在满足招标文件实质性要求的基础上，可以提出比招标文件要求更有利于招标人的承诺。

（2）投标文件应当对招标文件有关工期、投标有效期、质量要求、技术标准和要求、招标范围等实质性内容作出响应。

（3）投标文件应用不褪色的材料书写或打印，并由投标人的法定代表人或其委托代理人签字或盖单位章。委托代理人签字的，投标文件应附法定代表人签署的授权委托书。投标文件应尽量避免涂改、行间插字或删除。如果出现上述情况，改动之处应加盖单位章或由投标人的法定代表人或其授权的代理人签字确认。签字或盖章的具体要求见投标人须知前附表。

（4）投标文件正本一份，副本份数见投标人须知前附表。正本和副本的封面上应清楚地标记"正本"或"副本"的字样。当副本和正本不一致时，以正本为准。

（5）投标文件的正本与副本应分别装订成册，并编制目录，具体装订要求见投标人须知前附表。

2. 铁路建设工程投标文件编制的格式要求

（1）投标文件内文采用 A4 纸，单面印刷，字体统一、文字清晰，层次结构统一、语意明确。

（2）封面须注明投标项目名称、投标标段、文件性质、投标人名称，法定代表人或委托代理人（签字）、日期，并盖章。

（3）投标文件应编制目录，并且逐页连续标注页码。

3.3.6 铁路建设工程投标文件的密封和标识

（1）投标文件的正本与副本应分开包装，加贴封条，并在封套的封口处加盖投标人单位章。

（2）投标文件的封套上应清楚地标记"正本"或"副本"字样，封套上应写明的其他内容见投标人须知前附表。

（3）未按要求密封和加写标记的投标文件，招标人不予受理。

铁路建设工程招标人应在招标文件载明的提交投标文件截止时间前，将投标文件密封送达招标地点，招标人在招标文件指定的地点接收投标人提交的密封投标文件。招标人应当如实记载投标文件的送达时间和密封情况，并存档备查。

收到投标文件后，招标人应当向投标人出具标明签收人和签收时间的凭证，妥善保管好已接收的投标文件、修改或撤回通知等投标资料，在开标前不得开启投标文件。

铁路建设工程招标人应当拒收在招标文件载明的提交投标文件截止时间后送达或不按照招标文件要求密封的投标文件。

3.3.7 铁路建设工程投标文件的递交、修改与撤回

铁路建设工程投标人在招标文件要求提交投标文件的截止时间前，可以补充、修改、替代或者撤回已提交的投标文件，并书面通知招标人。补充、修改的内容为投标文件的组成部分。在提交投标文件截止时间后，招标人不得接受投标人对投标文件的补充、修改、替代或者撤回其投标文件；投标人撤销投标文件的，招标人可以不退还其投标保证金。

1. 铁路建设工程投标文件的递交

（1）投标人应在招标文件规定的投标截止时间前递交投标文件。

（2）投标人应在投标人须知前附表内规定递交投标文件的地点递交投标文件。

（3）除投标人须知前附表中另有规定外，投标人所递交的投标文件不予退还。

（4）招标人收到投标文件后，向投标人出具签收凭证。

（5）逾期送达的或者未送达指定地点的投标文件，招标人不予受理。

（6）依法必须进行施工招标的铁路建设工程项目，提交投标文件的投标人少于三个的，招标人在分析招标失败的原因并采取相应措施后，应当依法重新招标。重新招标后投标人仍少于三个的，属于必须审批、核准的工程建设项目，报原审批、核准部门审批、核准后可以不再进行招标；其他工程建设项目，招标人可自行决定不再进行招标。

2. 铁路建设工程投标文件的修改与撤回

（1）在规定的投标截止时间前，投标人可以修改或撤回已递交的投标文件，但应以书面形式通知招标人。

（2）投标人修改或撤回已递交投标文件的书面通知应按照要求签字或盖章。招标人收到书面通知后，向投标人出具签收凭证。

（3）修改的内容为投标文件的组成部分，修改的投标文件应按照规定进行编制、密封、标记和递交，并标明"修改"字样。

【案例】

北京铁路局计划新建石家庄至太原客运专线，标段已经划分，并发布了招标公告。中铁三局通过了该客运专线二标段的资格预审，并购买了该客运专线二标段的招标文件，根据已购买的招标文件中铁三局应如何编制新建石家庄至太原客运专线二标段的投标文件？

【解答】

（1）对招标文件载明的质量、安全、工期、造价、标准化管理、上场机械设备类型、合同条款、环保、水保、土地复垦、架子队组建等实质性要求和条件作出响应。

（2）按招标文件中的"投标文件格式"进行编写，如有必要，可以增加附页，作为投标文件的组成部分。

（3）用不褪色的材料书写或打印投标文件，并由投标人的法定代表人或其委托代理人

签字或盖单位章。

(4) 准备投标文件正本 1 份，副本 3 份。正本和副本的封面上应清楚地标记"正本"或"副本"的字样。正本与副本应分别装订成册，并编制目录。

(5) 对新建石家庄至太原客运专线二标段工程的投标文件进行密封和标识。

(6) 在招标文件中规定的投标截止之日前递交新建石家庄至太原客运专线二标段工程的投标文件。

3.4 铁路建设工程投标报价编制

3.4.1 铁路建设工程投标报价的编制依据和内容

投标文件中最关键的内容是投标报价，投标报价的高低直接影响着投标结果，因此准确计算铁路建设工程各项费用，编制合理的投标报价，是铁路建设工程投标人即能获得中标又能获得利润的关键。

1. 铁路建设工程投标报价的编制依据

(1) 国家现行工程量清单计价规范。

(2)《铁路基本建设工程设计概（预）算费用定额》（TZJ 3001—2017）。

(3)《铁路基本建设工程设计概（预）算编制办法》（TZJ 1001—2017）。

(4) 招标文件、工程量清单及其补充通知、答疑纪要。

(5) 铁路建设工程设计文件及相关资料。

(6) 施工现场情况，工程特点及拟定的投标施工组织设计或施工方案。

(7) 与建设项目相关的标准规范等技术资料。

(8) 市场价格信息或工程造价管理机构发布的工程造价信息。

(9) 其他的相关资料。

2. 铁路建设工程投标报价文件的主要内容

(1) 投标报价编制说明。

(2) 投标报价汇总表。

(3) 标价的工程量清单。

(4) 计日工表（人、材、机数量和单价明细表）。

(5) 暂估价表（材料暂估价、工程设备暂估价、专业工程暂估价）。

(6) 工程量清单单价分析。

(7) 材料、台班价差计算表。

(8) 平均运杂费分析。

(9) 降低费用措施说明。

3.4.2 铁路建设工程投标报价程序

铁路建设工程投标报价的程序一般为：熟悉招标文件和有关规定—参加现场勘察、标前会议、答疑会议—核算工程量（作为报价计算基础）—制定施工组织设计、施工方案和进度计划—计算最低一级的清单子目中人工费、材料费、机械费、填料费、措施费、间接费、税金、一般风险费用组成的综合单价—计算其他费、计日工、激励约束考核费、暂列金额、总承包风险费和设备费—按工程量清单计算总报价—标价调整和投标报价决策—编制正式投标报价单。投标报价程序如图 3 – 1 所示。

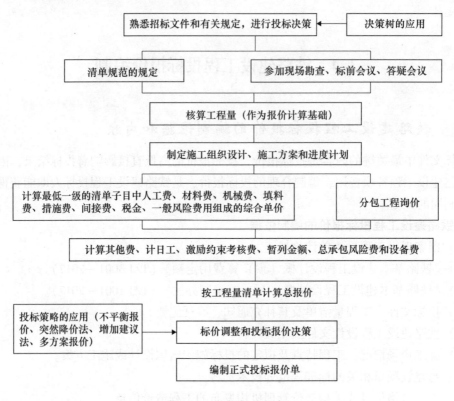

图 3 – 1　投标报价程序

3.4.3　铁路建设工程投标报价准备工作

1. 组建投标报价小组

组建一个管理水平高、经验丰富的投标报价小组是投标成功的基本保证。一般来说，小组成员可分为三个层次，即报价决策人员、报价分析人员、基础数据采集和配备人员。各类专业人员分工明确，协调发挥各自的积极主动性和特长，完成既定投标报价工作。

2. 研究招标文件

铁路建设工程投标人获得招标文件后，为保证工程量清单报价的合理性，应对投标人须知前附表，合同条件，技术规范，图纸和工程量清单等进行分析，正确理解招标文件的要求。

1）投标人须知前附表

铁路建设工程投标人须知前附表是招标人对投标的要求，其包括项目的资金来源，投标书的编制和递交，评标办法等，其作用是防止废标。

2）合同条件分析

（1）合同形式分析。

合同形式分析主要包括承包方式和计价方式分析。

（2）合同条款分析。

合同条款分析主要包括承包商的任务、工作范围和责任；工程变更及相应的合同价款调整；付款方式、时间。

（3）技术标准和要求分析。

工程技术标准与工程量清单中各子项目的工作密不可分，任何忽视技术标准的报价都是不完整、不可靠的，有时可能导致工程承包重大失误和亏损。

（4）图纸分析。

图纸是确定工程范围、内容和技术要求的重要文件也是投标者确定施工方法等施工计划的主要依据。

3. 踏勘现场

1）自然条件调查

自然条件调查包括对气象水文资料，自然条件，地震、洪水等自然灾害，以及地质情况等的调查。

2）施工条件调查

施工条件调查包括对工程现场的地形，地貌，地上、地下障碍物，以及施工现场的"五通一平"情况；工程现场施工临时设施、大型施工机具、材料堆放安排的可能性，是否需要二次搬运；工程现场邻近建筑物等的调查。

3）其他条件调查

其他条件调查主要包括对各种构件，半成品、商品混凝土的供应能力和价格，以及现场附近的生活设施，治安情况等的调查。

4. 询价

（1）投标报价之前，投标人必须通过各种渠道，采用各种手段对工程所需要的各种材料和设备的价格、质量进行全面系统的调查。询价时要特别注意两个问题，一是产品质量是否可靠，是否满足招标文件的有关规定；二是供货方式、时间、地点，有无附加条件和费用等。

（2）分包询价。分包询价包括：分包标函是否完整，分包工程单价所包含的内容，分包人的工程质量、信誉及可信赖程度、质量保证措施，分包报价等。

5. 工程量复核

在铁路建设工程施工中，工程量清单作为招标文件的重要组成部分，由招标人提供。复核工程量的准确程度直接影响承包商的经营行为，投标人根据工程量选择合适的施工方法、经济的劳动力数量及投入使用的施工机具设备。

（1）投标人根据招标说明、图纸、地质资料等招标文件，计算主要清单工程量，与招标文件中工程量进行比较。

（2）对于工程量清单存在的错误，投标人可以向招标人提出，招标人同意修改的，应把改正情况通知所有投标人。

（3）针对工程量清单中工程量的遗漏或错误，是否向招标人提出修改意见取决于投标策略。投标人可以运用一些报价的技巧提高报价的质量，争取在中标后能获得更大的收益。

3.4.4 铁路建设工程投标报价编制概述

1. 编制铁路建设工程投标报价的一般规定

（1）投标报价应由投标人或受其委托具有相应资质的工程造价咨询人员编制。

（2）投标人应依据清单计价规范、招标文件、计价方法、市场价格信息、施工组织设计等自主确定投标报价。

（3）投标报价不得低于工程成本。

（4）投标人必须按招标工程量清单填报价格。项目编码、项目名称、项目特征、计量单位、工程量必须与招标工程量清单一致。

（5）投标人的投标报价高于招标控制价的应予废标。

2. 铁路建设工程投标报价费用组成

铁路建设工程投标报价费用组成如图 3 - 2 所示。

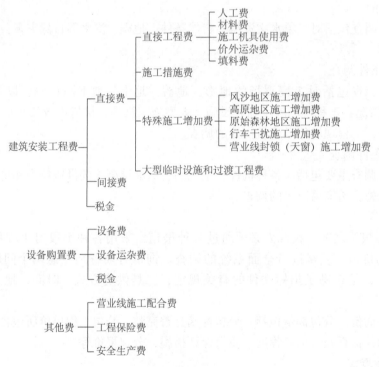

注：①《铁路基本建设工程设计概（预）算编制办法》（TZJ 1001—2017）规定，建筑安装工程费税金与设备购置费税金均为"增值税"。

②税率按《国家铁路局关于发布调整铁路工程造价标准增值税税率的公告》（国铁科法〔2018〕39 号）规定取"10%"，该税率从 2018 年 5 月 1 日起执行。

图 3 - 2　铁路建设工程投标报价费用组成

3. 铁路建设工程投标报价计算

铁路建设项目投标报价

＝（铁路建设项目建筑安装工程费 + 其他费）×（1 + 暂列金额费率）+ 激励约束考核费 +

设备购置费

$$铁路建设项目建筑安装工程费 = \sum_{i=2}^{n} 子项目建筑安装工程费$$

子项目建筑安装工程费 = 子项目工程量 × 子项目综合单价

1）子项目综合单价和合价

铁路建设项目子项目的综合单价是指完成最低一级的清单子项目计量单位全部具体工程（工作）内容所需的费用。

铁路建设项目子项目合价 = 工程数量 × 综合单价

综合单价应包括但不限于以下费用：人工费、材料费、机械费、填料费、措施费、间接费、税金、一般风险费用。

工程数量是估算的或设计的预计数量，不能作为最终结算和支付的依据。

2）其他费

投标报价工程量清单中的其他费包括：营业线施工配合费、工程保险费、安全生产费。

① 营业线施工配合费纳入了邻近营业线施工的相关内容，费率按照《铁路基本建设工程设计概（预）算费用定额》（TZJ 3001–2017）中的营业线施工配合费费率为参考费率进行计算。

② 工程保险费包括工程一切险和第三责任险，按照招标文件约定的投标范围及相关费率计算。

③ 安全生产费指施工企业按照规定标准提取在成本中列支，专门用于完善和改进施工企业安全生产条件的资金。安全生产费应分两部分计列，一是按费率计算部分，以建筑安装工程费的 2% 计算，二是加强超前地质预报费用，即Ⅰ级风险隧道中极高风险区段的超前钻孔、加深炮孔、地震波反射法物理探测的费用，其可按相关定额另行分析计算。

3）计日工

计日工表应由招标人根据拟建工程的具体情况，详细估列出人工、材料、施工机具的名称、规格型号、计量单位和相应数量，并随工程量清单发给投标人。

4）激励约束考核费

激励约束考核费指为确保铁路工程建设质量、建设安全、建设工期和投资控制，建立激励约束考核机制，根据有关规定计列的激励考核费用。

5）暂列金额

① 变更设计增加的费用。

② 工程保险投保范围以外的工程由于自然灾害或意外事故造成的物质损失及由此产生的有关费用。

③ 由发包人原因致使停工、工效降低造成承包人的损失而增加的费用。

④ 由于调整工期造成承包人采取相应措施而需增加的费用。

⑤ 由于政策性调整而需增加的费用。

⑥ 以计日工方式支付的费用。

⑦ 合同约定在工程实施过程中需增加的其他费用。

6）总承包风险费

总承包风险费的计费基数为铁路建设项目建筑安装工程费与安全生产费之和扣除甲供材料设备费，按规定的费率计取。通常的费率控制在 2.5% 以内（其中包含激励约束考核费）。

总承包风险费包括但是不限于以下内容。

① 初步设计招标的施工图量差和承包人原因引起的Ⅰ类变更设计及全部Ⅱ类变更设计引起的工程增减费用。

② 非不可抗力造成的自然灾害损失及采取的预防措施费用。

③ 发包人供应的材料和设备以外的材料和设备价差。

④ 建设工期重大调整以上的施工组织设计调整工期造成的损失和增加的措施费。

⑤ 工程保险费。

⑥ 变更施工方法、施工工艺引起的费用的增加。

7）设备费

设备费由设备原价和设备自生产厂家或来源地运至安装地点所发生的运输费、装卸费、手续费、采购及保管费、税金等组成。设备购置费税金的税率按《国家铁路局关于发布调整铁路工程造价标准增值税税率的公告》（国铁科法〔2018〕39号）中的规定取"10%"。

4. 铁路建设工程投标报价方法

（1）招标工程量清单与计价表中列明的所有需要填写综合单价和合价的项目，投标人均应填写且只允许有一个报价。未填写单价和合价的项目，可视为此项费用已包含在已标价工程量清单中其他项目的单价和合价之中。当竣工结算时，此项目不得重新组价予以调整。投标人应按招标文件的要求，附工程量清单综合单价分析表。

（2）调整投标报价。铁路建设工程总价计算出来后，应与预测的可能中标价格对比，分析组成总价的各部分费用出现价差的原因，对工程总价做出必要的调整。调整投标总价应当建立在对工程的盈亏预测的基础上，调整方法如下。

① 类比法。类比法是把工程的全部人工费、材料费、机械费、间接费分别汇总，计算出各种费用占总价的比例，或者算平方米造价，将其和以往类似工程相比较，从中发现问题。

② 分析法。分析法是把工、料、机单价，分项工程基本单价和间接费互相对照，查看是否有漏算、重复的项目，然后分析费用的各个组成部分，找出哪些地方还可通过采取某些措施降低成本、增加盈利。

（3）投标报价策略。投标报价策略是铁路建设工程投标人中标的重要手段，常用的投标报价策略如下。

① 不平衡报价法。不平衡报价法也叫前重后轻法，一般可以在以下几个方面考虑采用不平衡报价法。

能够早日结账收款的项目（如开办费、土石方工程、基础工程等）可以报高一些，以利于资金周转，后期工程项目（如机电设备安装工程，装饰工程等）可适当降低。

经过工程量核算，预计今后工程量会增加的项目，单价适当提高，这样在最终结算时可多赚钱，而将工程量可能减少的项目的单价降低，工程结算时损失不大。

设计图纸不明确，估计修改后工程量要增加的，可以提高单价，而工程内容说不清的，则可适当降低单价。

② 提出建议方案。投标人对原招标文件的设计和施工方案仔细研究，提出更合理的方案以吸引业主，促成自己方案中标。这种新的建议方案可以降低总造价或提前竣工或使工程

运用更合理。

③ 突然降价法。报价的保密性很强，对手往往通过各种渠道、手段来打探报价情况，因此在报价时可以采取迷惑对方的手法，到快投标截止时，再突然降价。

④ 先亏后盈法。承包商为了获得某项工程，依靠自身的雄厚资本实力，采取一种不惜代价，只求中标的低价报价方案。应用这种手法的承包商必须有较好的资信条件，并且提出的施工方案也先进可行。

⑤ 联合保标法。在竞争对手众多的情况下，可以采取几家实力雄厚的承包商联合起来投标报价。

【案例】

沈阳铁路局拟新建哈尔滨到大连的客运专线，中铁十九局计划参与该铁路工程的投标，目前已通过资格预审并购买了招标文件。中铁十九局在对现场进行踏勘之后，组建了投标报价小组，并完成了招标文件的研究和工程量的复核工作。中铁十九局编制的新建哈尔滨到大连客运专线工程投标报价应包括哪些费用？

【解答】

哈尔滨到大连客运专线工程投标报价

= （铁路建设项目建筑安装工程费 + 其他费）× （1 + 暂列金额费率） + 激励约束考核费 + 设备购置费

$$铁路建设项目建筑安装工程费 = \sum_{i=2}^{n} 子项目建筑安装工程费$$

子项目建筑安装工程费 = 子项目工程量 × 子项目综合单价

1）子项目综合单价和合价

铁路建设项目子项目合价 = 工程数量 × 综合单价

综合单价应包括但不限于以下费用：人工费、材料费、机械费、填料费、措施费、间接费、税金、一般风险费用。

2）其他费

投标报价工程量清单中的其他费包括：营业线施工配合费、工程保险费、安全生产费。

3）计日工

4）激励约束考核费

5）暂列金额

6）总承包风险费

总承包风险费的计费基数为铁路建设项目建筑安装工程费与安全生产费之和扣除甲供材料设备费，按规定的费率计取。通常的费率控制在2.5%以内（其中包含激励约束考核费）。

7）设备费

设备费由设备原价和设备自生产厂家或来源地运至安装地点所发生的运输费、装卸费、手续费、采购及保管费、税金等组成。设备购置费税金的税率按《国家铁路局关于发布调整铁路工程造价标准增值税税率的公告》（国铁科法〔2018〕39号）中的规定取"10%"。

示 范 文 本

【资格预审申请函】

_____（招标人名称）：

1. 按照资格预审文件的要求，我方（申请人）递交的资格预审申请文件及有关资料，用于你方（招标人）审查我方参加（项目名称）标段施工招标的投标资格。

2. 我方的资格预审申请文件包含"申请人须知"第3.1.1项规定的全部内容。

3. 我方接受你方的授权代表进行调查，以审核我方提交的文件和资料，并通过我方的客户，澄清资格预审申请文件中有关财务和技术方面的情况。

4. 你方授权代表可通过（联系人及联系方式）得到进一步的资料。

5. 我方在此声明，所递交的资格预审申请文件及有关资料内容完整、真实和准确，且不存在"申请人须知"第1.4.3项规定的任何一种情形。

申请人：_____（盖单位章）

法定代表人或其委托代理人：_____（签字）

电话：_____

传真：_____

申请人地址：_____

邮政编码：_____

年　　月　　日

【投标函】

_____（招标人名称）：

1. 我方已仔细研究了_____（项目名称）_____标段施工招标文件的全部内容，愿意以人民币（大写）_____元（¥_____）的投标总报价，工期_____月，按合同约定实施和完成承包工程，修补工程中的任何缺陷，工程质量达到_____。

联合体投标的，联合体成员各自承担工作部分的报价分别为：

联合体成员1：（大写）　　　　元（¥　　　　）

联合体成员2：（大写）　　　　元（¥　　　　）

…………

2. 我方承诺在投标有效期内不修改、撤销投标文件。

3. 随同本投标函提交投标保证金一份，金额为人民币（大写）_____元（¥_____）。

4. 如我方中标：

（1）我方承诺在收到中标通知书后，在中标通知书规定的期限内与你方签订合同。

（2）随同本投标函递交的投标函附录属于合同文件的组成部分。

（3）我方承诺按照招标文件规定向你方递交履约担保。

（4）我方承诺在合同约定的期限内完成并移交全部合同工程。

5. 我方在此声明，所递交的投标文件及有关资料内容完整、真实和准确，且不存在"投标人须知"第1.4.3项规定的任何一种情形。

6. 在正式合同签署并生效之前，本投标函连同你方的中标通知书，将构成你、我双方之间具有约束力的合同。

我方理解，你方不一定必须接受收到的最低价投标文件或任何投标文件。

投标人：＿＿＿＿＿＿＿＿＿＿（盖单位章）

法定代表人或其委托代理人：＿＿＿＿＿＿（签字）

地址：＿＿＿＿＿＿＿＿＿＿＿

网址：＿＿＿＿＿＿＿＿＿＿＿

电话：＿＿＿＿＿＿＿＿＿＿＿

传真：＿＿＿＿＿＿＿＿＿＿＿

邮政编码：＿＿＿＿＿＿＿＿＿

年　　月　　日

【投标函附录】

序号	条款名称	合同条款号	约定内容	备注
1	项目经理	1.1.2.4	姓名：＿＿＿＿＿	注册建造师注册号：＿＿＿＿＿ 专业：＿＿＿；级别：＿＿＿
	总工程师	1.1.2.4	姓名：＿＿＿＿＿	
2	工期	1.1.4.3	＿＿＿＿＿月	
3	缺陷责任期	1.1.4.5		
4	分包	4.3		
…	…	…		
…	…	…		

【本章思考题】

1. 对铁路建设工程投标人有哪些资质要求？

2. 铁路建设工程资格预审申请文件包括哪些内容？

3. 铁路建设工程投标文件包括哪些内容？

4. 如何进行铁路建设工程投标文件的编制？

5. 铁路建设工程投标文件的递交、修改与撤回有哪些规定？

6. 铁路建设工程投标报价的费用由哪些部分组成？

4　铁路建设工程开标、评标、定标

在铁路建设工程招投标工作中，开标、评标、定标是重要的环节，它们直接关系到招投标工作的成功与否。

铁路建设招投标应公开、公平和公正地进行，招标文件中预先载明开标时间和开标地点，邀请所有投标人参加，公开宣布全部投标人的名称、投标价格，以及投标文件中其他主要内容，使招投标当事人了解各个投标人的关键信息，并将相关情况记录在案。

为了体现招投标工作"公开、公平、公正"的原则，招标人和招标代理机构在制作招标文件时，应依法选择科学的评标方法和标准，组建合格的评标委员会，评标委员会应依法评审所有投标文件，择优推荐中标候选人。

【教学目标】

1. 知识目标

（1）了解开标前的准备工作。

（2）熟悉开标程序。

（3）熟悉评标原则。

（4）掌握评标方法。

（5）掌握定标原则。

2. 能力目标

（1）能进行开标前的准备工作。

（2）能对投标书进行初步评审、详细评审。

（3）能正确处理开标、评标过程中出现的问题。

（4）能编制评审报告。

（5）能确定中标人。

3. 素质目标

（1）培养学生积极思考的习惯。

（2）培养学生吃苦耐劳、勇于创新的职业精神。

（3）培养学生分析问题、解决问题的能力。

4.1 铁路建设工程开标

4.1.1 铁路建设工程开标准备工作

开标是指招标人在招标文件中规定开标的时间和地点，在邀请投标人参加的情况下，公开宣布全部投标人名称、投标价格，以及投标文件中其他主要内容的过程。开标体现了招投标活动中"公开"的原则。

根据中国铁路总公司《铁路建设项目施工招标投标实施细则（试行）》（铁总建设〔2015〕146 号）第五十三条规定，开标应当在招标文件确定的提交投标文件截止时间的同一时间公开进行，开标地点应为招标文件中确定的地点。

开标时间和开标地点不得随意更改。做好开标前的准备工作，是招投标工作能否顺利进行的关键。

1. 开标准备会

开标准备会应由招标单位相关负责人召集有关人员参加、提出在开标中的具体工作任务、安排专人负责接收投标人递交的投标文件，在开标前任何单位和个人不得开启投标文件。开标准备会须明确开标会议主持人、唱标人和记录人。

2. 开标场地

招标人应准备开标会议室、并布置开标会议用的投影仪、大屏幕、计算机、实物投影仪、话筒音响，电源和插座、接线板，以及座椅等。

3. 开标资料

招标人应落实所有开标、评标需要的材料，包括：投标签到表、投标文件收到登记表、评委和其他人员签到表、投标文件密封情况检查表、唱标记录表、投标情况（或者分包情况）汇总表，以及评标表格（符合性检查表、商务评议表、技术参数比较表、评标价格对比表、授标建议表等）。

4.1.2 铁路建设工程开标参与人

开标参与人包括开标主持人和所有投标人。

开标主持人由招标人或招标代理人派人担任，并邀请所有投标人参加。

投标人自行决定是否参加开标，投标人有权出席开标会议，也可以不出席开标会，通常不应以投标人不出席开标会议为由将其投标作为废标处理，但《铁路建设项目施工招标投标实施细则（试行）》第四十七条规定，提交投标文件的投标人少于 3 个的，应当重新招标。

4.1.3 铁路建设工程开标的时间和地点

1. 开标时间

《中华人民共和国招标投标法》第三十四条及《铁路建设项目施工招标投标实施细则（试行）》第五十三条规定，开标应当在招标文件确定的提交投标文件截止时间的同一时间公开进行。这个规定避免了投标中的舞弊行为。

铁路建设工程招标人确定投标文件提交截止时间时，应充分考虑投标人编制投标文件所需要的时间，自招标文件开始发出之日起至投标人提交投标文件截止之日止，最短不得少于20日。

开标时间应具体到××年××月××日××时××分。在招标文件要求提交投标文件的截止时间后送达的投标文件，招标人应当拒收。

2. 开标时间顺延

（1）当招标人对已发出的招标文件进行必要的澄清或者修改，且其澄清或者修改的内容可能影响投标文件的编制时，招标人应当在投标截止时间至少15日前，以书面形式通知所有招标文件收受人，不足15日的，招标人应当顺延投标文件提交截止时间。

（2）当不可抗力发生时，投标文件提交截止时间相应顺延。

（3）当开标前发现有影响招标公正性的不正当行为时，应当顺延投标文件提交截止时间。

3. 开标地点

开标地点是招标文件的投标人须知前附表中预先确定的开标所在地点，并邀请所有投标人的法定代表人或其委托代理人准时参加。

开标地点可以是招标人的办公室，也可以是招标人指定的其他地点。

招标人变更招标地点时，要通知所有投标人，必要时，可以在媒体上发布开标地点变更公告。

4.1.4 铁路建设工程开标程序

1. 开标程序

《标准施工招标文件》规定了开标程序。

（1）宣布开标纪律。

（2）公布在投标截止时间前递交投标文件的投标人名称，并点名确认投标人是否派人到场。

（3）宣布开标人、唱标人、记录人、监标人等有关人员姓名。

（4）按照投标人须知前附表的规定检查投标文件的密封情况。

（5）按照投标人须知前附表的规定确定并宣布投标文件的开标顺序。

（6）设有标底的，公布标底。

（7）按照宣布的开标顺序当众开标，公布投标人名称、标段名称、投标保证金的递交情况、投标报价、质量目标、工期及其他内容，并记录在案。

（8）投标人代表、招标人代表、监标人、记录人等在开标记录上签字确认。

（9）开标结束。

【开标程序范例】

> 1. 开标主持人宣布开标会议开始
>
> ××工程，参加报名的单位×家，按时参加开标会议的×家，缺席×家；符合《中华人民共和国招标投标法》《铁路建设项目施工招标投标实施细则（试行）》等有关法律、法规的要求和规定。下面宣布开标会议开始。
>
> 2. 宣布开标纪律
>
> ············

3. 介绍参加会议的单位和人员

（1）出席本次开标会议的单位有：××公司、××公司、××公司、××公司、×
×公司。

（2）出席本次开标会议的工作人员有：

××　　××　　××　××　　××

主持人：××

唱标人：××

记录人：××

4. 由投标单位委托代理人检验投标书密封情况

（1）各投标单位委托代理人上前共同检验投标文件的密封情况，并签字确认。

（2）经检验，共×家投标单位的投标文件密封完好，符合招标文件的要求。

5. ××工程标底为×××元

6. 确定唱标顺序

按投标人签到的逆顺序作为唱标先后顺序，其唱标先后顺序如下。

（1）××公司。

（2）××公司。

（3）××公司。

（4）××公司。

7. 唱标

宣读"唱标内容一览表"的内容，投标单位委托代理人为监标人，并对投标报价予
以签字认可。

8. 开标会议结束，进入投标评审阶段，投标单位人员将证书原件交工作人员，评委
评审完退还。

2. 开标注意事项

开标会上，先由投标人代表抽签确定评标办法。如果抽取的是综合评估法，则继续由投标人代表抽取评标基准调整系数。

以联合体形式投标的，投标人须在开标会上宣读联合体投标总价和各联合体成员拟承担工作部分的报价，否则投标无效；有信用评价 A 级企业使用加分权时，投标人还应宣读"施工企业信用评价加分声明函"。

投标人对开标有异议的，应当在开标现场当场提出，招标人应当当场作出答复，并进行记录。

3. 开标会记录

在《开标会记录单》中，应记录工程名称、招标编号、开标地点、开标时间、主持人姓名及单位、参加开标的各方及人员、开标情况等。

4.1.5　铁路建设工程不予受理的投标

《工程建设项目施工招标投标办法》第五十条及《铁路建设项目施工招标投标实施细则（试行）》第四十六条规定，投标文件有下列情形之一的，招标人应当拒收。

（1）逾期送达。

（2）未按招标文件要求密封。

（3）以支票汇票形式提交的投标保证金应当从投标人基本账户转出，未从基本账户转出的，招标人应当拒绝其投标。

【案例1】

某铁路建设项目实行公开招标，招标过程中出现了下列事件。

事件1：招标方于2019年4月8日起发出招标文件，文件中特别强调由于时间较紧要求各投标人不迟于4月23日9时之前提交投标文件（即确定4月23日9时为投标截止时间），并于4月10日停止出售招标文件，A、B、C、D、E、F 6家单位领取了招标文件。

事件2：4月15日招标方通知各投标人，原招标工程中的土方量增加20%，项目范围也进行了调整，各投标人据此对投标报价进行计算。

事件3：到4月23日9时投标截止时间，外地A公司于4月21日从邮局寄出了投标文件，由于天气原因4月25日招标人才收到投标文件。

事件4：本地B公司于4月22日将未密封，但加盖了本公司公章、法人印章的投标文件按时送达招标方。

事件5：本地C公司于4月20日送达投标文件后，4月22日告知招标人有降低报价的补充文件，补充文件在4月23日9时前未送达招标人。

上述事件中，事件1、事件2中招标人的做法是否正确？招标人对事件3、事件4、事件5应如何处理？招标人应如何召开开标会议？

【解答】

1. 事件1和事件2招标人的做法分析如下。

（1）事件1中的投标截止时间不正确，《铁路建设项目施工招标投标实施细则（试行)》第四十三条规定：招标人确定投标文件提交截止时间时，应充分考虑投标人编制投标文件所需要的时间，自招标文件开始发出之日起至投标人提交投标文件截止之日止，最短不得少于20日。所以本案例的投标截止时间最早应是2019年4月28日9时。

"于4月10日停止出售招标文件"不正确，《铁路建设项目施工招标投标实施细则（试行)》第二十二条规定，资格预审文件或者招标文件的发售期不得少于5日。发包人应于4月13日停止出售招标文件。

（2）事件2中，4月15日通知招标工程范围改变，部分工程量增加的行为不正确，《铁路建设项目施工招标投标实施细则（试行)》第三十七条规定：招标人可以对已发出的招标文件进行必要的澄清或者修改。澄清或者修改的内容可能影响投标文件编制的，招标人应当在投标截止时间至少15日前，以书面形式通知所有获取招标文件的潜在投标人，不足15日的，招标人应当顺延投标文件提交截止时间。

按投标截止时间，发包人最晚应在4月13日通知投标人"工程范围的改变和工程量的增加"事宜。

2. 招标人对事件3、事件4、事件5应做如下处理。

（1）4月25日收到的A公司投标文件，属于逾期送达，应不予受理。因为通过邮寄方式送达的投标文件，应以招标人实际收到的时间为准，而不是以邮戳时间为准。

（2）4月22日收到的B公司投标文件，因未进行密封，应不予受理。

（3）C公司的降价补充文件未在投标截止时间前送达，应按原投标文件受理。

3. 招标人召开开标会的流程如下。

（1）开标主持人宣布开标会议开始。

××工程，参加报名的单位6家，按时参加开标会议的5家，缺席1家；符合《中华人民共和国招标投标法》《铁路建设项目施工招标投标实施细则（试行)》等有关法律、法规的要求和规定。下面宣布开标会议开始。

（2）宣布开标纪律。

…………

（3）介绍参加会议的单位和人员。

① 出席本次开标会议的单位有：B公司、C公司、D公司、E公司、F公司。

② 出席本次开标会议的工作人员如下。

××× ××× ××× ×××

主持人：×××。

唱标人：×××。

记录人：×××。

（4）由投标单位委托代理人检验投标书密封情况。

① 各投标单位委托代理人上前共同检验投标文件的密封情况，并签字确认。

② 经检验，共4家投标单位的投标文件密封完好，符合招标文件的要求。

（5）×××工程标底为×××元。

（6）确定唱标顺序。

按投标人签到的递顺序作为唱标先后顺序，其唱标先后顺序如下。

① F公司。

② D公司。

③ E公司。

④ C公司。

（7）唱标。

宣读"唱标内容一览表"，投标单位委托代理人为监标人，并对投标报价予以签字认可。

（8）开标会议结束，进入投标评审阶段，投标单位人员将证书原件交工作人员，评委评审完退还。

【案例2】

某铁路局集团有限公司作为招标人编制了局管内某条拟建新线的招标文件。招标文件规定该项目采取公开招标、资格后审方式选择承包人，同时规定投标有效期为90天。

2018年10月12日下午4:00为投标截止时间，2018年10月14日下午2:00在某会议室召开开标会议。

2018 年 9 月 15 日，该铁路局集团有限公司在国家指定媒介上发布招标公告。招标公告内容如下。

① 招标人的名称和地址。

② 招标项目的内容、规模及标段的划分情况。

③ 招标项目的实施地点和工期。

④ 购买招标文件收取的费用。

2018 年 9 月 18 日，招标人开始出售招标文件。

2018 年 9 月 22 日，有两家外省市的施工单位前来购买招标文件，被告知招标文件已停止出售。

截至 2018 年 10 月 12 日下午 4:00 即投标文件递交截止时间，共有 48 家投标单位提交了投标文件。在招标文件规定的时间进行开标，经招标人代表检查投标文件的密封情况后，当众拆封，宣读投标人名称、投标价格、工期等内容，并由投标人代表对开标结果进行了签字确认。

请指出本案例中的招投标程序有哪些不妥之处。

【解答】

（1）时间不一致。

开标时间 2018 年 10 月 14 日下午 2:00 与提交投标文件的截止时间 2018 年 10 月 12 日下午 4:00 不一致。

《铁路建设项目施工招标投标实施细则（试行)》第五十三条规定："开标应当在招标文件确定的提交投标文件截止时间的同一时间公开进行。"

（2）招标公告的内容不全。

《工程建设项目施工招标投标办法》第十四条规定，招标公告或者投标邀请书应当至少载明下列内容：招标人的名称和地址；招标项目的内容、规模、资金来源；招标项目的实施地点和工期；获取招标文件或者资格预审文件的地点和时间；对招标文件或者资格预审文件收取的费用；对投标人的资质等级的要求。

（3）招标文件停止出售的时间不妥。

《铁路建设项目施工招标投标实施细则（试行)》第二十二条规定：资格预审文件或者招标文件的发售期不得少于 5 日。

（4）由招标人代表检查投标文件的密封情况不妥。

《中华人民共和国招标投标法》第三十六条规定，开标时，由投标人或者其推选的代表检查投标文件的密封情况，也可以由招标人委托的公证机构检查并公证；经确认无误后，由工作人员当众拆封，宣读投标人名称、投标价格和投标文件的其他主要内容。招标人在招标文件要求提交投标文件的截止时间前收到的所有投标文件，开标时都应当当众予以拆封、宣读。开标过程应当记录，并存档备查。

4.2　铁路建设工程评标

铁路建设工程评标是评标委员会按照规定的评标标准和方法，对各投标文件进行评价、比较和分析，从中选出最佳投标人的过程。

开标会议结束后，评标委员会依据法律规定和招标文件约定的评标方法和评标标准，对有效的投标文件进行初步评审和详细评审。评标是招投标工作的核心环节，评标委员会必须做到公平、公正、科学、择优。

4.2.1　铁路建设工程评标原则

1. 评标活动遵循公平、公正、科学、择优原则

（1）铁路建设工程招标人或者其委托的招标代理机构应当向评标委员会提供评标所需的重要信息和数据，但不得带有明示或者暗示倾向，以及排斥特定投标人的信息。

（2）我国实行统一的评标专家专业分类标准和管理办法。招标文件中规定的评标标准和评标方法应当合理，不得含有倾向性或者排斥潜在投标人的内容，不得妨碍或者限制投标人之间的竞争。

评标委员会应当根据招标文件规定的评标标准和方法，对投标文件进行全面评审和比较。

（3）评标委员会应对所有投标人的投标文件按照公平、公正的原则进行评审，形成独立的评审意见。评审意见如有涂改应旁签，严禁评标专家使用铅笔打分、签署意见或签名。

评标委员会不得向投标人提出带有暗示性或诱导性的问题，或向其明确投标文件中的遗漏和错误。

（4）《中华人民共和国招标投标法实施条例》第四十九条规定，评标委员会成员不得私下接触投标人，不得收受投标人给予的财物或者其他好处，不得向招标人征询确定中标人的意向，不得接受任何单位或者个人明示或者暗示提出的倾向或者排斥特定投标人的要求，不得有其他不客观、不公正的履行职务的行为。

2. 评标过程与结果不受任何单位和个人的非法干预或者影响

评标委员会在评标过程中是独立的，不论是上级主管部门还是发包人，均不得干预、改变或影响评标活动。

铁路建设工程招标人应当接受评标委员会推荐的中标候选人，不得在评标委员会推荐的中标候选人之外确定中标人。铁路建设工程招标人不得与投标人就投标价格、投标方案等实质性内容进行谈判。

3. 铁路建设工程招标人应当保证评标活动的保密性

评标委员会成员名单一般应于开标前确定，而且该名单在中标结果确定前应当保密。评标委员会成员在封闭环境下进行评标工作，对评标情况承担保密义务。

评标委员会成员和与评标活动有关的工作人员不得向他人透露对投标文件的评审情况和中标候选人的推荐情况，以及与评标有关的其他情况。

评标委员会成员与投标人有利害关系的，应当主动回避。

4. 评标活动依法实施的监督

有关行政监督部门应当按照规定的职责分工，对评标委员会成员的确定方式、评标专家的抽取和评标活动进行监督。行政监督部门的工作人员不得担任本部门负责监督项目的评标委员会成员。

4.2.2 铁路建设工程评标委员会

铁路建设工程评标委员会是由铁路建设工程招标人负责依法组建，负责评标活动，向招标人推荐中标候选人或者根据招标人的授权直接确定中标人的临时组织。

1. 评标委员会专家成员

（1）铁路建设招标人依法必须进行招标的项目，其评标委员会的专家成员应当由招标人从铁路建设工程评标专家库及其他依法组建的评标专家库中以随机抽取的方式确定。铁路建设工程评标专家库按招标项目类别，分为施工监理货物服务评标专家库和勘察设计评标专家库两个子库，评标专家子库各设全国库、区域库、应急库三个级别。

政府投资的铁路工程建设项目评标专家，必须从铁路建设工程评标专家库和其他政府有关部门组建的评标专家库中抽取。

除招标人代表外，招标人的其他人员不得另以评标专家身份参加资格审查或评标。任何单位和个人不得以明示、暗示等方式指定或者变相指定参加评标委员会的专家成员。

招标人（或招标代理机构）通过交易中心抽取铁路工程某一具体专业的评标专家时，应依次从主评专业、兼评专业、备选专业为该专业的评标专家中抽取。专家抽取完成后，一般不得更换。确需更换的，应依法补抽，并将有关情况纳入招投标情况书面报告。

评标专家信息在中标结果确定前应当保密。招标人使用全国专家库来抽取铁路建设工程评标专家的，应在开标前的 48 小时内抽取；使用区域库抽取的，应在开标前 24 小时内抽取；开标前 4 小时内或开标后需要临时补抽评标专家的，方可使用应急库。

（2）《铁路建设项目施工招标投标实施细则（试行）》第五十五条对于铁路建设工程评标委员会做了如下规定：招标人应依法组建评标委员会，其中招标人代表比例不得大于三分之一，技术、经济等方面的专家不少于三分之二，具体数量由招标人确定。评标委员会中专家从规定的专家库中随机抽取，并严格执行回避政策。评委专家应独立评标，不能相互影响。

非因《中华人民共和国招标投标法》和《中华人民共和国招标投标法实施条例》规定的事由，不得更换依法确定的评标委员会成员。更换评标委员会中的专家成员必须按规定从专家库中随机抽取。

评标过程中，评标委员会成员有回避事由、擅离职守或者因健康等原因不能继续评标的，应当及时更换。被更换的评标委员会成员作出的评审结论无效，由更换后的评标委员会成员重新进行评审。

2. 评标专家应具备的条件

《铁路建设工程评标专家库及评标专家管理办法》（国铁工程监〔2017〕27 号）中规定了铁路建设工程评标专家应具备以下基本条件。

（1）拥护中国共产党的路线、方针、政策，遵纪守法，具有良好的职业道德，能够依法、认真、公正、诚实、廉洁履行职责，维护招标投标双方的合法权益。

（2）熟悉有关招标投标的法律、法规、规章和铁路建设工程招标投标规定。

（3）从事铁路建设工程专业领域工作满 8 年并具有高级职称或同等专业水平。

（4）熟悉主评专业的专业技术要求和发展状况，了解兼评专业的专业技术要求和发展状况。

（5）在国家联合惩戒机制范围内没有失信记录。

（6）新入库专家年龄不超过 65 周岁，在库专家年龄不超过 68 周岁，身体健康，能够承担异地评标工作。

（7）能熟练使用计算机常用办公软件，适应电子评标需要。

（8）法律法规规定的其他条件。

第（3）项中"同等专业水平"是指本科毕业满 12 年、硕士毕业满 6 年、博士毕业满 3 年。

3. 评标专家的权利和义务

（1）《铁路建设工程评标专家库及评标专家管理办法》（国铁工程监〔2017〕27 号）中规定了评标专家享有以下权利。

① 接受聘请担任评标委员会成员。

② 依法对投标文件进行独立评审，提出公正评审意见，不受任何单位或者个人的干预。

③ 接受参加评标活动的劳务报酬。

④ 对本人违规行为的处理有权提出异议。

⑤ 法律法规规定的其他权利。

（2）《铁路建设工程评标专家库及评标专家管理办法》（国铁工程监〔2017〕27 号）中规定了评标专家负有下列义务。

① 具有法定回避情形的，应当主动提出回避。

② 遵守有关法律、法规和规章规定，遵守评标工作纪律，客观公正进行评审。

③ 及时更新个人信息、参加业务培训，接受评价和考核。

④ 协助、配合有关行政监督部门的监督、检查及投诉调查。

⑤ 法律法规规定的其他义务。

4. 不得担任评标委员会成员的情况

《铁路建设工程评标专家库及评标专家管理办法》（国铁工程监〔2017〕27 号）中规定了有下列情形之一的，不得担任招标项目的评标专家。

（1）投标人或者投标人主要负责人的近亲属。

（2）项目主管部门或者行政监督部门的人员。

（3）与投标人有经济利益关系，可能影响对投标公正评审的。

（4）曾因在招标、评标及其他与招标投标有关活动中从事违法行为而受过行政处罚或刑事处罚的。

（5）法律法规规定的其他应当回避的情形。

评标专家有上述规定情形之一的，应当主动提出回避；未提出回避的，招标人或行政监督部门发现后，应立即停止其参加评审；已完成评审的，该专家的评审结论无效。

5. 取消评标委员会成员资格的情况

（1）国家铁路局对评标专家实施记分管理，评标专家有下列违法违规行为之一的责令改正，记 3 分；情节严重的，记 6 分；情节特别严重的，取消担任评标委员会成员资格，从专家库中除名，不再接受其评标专家入库申请。

① 应当回避而不回避。

② 擅离职守。

③ 不按照招标文件规定的评标标准和方法评标。

④ 私下接触投标人。

⑤ 向招标人征询确定中标人的意向或者接受任何单位或者个人明示或者暗示提出的倾向或者排斥特定投标人的要求。

⑥ 对依法应当否决的投标不提出否决意见。

⑦ 暗示或者诱导投标人作出澄清、说明或者接受投标人主动提出的澄清、说明。

⑧ 其他不客观、不公正履行职责的行为。

对收受投标人财物或者其他好处的，向他人透露对投标文件的评审和比较意见、中标候选人的推荐情况及与评标有关的其他情况的评标专家，直接从评标专家库中除名，不再接受其评标专家入库申请，并按《评标专家和评标专家库管理暂行办法》第十五条处理。

（2）评标专家有下列情形之一的，停止其担任评标委员会成员资格，并从铁路建设工程评标专家库中除名。

① 以虚假材料骗取入库的。

② 连续两个记分周期内考核满 10 分的。

③ "信用中国"网站公布的失信被执行人。

④ 其他违反法律、法规规定不再适宜担任评标专家的。

（3）评标专家有下列情形之一的，停止其担任评标委员会成员的资格，并从铁路建设工程评标专家库中移出。

① 年龄满 68 周岁。

② 因健康状况等原因不能胜任评标工作的。

③ 因工作调动等原因不适宜继续参加评标的。

④ 经本人申请不再担任评标专家的。

⑤ 连续 5 年未从事铁路工程建设或管理工作的。

4.2.3　铁路建设工程评标的准备工作

评标委员会评标前，应学习《中华人民共和国招标投标法》、《中华人民共和国招标投标法实施条例》，以及招投标管理的相关规定、招标文件、评标办法、招标补遗，严格按照抽取的评标办法进行评标。

（1）评标委员会成员应当编制供评标使用的相应表格，认真研究招标文件，至少应了解和熟悉以下内容。

① 招标的目标。

② 招标项目的范围和性质。

③ 招标文件中规定的主要技术要求、标准和商务条款。

④ 招标文件规定的评标标准、评标方法和在评标过程中应考虑的相关因素。

（2）招标人或者其委托的招标代理机构应当向评标委员会提供评标所需的重要信息和数据。

（3）铁路建设工程招标人设有标底的，招标人应当在开标时公布。标底只能作为评标的参考，不得以投标报价是否接近标底作为中标条件，也不得以投标报价超过标底上下浮动范围作为否决投标的条件。

（4）评标委员会应当根据招标文件规定的评标标准和方法，对投标文件进行全面评审和比较。招标文件中没有规定的标准和方法不得作为评标的依据。评标委员会应了解招标文件规定的评标标准和方法。

4.2.4 铁路建设工程投标文件初步评审

1. 初步评审标准

1）形式评审标准

（1）投标人的名称与营业执照、资质证书、安全生产许可证的一致。

（2）投标函上有法定代表人或其委托代理人签字，加盖单位章。

（3）投标文件组成及格式符合要求。

（4）联合体投标人已提交联合体协议书，并明确联合体牵头人。

（5）报价唯一，即只能有一个有效报价。

2）资格评审标准

未进行资格预审的投标文件应具备有效的营业执照，具备有效的安全许可证，并且资质等级、财务状况、类似项目业绩、信誉、项目经理、其他要求等均符合规定。

已进行资格评审的投标文件仍按"资格审查办法"中的详细审查标准来进行评审。

3）响应性评审标准

响应性评审包括投标报价校核，审查全部报价数据计算的正确性，分析报价构成的合理性，并与招标控制价进行对比分析，还有工期、工程质量、投标有效期、投标保证金、权利义务、已标价工程量清单、技术标准和要求、标准化管理、架子队管理、合同条款确认及其他等，且这些内容应符合招标文件的有关要求。投标文件应实质上响应招标文件的所有条款、条件，无显著的差异或保留。显著的差异或保留是指以下情况。

（1）对工程的范围、质量及使用性能产生实质性影响。

（2）偏离了招标文件的要求，而对合同中规定的招标人的权利或者投标人的义务造成实质性的限制。

（3）纠正这种差异或者保留这种差异将会对提交了实质性响应要求的投标书的其他投标人的竞争地位产生不公正影响。

4）施工组织设计和项目管理机构评审标准

施工组织设计评审内容包括施工方案与技术措施、工程进度计划与措施、资源配备计划、质量管理体系与措施、安全管理体系与措施、环境保护管理体系与措施。

项目管理机构评审内容：项目管理机构总体设置、项目经理任职资格与业绩、总工程师任职资格与业绩、其他主要管理人员和技术人员。

2. 投标文件排序

评标委员会应当按照投标报价的高低或者招标文件规定的其他方法对投标文件排序。

以多种货币报价的，应当按照中国银行在开标日公布的汇率中间价换算成人民币。招标文件应当对汇率标准和汇率风险作出规定。未作规定的，汇率风险由投标人承担。

3. 投标文件的澄清和说明

评标委员会可以书面方式要求投标人对投标文件中含义不明确、对同类问题表述不一致或者有明显文字和计算错误的内容作必要的澄清、说明或者补正。澄清、说明或者补正应以书面方式进行并不得超出投标文件的范围或者改变投标文件的实质性内容。

投标文件中的大写金额和小写金额不一致的，以大写金额为准；总价金额与单价金额不一致的，以单价金额为准，但单价金额小数点有明显错误的除外；对不同文字文本投标文件的解释发生异议的，以中文文本为准。

4. 投标偏差的处理

评标委员会应当根据招标文件，审查并逐项列出投标文件的全部投标偏差。投标偏差分为重大偏差和细微偏差。

1）重大偏差

（1）没有按照招标文件要求提供投标担保或者所提供的投标担保有瑕疵。

（2）投标文件没有投标人授权代表签字和加盖公章。

（3）投标文件载明的招标项目完成期限超过招标文件规定的期限。

（4）明显不符合技术规格、技术标准的要求。

（5）投标文件载明的货物包装方式、检验标准和方法等不符合招标文件的要求。

（6）投标文件附有招标人不能接受的条件。

（7）不符合招标文件中规定的其他实质性要求。

投标文件有上述情形之一的，为未能对招标文件作出实质性响应，评标委员会应否决其投标。招标文件对重大偏差另有规定的，从其规定。

2）细微偏差

细微偏差是指投标文件在实质上响应了招标文件要求，但在个别地方存在漏项或者提供了不完整的技术信息和数据等情况，并且补正这些遗漏或者不完整不会对其他投标人造成不公平的结果。细微偏差不影响投标文件的有效性。

评标委员会应当书面要求存在细微偏差的投标人在评标结束前予以补正。拒不补正的，在详细评审时可以对细微偏差作不利于该投标人的量化，量化标准应当在招标文件中规定。

5. 评标委员会否决投标的情况

有下列情形之一的，评标委员会应当否决其投标。

（1）投标文件未经投标单位盖章和单位负责人签字。

（2）投标联合体没有提交共同投标协议。

（3）投标人不符合国家或者招标文件规定的资格条件。

（4）同一投标人提交 2 个以上不同的投标文件或者投标报价，但招标文件要求提交备选投标的除外。

（5）投标报价低于成本或者高于招标文件设定的最高投标限价。

（6）投标文件没有对招标文件的实质性要求和条件作出响应。

（7）投标人有串通投标、弄虚作假、行贿等违法行为。

有效投标不足 3 个使得投标明显缺乏竞争的，评标委员会可以否决全部投标。所有投标被否决后，招标人应当依法重新招标。

4.2.5　铁路建设工程评标的详细评审

经初步评审合格的投标文件，评标委员会应当根据招标文件确定的评标标准和方法，对其技术部分和商务部分作进一步评审、比较。

铁路建设项目详细评审方法包括经评审的最低投标价法和综合评估法，招标文件中应同时载明两种评标办法，由投标人代表在开标会上抽取 1 个作为评标办法。

1. 经评审的最低投标价法

1）经评审的最低投标价法的适用范围

一般适用于具有通用技术、性能标准或者招标人对其技术、性能没有特殊要求的招标项目。

2）详细评审标准和规定

（1）采用经评审的最低投标价法的，中标人的投标应当符合招标文件规定的技术要求和标准，但评标委员会无须对投标文件的技术部分进行价格折算。

（2）采用经评审的最低投标价法的，评标委员会应当根据招标文件中规定的评标价格调整方法，对所有投标人的投标报价及投标文件的商务部分作必要的价格调整。

（3）铁路建设工程详细评审中的经评审的最低投标价法主要量化因素包括单价遗漏和付款条件等。铁路建设工程招标人可以根据项目具体情况和实际需要，进一步细化、补充、删减量化因素和标准。评标办法前附表（经评审的最低投标价法）如表 4-1 所示。

表 4-1　评标办法前附表（经评审的最低投标价法）

单位：分

条款号		评审因素	评审标准
2.1.1	形式评审标准	投标人名称	与营业执照、资质证书、安全生产许可证一致
		投标文件签字盖章	有法定代表人或其委托代理人签字和单位公章
		投标文件组成及格式	符合第二章"投标人须知"第3.1款和第八章"投标文件格式"的要求
		联合体投标人	提交联合体协议书，并明确联合体牵头人
		投标文件	符合第二章"投标人须知"第3.7.4项的要求，且投标文件唯一（招标文件要求有备选方案的除外）
		报价唯一	只能有一个有效报价（招标文件要求有备选方案的除外）
		……	……

条款号		评审因素		评审标准
2.1.2	资格评审标准	营业执照		具备有效的营业执照，营业范围满足要求 是否需要核验原件：□是 □否
		安全生产许可证		具备有效的安全生产许可证 核验原件
		资质等级		符合第二章"投标人须知"第1.4.1项规定 是否需要核验原件：□是 □否
		质量管理体系标准		具有有效的ISO 9000质量管理体系认证证书
		环境管理体系标准		具有有效的ISO 14000环境管理体系认证证书
		职业健康安全管理体系标准		具有有效的OHSAS 18000职业健康安全管理体系认证证书
		财务状况		符合第二章"投标人须知"第1.4.1项规定
		类似项目业绩		符合第二章"投标人须知"第1.4.1项规定
		信誉		符合第二章"投标人须知"第1.4.1项规定
		项目经理和总工程师		符合第二章"投标人须知"第1.4.1项规定 核验原件
		其他要求		符合第二章"投标人须知"第1.4.1项规定
		联合体投标人（如有）		符合第二章"投标人须知"第1.4.2项规定
		利益冲突		符合第二章"投标人须知"第10条规定
		本章第3.1.2项规定的任一情形		不存在
2.1.3	响应性评审标准	投标内容		符合第二章"投标人须知"第1.3.1项规定
		投标人承诺		符合第二章"投标人须知"第10条规定
		工期目标		符合第二章"投标人须知"第1.3.2项规定，节点工期必须满足第二章"各标段分阶段工期要求"
		质量目标		符合第二章"投标人须知"第1.3.3项规定
		安全目标		符合第二章"投标人须知"第10条规定
		环保、水保目标		符合第二章"投标人须知"第10条规定
		投标人报价	报价总额	不高于最高投标限价
			总承包风险费	不超过招标人公布的费用
			安全生产费	按照招标人公布的费用报价
			报价明显偏低	能按照评标委员会澄清要求合理说明理由并提供相应证明材料
		投标有效期		符合第二章"投标人须知"第3.3.1项规定
		投标保证金		符合第二章"投标人须知"第3.4款规定
		权利义务		符合第四章"合同条款及格式"规定的权利义务
		已标价工程量清单		符合第五章"工程量清单"给出的范围及数量
		技术标准和要求		符合第七章"技术标准和要求"规定
		标准化管理		承诺按照标准化管理组织施工，有标准化管理制度
		架子队管理		有项目架子队构成框图；承诺按照架子队管理模式配备主要管理人员；有架子队管理制度
		合同条款确认		承诺完全确认招标文件载明的合同条款
		其他		没有与招标文件中有关"应（当）""必须""不得""禁止"等强制性和禁止性用语表示的其他实质性内容相矛盾的

条款号		评审（评分）因素		评分标准示例
2.1.4 （1）	施工组织设计评审标准（100，专家评分结果保留1位小数）	内容完整性（1）	符合招标文件要求	1
		施工方案与技术措施（35）	满足设计文件和施工技术标准要求	2
			总体施工组织针对性强、可行，施工区段划分合理	4
			施工总体布局合理，有详细的施工平面布置图	3
			大型临时设施布局符合设计要求，满足需要	2
			大型临时工程实施方案可行，且有对应平面布置图	2
			总体施工方案针对性强、可行	4
			各主要专业工程施工方案合理、可行	4
			重、难点工程施工方案合理、可行	4
			各专业工程施工组织衔接合理、可行	3
			各专业工程施工方法及工艺合理、可行	3
			过渡工程方案符合设计要求、可行	2
			接口工程方案合理、可行，为其他工程预留条件	2
		工程进度计划与措施（10）	主要节点工期安排合理、可行	2
			专业工程工期安排合理、可行	2
			网络计划图合理、可行	1
			进度横道图合理、可行	1
			关键线路清晰、合理	2
			工期保证措施合理	2
		资源配备计划（20）	劳动组织及劳动力配置计划合理	2
			架子队组成合理（对本单位职工和其他用工配置情况有说明）	3
			有季度或月度劳动力计划图（或表）	1
			物资供应计划合理	1
			物流组织安排合理、措施可行	1
			主要施工设备数量及规格配备计划合理，满足要求	4
			施工测量、试验设备配备合理，满足要求	3
			工程用款计划合理	2
			外部电力需求计划合理，有一定自发电能力	1
			临时用地计划合理（有临时用地计划表）	2

条款号		评审（评分）因素			评分标准示例
2.1.4 (1)	施工组织设计评审标准（100，专家评分结果保留1位小数）	质量管理体系与措施（15）	质量保证体系	组织机构健全（有机构框图）	2
				人员配备合理（有人员数量配备表）	1
				质量管理制度健全	1
				质量保证体系运行机制合理、可行	1
			试验检测机构	检测机构及监测制度健全	2
			质量保证措施	各专业工程质量保证措施完善、可行	3
				冬季施工质量保证措施完善、可行	2
				雨季施工质量保证措施完善、可行	2
				对已完工程的保护措施完善、可行	1
		安全管理体系与措施（10）备注：视招标项目是否有营业线施工或高空作业，调整安全保证措施中的评分分值	安全保证体系	组织机构健全（有机构框图）	1
				人员配备合理（有人员数量配备表）	1
				安全管理制度健全	1
			安全保证措施	各重点专业工程（难点隧道、难点桥梁等）安全保证措施完善、可行	1~2
				营业线施工（如有）安全保证措施完善、可行	1
				高空作业（如有）安全保证措施完善、可行	1
				防火（包括火工品管理）、用电安全保证措施完善、可行	1
				防洪安全保证措施完善、可行	1
				安全风险预防措施可行、有针对性，有应急预案	1~2
				其他特殊要求的安全措施可行	1
		其他措施（9）	投资控制措施	投资控制措施完善、可行	2
			环境、水、文物保护管理体系与措施	管理机构健全	1
				环境、水、文物保护措施可行	2
				临时用地复垦方案符合要求	1
			文明施工措施	文明施工措施完善、可行	1~2
				特殊地区（如有）施工措施	1
			职业健康安全管理体系与措施	职业健康安全管理体系健全、保护措施可行	1
			……	……	

续表

条款号		评审因素	评审标准
2.1.4 (2)	项目管理机构评审标准	项目管理机构总体设置	项目管理机构设置合理, 有组织框图
			各部门职责划分、管理制度合理可行
		项目经理任职资格与业绩	符合资格审查要求的条件, 满足项目施工要求
		总工程师任职资格与业绩	符合资格审查要求的条件, 满足项目施工要求
		其他主要管理和技术人员	项目副经理资格、业绩、工作年限等符合要求
			财务负责人资格、业绩、工作年限等符合要求
			质量负责人工作年限及资格符合要求
			安全负责人工作年限及资格符合要求
			试验负责人工作年限及资格符合要求
			各专业工程师人数及技术职称符合要求
		……	……
2.1.4 (3)	其他因素评分 (评审) 标准	投标承诺	满足招标文件要求
		不平衡报价	没有严重不平衡报价
条款号		量化因素	量化标准
2.2	详细评审标准	单价遗漏	无遗漏
		报价校核与修正	按本章第 3.1.3 项规定执行
		……	……
评审工作用表			见附表 (评审工作表表 3-1~表 3-18)
招标人可根据项目具体情况对施工组织设计评审因素及分值进行调整、细化			

注: 本表引自《铁路建设项目总价承包标准施工资格预审文件和施工招标文件补充文本》, 表中相关条款可参考文件全文。

（4）《铁路建设项目总价承包标准施工资格预审文件和施工招标文件补充文本》（铁总建设〔2015〕200 号）中规定, 采用经评审的最低投标价法的, 商务标采用通过制, 技术标采用评审打分通过制。评标委员会先对商务标和报价标进行评审, 按评审标准对技术标进行综合评分, 技术标评审分数在 90 分及以上的为通过。商务标、技术标通过的, 按评审后的投标价由低到高进行初步排序。

当信用评价 A 级企业申请加分时, 如 A 级企业在技术标评审得分前三名内, 且与初步排序第一名报价相差不超过 0.6% 时, 该 A 级施工企业在推荐的中标候选人排序中排名在前; 在技术标评审前 3 名中有 2 个及以上 A 级施工企业符合加分条件并申请加分的, 且均与初步排序第 1 名的报价相差不超过 0.6% 的, 报价低的 A 级施工企业在推荐的中标候选人排序中排名在前。

若经评审的最低投标价相同, 当期信用评价排序在前的投标人排名在前。

2. 综合评估法

不宜采用经评审的最低投标价法的招标项目, 一般应采取综合评估法进行评审。

综合评估法是评标委员会对满足招标文件实质性要求的投标文件规定的评分标准进行打分, 并按得分由高到低顺序推荐中标候选人, 其中技术标评审得分 90 分及以上的投标人才能进入汇总得分计算。当信用评价 A 级企业符合加分条件并申请加分时, 在汇总得分的基础上加 3 分，然后按总分由高到低推荐中标候选人。如最终评分分数出现相等，当期信用评价排序在前的投标人排名在前。

衡量投标文件是否最大限度地满足招标文件中规定的各项评价标准，可以采取折算为货币的方法、打分的方法或者其他方法。需量化的因素及其权重应当在招标文件中明确规定。

1）综合评估法的评分因素和评分标准

铁路建设工程详细评审中的综合评估法评分因素由四个方面构成：施工组织设计、项目管理机构、投标报价、信誉评价加分。评标办法前附表（综合评估法）如表 4 - 2 所示。

表 4 - 2　评标办法前附表（综合评估法）　　　　　单位：分

条款号		评审因素	评审标准
2.1.1	形式评审标准	投标人名称	与营业执照、资质证书、安全生产许可证一致
		投标文件签字盖章	有法定代表人或其委托代理人签字和单位公章
		投标文件组成及格式	符合第二章"投标人须知"第 3.1 款和第八章"投标文件格式"的要求
		联合体投标人	提交联合体协议书，并明确联合体牵头人
		投标文件	符合第二章"投标人须知"第 3.7.4 项的要求，且投标文件唯一（招标文件要求有备选方案的除外）
		报价唯一	只能有一个有效报价（招标文件要求有备选方案的除外）
		……	……
2.1.2	资格评审标准	营业执照	具备有效的营业执照，营业范围满足要求 是否需要核验原件：□是 □否
		安全生产许可证	具备有效的安全生产许可证 核验原件
		资质等级	符合第二章"投标人须知"第 1.4.1 项规定 是否需要核验原件：□是 □否
		质量管理体系标准	具有有效的 ISO 9000 质量管理体系认证证书
		环境管理体系标准	具有有效的 ISO 14000 环境管理体系认证证书
		职业健康安全管理体系标准	具有有效的 OHSAS 18000 职业健康安全管理体系认证证书
		财务状况	符合第二章"投标人须知"第 1.4.1 项规定
		类似项目业绩	符合第二章"投标人须知"第 1.4.1 项规定
		信誉	符合第二章"投标人须知"第 1.4.1 项规定
		项目经理和总工程师	符合第二章"投标人须知"第 1.4.1 项规定 核验原件
		其他要求	符合第二章"投标人须知"第 1.4.1 项规定
		联合体投标人（如有）	符合第二章"投标人须知"第 1.4.2 项规定
		利益冲突	符合第二章"投标人须知"第 10 条规定
		本章第 3.1.2 项规定的任一情形	不存在

续表

条款号	评审因素		评审标准
2.1.3	响应性评审标准	投标内容	符合第二章"投标人须知"第1.3.1项规定
		投标人承诺	符合第二章"投标人须知"第10条规定
		工期目标	符合第二章"投标人须知"第1.3.2项规定，节点工期必须满足第二章"各标段分阶段工期要求"
		质量目标	符合第二章"投标人须知"第1.3.3项规定
		安全目标	符合第二章"投标人须知"第10条规定
		环保、水保目标	符合第二章"投标人须知"第10条规定
		投标人报价　报价总额	不高于最高投标限价
		总承包风险费	不超过招标人公布的费用
		安全生产费	按照招标人公布的费用报价
		报价明显偏低	能按照评标委员会澄清要求合理说明理由并提供相应证明材料
		投标有效期	符合第二章"投标人须知"第3.3.1项规定
		投标保证金	符合第二章"投标人须知"第3.4款规定
		权利义务	符合第四章"合同条款及格式"规定的权利义务
		已标价工程量清单	符合第五章"工程量清单"给出的范围及数量
		技术标准和要求	符合第七章"技术标准和要求"规定
		标准化管理	承诺按照标准化管理组织施工，有标准化管理制度
		架子队管理	有项目架子队构成框图；承诺按照架子队管理模式配备主要管理人员；有架子队管理制度
		合同条款确认	承诺完全确认招标文件载明的合同条款
		其他	没有与招标文件中有关"应（当）""必须""不得""禁止"等强制性和禁止性用语表示的其他实质性内容相矛盾的

条款号	条款内容	编列内容
2.2.1	分值构成 ［总分 ＝（$A \times 50\%$ ＋ $B \times 20\%$ ＋ $C \times 30\%$）＋信用评价加分］	施工组织设计（技术标）A：100分 项目管理机构（商务标）B：100分 投标报价（报价标）C：100分 信用评价加＿＿＿＿分 施工组织设计评审得分90分及以上的投标人才能进入汇总得分计算
2.2.2	评标基准价计算	$Z = B \times K \times 0.4 + [(D_1 + D_2 + \cdots + D_i + \cdots + D_n - D_{max} - D_{min})/(n-2)] \times 0.6$ 其中：B——招标人公布的标段最高投标限价； D_i——第 i 个投标人的有效报价； D_{max}——有效报价最高的投标人报价； D_{min}——有效报价最低的投标人报价； n——本标段有效报价投标人总数； K——调整系数，从0.98、0.985、0.99、0.995、1.0五个系数中随机抽取一个系数。 当标段有效报价只有2家，如评标委员会认为投标具备竞争可继续评审时，$Z = B \times K \times 0.4 + [(D_1 + D_2)/2] \times 0.6$

续表

条款号	条款内容	编列内容	
2.2.3	投标报价偏差率	偏差率=[（D_i−Z）/Z]×100% D_i——第 i 个投标人的有效报价； Z——评标基准价	
条款号		评审（评分）因素	评分标准示例
2.2.4（1）	施工组织设计评审标准（100，专家评分结果保留 1 位小数）	内容完整性（1）	符合招标文件要求	1
		施工方案与技术措施（35）	满足设计文件和施工技术标准要求	2
			总体施工组织针对性强、可行，施工区段划分合理	4
			施工总体布局合理，有详细的施工平面布置图	3
			大型临时设施布局符合设计要求，满足需要	2
			大型临时工程实施方案可行，且有对应平面布置图	2
			总体施工方案针对性强、可行	4
			各主要专业工程施工方案合理、可行	4
			重、难点工程施工方案合理、可行	4
			各专业工程施工组织衔接合理、可行	3
			各专业工程施工方法及工艺合理、可行	3
			过渡工程方案符合设计要求、可行	2
			接口工程方案合理、可行，为其他工程预留条件	2
		工程进度计划与措施（10）	主要节点工期安排合理、可行	2
			专业工程工期安排合理、可行	2
			网络计划图合理、可行	1
			进度横道图合理、可行	1
			关键线路清晰、合理	2
			工期保证措施合理	2
		资源配备计划（20）	劳动组织及劳动力配置计划合理	2
			架子队组成合理（对本单位职工和其他用工配置情况有说明）	3
			有季度或月度劳动力计划图（或表）	1
			物资供应计划合理	1
			物流组织安排合理、措施可行	1
			主要施工设备数量及规格配备计划合理，满足要求	4
			施工测量、试验设备配备合理，满足要求	3
			工程用款计划合理	2
			外部电力需求计划合理，有一定自发电能力	1
			临时用地计划合理（有临时用地计划表）	2

铁路建设工程招投标与合同管理概论

续表

条款号		评审（评分）因素			评分标准示例
2.2.4 (1)	施工组织设计评审标准（100，专家评分结果保留1位小数）	质量管理体系与措施（15）	质量保证体系	组织机构健全（有机构框图）	2
				人员配备合理（有人员数量配备表）	1
				质量管理制度健全	1
				质量保证体系运行机制合理、可行	1
			试验检测机构	检测机构及监测制度健全	2
			质量保证措施	各专业工程质量保证措施完善、可行	3
				冬季施工质量保证措施完善、可行	2
				雨季施工质量保证措施完善、可行	2
				对已完工程的保护措施完善、可行	1
		安全管理体系与措施（10）备注：视招标项目是否有营业线施工或高空作业，调整安全保证措施中的评分分值	安全保证体系	组织机构健全（有机构框图）	1
				人员配备合理（有人员数量配备表）	1
				安全管理制度健全	1
			安全保证措施	各重点专业工程（难点隧道、难点桥梁等）安全保证措施完善、可行	1-2
				营业线施工（如有）安全保证措施完善、可行	1
				高空作业（如有）安全保证措施完善、可行	1
				防火（包括火工品管理）、用电安全保证措施完善、可行	1
				防洪安全保证措施完善、可行	1
				安全风险预防措施可行、有针对性，有应急预案	1-2
				其他特殊要求的安全措施可行	1
		其他措施（9）	投资控制措施	投资控制措施完善、可行	2
			环境、水、文物保护管理体系与措施	管理机构健全	1
				环境、水、文物保护措施可行	2
				临时用地复垦方案符合要求	1
			文明施工措施	文明施工措施完善、可行	1-2
				特殊地区（如有）施工措施	
			职业健康安全管理体系与措施	职业健康安全管理体系健全、保护措施可行	1
		……		……	

84

续表

条款号		评审（评分）因素		评分标准示例
2.2.4 (2)	项目管理机构评审标准 （100，专家评分结果保留1位小数）	项目管理机构总体设置 （20）	项目管理机构设置合理，有组织框图	10
			各部门职责划分、管理制度合理可行	10
		项目经理任职资格与业绩（18）	符合资格审查要求的条件，满足项目施工要求	18
		总工程师任职资格与业绩（12）	符合资格审查要求的条件，满足项目施工要求	12
		其他主要管理和技术人员（50）	项目副经理资格、业绩、工作年限等符合要求	8
			财务负责人资格、业绩、工作年限等符合要求	8
			质量负责人工作年限及资格符合要求	8
			安全负责人工作年限及资格符合要求	8
			试验负责人工作年限及资格符合要求	8
			各专业工程师人数及技术职称符合要求	10
		……	……	
2.2.4 (3)	投标报价评分标准 （100）	投标报价偏差率（例） （根据偏差率在相应分数段按内插法计算报价得分，结果保留三位小数，最后一位小数四舍五入）	≥ +2.5	0
			+2.0	20
			+1.5	40
			+1.0	60
			+0.5	80
			0	100
			-0.3	100
			-1.3	90
			-2.3	80
			-3.3	70
			-4.3	60
			-5.3	50
			-6.3	40
			-7.3	30
			-8.3	20
			-9.3	10
			≤ -10.3	0
		不平衡报价	存在不平衡报价的	最多扣15分
3.4.1	评标结果	评标委员会根据汇总得分结果推荐中标候选人		
	评审工作用表	见附表（评审工作表表3-1～表3-19）		
招标人可根据项目具体情况对各部分评审因素及分值进行调整、细化				

注：本表引自《铁路建设项目总价承包标准施工资格预审文件和施工招标文件补充文本》，表中相关条款可参考文件全文。

2）投标报价投资偏差率的计算

详细评审过程中对投标报价偏差率可以按下式计算：

偏差率 = (投标人报价 – 评标基准价)/评标基准价 × 100%

评标基准价的计算方法在投标人须知前附表中予以明确。招标人可以根据招标项目的特点、行业管理规定给出评标基准价的计算方法，也可适当考虑投标人的投标报价。

3）综合评估法的详细评审过程

评标委员会对各个评审因素进行量化时，应当将量化指标建立在同一基础或者同一标准上，使各投标文件具有可比性。

对技术部分和商务部分进行量化后，评标委员会应当对这两部分的量化结果进行加权，计算出每一投标的综合评估价或者综合评估分。

（1）按规定的评审因素和分值对施工组织设计计算出得分 A；

（2）按规定的评审因素和分值对项目管理机构计算出得分 B；

（3）按规定的评审因素和分值对投标报价计算出得分 C；

（4）信誉评价加分。

评分分值计算保留小数点后两位，小数点后第三位"四舍五入"。投标人的得分公式是：投标人得分 = $A \times 50\% + B \times 20\% + C \times 30\%$ + 信誉评价加分。

《铁路建设项目总价承包标准施工资格预审文件和施工招标文件补充文本》（铁总建设〔2015〕200号）中规定：评标委员会对满足招标文件实质性要求的投标文件，按照规定的标准进行打分，并按得分由高到低顺序推荐中标候选人。其中技术标评审得分90分及以上的投标人才能进入汇总得分计算。当信用评价A级企业符合加分条件并申请加分时，在汇总得分的基础上加3分，然后按总分由高到低推荐中标候选人。如最终评分分数出现相等，当期信用评价排序在前的排名在前。

根据综合评估法，最大限度地满足招标文件中规定的各项综合评价标准的投标，应当推荐为中标候选人。

4.2.6　铁路建设工程评标的评审报告编制

评标委员会完成评标后，应当向招标人提出书面评标报告，并抄送有关行政监督部门。《铁路建设项目施工招标投标实施细则（试行)》第六十四条规定了评标报告的内容。

（1）基本情况和数据表。

（2）评标委员会成员名单。

（3）开标记录。

（4）符合要求的投标人一览表。

（5）无效标情况详细说明。

（6）评标标准、评标方法或者评标因素（包括详细的评审过程，调整系数的确定，对一些重大偏差的评审意见和扣分依据等）。

（7）经评审的价格一览表。

（8）经评审的投标人排序。

（9）推荐的中标候选人名单或根据授权推荐的中标人名单。

（10）信用评价A级企业使用信用评价加分情况。

（11）签订合同前要处理的事宜及澄清、说明或补正事项纪要。

招标人应在开标当天将信用评价 A 级企业使用信用评价加分情况报中国铁路总公司工程管理中心，中国铁路总公司工程管理中心汇总后在铁道建设工程网站公布，并报中国铁路总公司建设管理部备案。

评标报告由评标委员会全体成员签字。对评标结论持有异议的评标委员会成员可以书面方式阐述其不同意见和理由。评标委员会成员拒绝在评标报告上签字且不陈述其不同意见和理由的，视为同意评标结论。评标委员会应当对此作出书面说明并记录在案。

评标委员会向招标人提交书面评标报告后，应将评标过程中使用的文件、表格及其他资料即时归还招标人。

【案例】

在某铁路工程项目公开招标中，业主代表提出招标控制价要有浮动。招标人公布的招标控制价为 1 500 万。

有 A、B、C、D、E、F、G、H、I、J、K、L、M、N 等多家施工单位报名投标，经招标代理事务所资格预审均符合要求，但招标人以 A 施工单位是外地企业为由不同意其参加投标，而招标代理事务所坚持认为 A 施工单位有资格参加投标。

评标委员会由 5 人组成，其中当地建设行政管理部门的招投标管理办公室主任 1 人、建设单位代表 1 人、政府提供的专家库中抽取的技术经济专家 3 人。

评标前，因在正副本投标文件上有丢落非关键词语的地方，J 单位提出要提交一个澄清文件并保证不会影响实质性内容。业主代表表示可以递交。

评标时发现，B 施工单位投标报价明显低于其他投标单位报价且未能合理说明理由；D 施工单位投标报价大写金额小于小写金额；F 施工单位投标文件提供的检验标准和方法不符合招标文件的要求；H 施工单位投标文件中某分项工程的报价有个别漏项；E 单位的投标标价为 1 600 万元。其他施工单位的投标文件均符合招标文件要求。

评标中，评标专家还发现 K 单位在非关键问题的描述中模糊不清，向 K 单位提出澄清要求，K 单位认为已经描述清楚，不需要说明，故未答复。

针对案例中发生的事件，招标人应如何处理？

【解答】

（1）针对上述案例中的事件，招标人应进行如下处理。

① 招标人提出"招标控制价要有浮动"的行为不妥，《建设工程工程量清单计价规范》（GB 50500—2013）规定招标控制价要公布准确的数据，不得上下浮动。

② 在施工招标资格预审中，发包人认为 A 施工单位是外地企业，不同意其参加投标的做法不正确。以所处地区作为确定投标资格的依据是一种歧视性的依据，是招投标法律法规明确禁止的行为。

③ 评标委员会组成不妥，不应包括当地建设行政管理部门的招投标管理办公室主任，评标委员会正确组成应为：由招标人或其委托的招标代理机构熟悉相关业务的代表及有关技术、经济等方面的专家组成，成员人数为五人以上单数。招标人代表为 1~2 人且比例不得多于四分之一，技术、经济等方面的专家不少于四分之三，评标委员会中铁路专

业专家从铁路专业评标专家库中随机抽取，通用专业专家从地方专家库中抽取，并严格执行回避政策。

（2）招标人分析哪些单位的投标有效。

① B、E、F 施工单位的投标不是有效投标。

B 单位的报价低于成本，所以应否决其投标。

E 单位的投标报价超过了招标控制价，应否决其投标。

F 单位的情况明显不符合技术规格和技术标准的要求，属重大偏差，未能对招标文件作出实质性响应，评标委员会应否决其投标。

② D 施工单位投标报价大写金额小于小写金额，H 施工单位投标文件中某分项工程的报价有个别漏项。这两种情况属于细微偏差，没有对其他投标人造成不公平的结果。细微偏差不影响投标文件的有效性，这两家施工单位的投标是有效标。

③ 对于 J 单位提出的要求，业主代表接受其澄清文件的行为不妥。因为评标委员会不能接受投标单位的主动澄清。

④ 评标专家发现 K 单位在非关键问题的描述中模糊不清，向 K 单位提出澄清要求，K 单位认为已经描述清楚，不需要说明，故未答复。K 单位的行为属于"投标文件没有对招标文件的实质性要求和条件作出响应"，应否决 K 单位的投标文件。

4.3　铁路建设工程定标

4.3.1　铁路建设工程中标候选人的确定

评标委员会评标完成后，应当向招标人提交书面评标报告和中标候选人名单。中标候选人应当不超过 3 个，并标明排序。

（1）中标候选人的公示。

《招标公告和公示信息发布管理办法》（国家发展和改革委令 2017 年第 10 号）规定，依法必须招标项目的中标候选人公示应当载明以下内容。

① 中标候选人排序、名称、投标报价、质量、工期（交货期），以及评标情况。

② 中标候选人按照招标文件要求承诺的项目负责人姓名及其相关证书名称和编号。

③ 中标候选人响应招标文件要求的资格能力条件。

④ 提出异议的渠道和方式。

⑤ 招标文件规定公示的其他内容。

依法必须招标项目的中标结果公示应当载明中标人名称。

铁路建设工程招标人应当在收到评标委员会评标报告之日起 3 日内公示中标候选人，公示期不得少于 3 日。

投标人或者其他利害关系人对评标结果有异议的，应当在中标候选人公示期间向招标人提出。招标人应当自收到异议之日起 3 日内作出答复；作出答复前，应当暂停招投标活动。投标人对招标人答复有异议的，可向中国铁路总公司建设管理部投诉。

（2）中标人的投标应当符合下列条件之一。

① 能够最大限度地满足招标文件中规定的各项综合评价标准。

② 能够满足招标文件的实质性要求，并且经评审的投标价格最低；但是投标价格低于成本的除外。

（3）对中标候选人公示没有异议或异议不成立的，应确定排名第一的中标候选人为中标人，5 日内向中标人和未中标人发中标通知书或中标结果通知书。

排名第一的中标候选人放弃中标、因不可抗力提出不能履行合同，或者招标文件规定应当提交履约保证金而在规定的期限内未能提交或者被有关部门查实存在影响中标结果的违法、违规行为，或因安全、质量问题被要求停止投标的，招标人可以按照评标委员会提出的中标候选人名单排序依次确定其他中标候选人为中标人，也可以重新招标。

4.3.2 铁路建设工程中标通知书

1. 中标通知书的发出

中标人确定后，招标人应当向中标人发出中标通知书，同时通知未中标人。

中标通知书对招标人和中标人具有法律效力。中标通知书发出后，招标人改变中标结果的，或者中标人放弃中标项目的，应当依法承担违约责任。

中标候选人的经营、财务状况发生较大变化或者存在违法行为，招标人认为可能影响其履约能力的，应当在发出中标通知书前由原评标委员会按照招标文件规定的标准和方法审查确认。

2. 书面报告

铁路建设工程招标人应当自确定中标人之日起 15 日内，向中国铁路总公司建设管理部提交招标情况的书面报告。书面报告至少应包括下列内容。

（1）招标范围。

（2）招标方式和发布招标公告的媒介。

（3）招标文件中投标人须知、技术条款、评标标准和方法、合同主要条款等内容。

（4）评标委员会的组成和评标报告。

（5）中标结果。

3. 履约担保

《铁路建设项目施工招标投标实施细则（试行）》第六十八条规定：招标文件要求中标人提交履约保证金或者其他形式履约担保的，中标人应当提交，拒绝提交的视为放弃中标。

履约保证金按以下公式计算：

（1）$(A-D)/A \leqslant 9\%$，提供合同价 8% 的银行保函。

（2）$9\% < (A-D)/A \leqslant 12\%$，除提供合同价 8% 的银行保函外，另外提供合同价 1% 的现金担保。

（3）$(A-D)/A > 12\%$，除提供合同价 8% 的银行保函外，另外提供合同价 2% 的现金担保。

其中，A 为最高投标限价扣除安全生产费后的费用，D 为扣除安全生产费后中标合同价。

4. 中标通知书格式

中标通知书如图 4 – 1 所示。

中标通知书

＿＿＿＿＿＿＿＿＿＿（中标人名称）：

你方于＿＿＿＿＿＿（投标日期）所递交的＿＿＿＿＿＿＿＿（项目名称）＿＿＿＿＿＿＿标段施工总价承包投标文件已被我方接受，被确定为中标人。

中标价：＿＿＿＿＿＿＿＿＿＿元。

工期：＿＿＿＿＿＿月。

工程质量：符合＿＿＿＿＿＿＿＿＿标准。

项目经理：＿＿＿＿＿＿＿＿＿（姓名）。

总工程师：＿＿＿＿＿＿＿＿＿（姓名）。

请你方在接到本通知书后的＿＿＿日内到＿＿＿＿＿＿＿＿＿（指定地点）与我方签订施工总价承包合同，在此之前按招标文件第二章"投标人须知"第 7.3 款规定向我方提交履约担保。

特此通知。

招标人：＿＿＿＿＿＿＿＿＿＿（盖单位章）

法定代表人：＿＿＿＿＿＿＿＿＿（签字）

＿＿＿＿＿＿＿＿年＿＿＿月＿＿＿日

图 4 – 1　中标通知书

4.3.3　铁路建设工程合同订立

招标人与中标人在投标有效期内及中标通知书发出之日起 30 日之内签订书面合同，合同的标的、价款、质量、履行期限等主要条款应当与招标文件和中标人的投标文件的内容一致。招标人与中标人不得再行订立背离合同实质性内容的其他协议。

招标人不得直接指定分包人。对于不具备分包条件或者不符合分包规定的，招标人有权在签订合同或者中标人提出分包要求时予以拒绝。

1. 无法订立合同的情形

中标通知书发出后，中标人放弃中标项目的，无正当理由不与招标人签订合同的，在签订合同时向招标人提出附加条件或者更改合同实质性内容的，或者拒不提交履约保证金的，取消其中标资格，投标保证金不予退还；给招标人造成的损失超过投标保证金数额的，中标人应当对超过部分予以赔偿；没有提交投标保证金的，应当对招标人的损失承担赔偿责任。

2. 保证金及图纸的退还

铁路建设工程招标人与中标人签订合同后 5 日内，应当要求未中标的投标人退回施工图纸，招标人向中标人和未中标的投标人退还图纸押金。中标人的施工图纸直接作为施工用图，份数不足的由招标人按合同约定的时间补齐。招标人同时向所有投标人退还投标保证金及银行同期存款利息。

3. 合同备案

铁路建设工程招标人与中标人签订合同后 20 日内，应将合同送中国铁路总公司工程管理中心备案，铁路局集团有限公司管理的项目应将合同送铁路局集团有限公司招标办备案。

4.3.4　铁路建设工程中标项目的转让

铁路建设工程中标人不得向他人转让中标项目，也不得将中标项目肢解后分别向他人转让。

铁路建设工程中标人按照合同约定或者经招标人同意，可以将中标项目的部分非主体、非关键性工作分包给他人完成。接受分包的人应当具备相应的资格条件，并不得再次分包。

铁路建设工程中标人应当就分包项目向招标人负责，接受分包的人就分包项目承担连带责任。

4.3.5　铁路建设工程中标活动的法律责任

《中华人民共和国招标投标法实施条例》规定了中标活动的法律责任。

（1）依法必须进行招标的项目的招标人有下列情形之一的，由有关行政监督部门责令改正，可以处中标项目金额 10‰以下的罚款；给他人造成损失的，依法承担赔偿责任；对单位直接负责的主管人员和其他直接责任人员依法给予处分。

① 无正当理由不发出中标通知书。

② 不按照规定确定中标人。

③ 中标通知书发出后无正当理由改变中标结果。

④ 无正当理由不与中标人订立合同。

⑤ 在订立合同时向中标人提出附加条件。

（2）中标人无正当理由不与招标人订立合同，在签订合同时向招标人提出附加条件，或者不按照招标文件要求提交履约保证金的，取消其中标资格，投标保证金不予退还。对依法必须进行招标的项目的中标人，由有关行政监督部门责令改正，可以处中标项目金额 10‰以下的罚款。

（3）招标人和中标人不按照招标文件和中标人的投标文件订立合同，合同的主要条款与招标文件、中标人的投标文件的内容不一致，或者招标人、中标人订立背离合同实质性内容的协议的，由有关行政监督部门责令改正，可以处中标项目金额 5‰以上 10‰以下的罚款。

（4）中标人将中标项目转让给他人的，将中标项目肢解后分别转让给他人的，违反招标投标法和本条例规定将中标项目的部分主体、关键性工作分包给他人的，或者分包人再次分包的，转让、分包无效，处转让、分包项目金额 5‰以上 10‰以下的罚款；有违法所得的，并处没收违法所得；可以责令停业整顿；情节严重的，由工商行政管理机关吊销营业执照。

【案例】

某铁路路基工程具备招标条件，业主单位进行了公开招标。

该铁路路基工程招标人依法组建的评标委员会对投标人的投标文件进行了评审，最后确定了 A、B、C 三家投标人分别为合同段第一、第二、第三中标候选人。招标人于 2019 年 5 月 28 日向 A 投标人发出了中标通知书，A 中标人于当日确认收到此中标通知书。此后，自

5月30日至6月30日招标人又与A投标人就合同价格进行了多次谈判，于是A投标人将价格在正式报价的基础上下浮了0.5%，最终双方于7月3日签订了书面合同。

该铁路路基工程招标人和中标人定标及签订合同的行为是否正确？

【解答】

招标人和中标人签订书面合同的期限和合同价格不符合规定。

《铁路建设项目施工招标投标实施细则（试行）》第七十条规定："招标人应当和中标人在投标有效期内并在自中标通知书发出之日起30日内，按照招标文件和中标人的投标文件订立书面合同。"

本案例中通知书于5月28日发出，直至7月3日才签订书面合同，超过了《铁路建设项目施工招标投标实施细则（试行)》规定的30日期限。

中标通知书发出后，招标人与中标人就合同价格进行谈判不符合规定。

《铁路建设项目施工招标投标实施细则（试行)》第七十条还规定："招标人和中标人不得另行订立背离合同实质性内容的其他协议。"

中标人的中标价格属于合同实质性内容，其中标价就是签约合同价。本案例中将中标价下浮0.5%后作为签约合同价的做法违反了《铁路建设项目施工招标投标实施细则（试行)》的相关规定。

【本章思考题】

1. 铁路建设工程招投标开标的时间是如何规定的？
2. 铁路建设工程投标中哪些情况属于不予受理的投标？
3. 铁路建设工程招投标应如何组建评标委员会？
4. 在铁路建设工程评标过程中哪些属于重大偏差？哪些属于细微偏差？
5. 铁路建设工程评标委员会否决投标的情况有哪些？
6. 哪些情形不得担任评标委员会成员？
7. 铁路建设工程采用经评审的最低投标价法时，如何确定中标候选人？
8. 中标人的投标应当符合的条件是什么？

5 铁路建设工程施工合同管理

铁路建设工程施工合同管理是铁路建设企业日常管理的重要内容。中国铁路总公司建设管理部是铁路建设工程合同管理的归口管理部门。铁路局集团有限公司下设工程项目管理机构，负责铁路建设工程项目的合同管理工作。

铁路建设施工企业在铁路建设工程实施过程中保障自身的权益、规避各类风险、获得更多利润的前提是其必须有较高的合同管理能力，因此，加强铁路建设工程施工合同的订立管理、履约管理、变更管理、风险管理、争议管理是铁路建设施工企业日常管理的核心工作之一。铁路建设工程施工合同管理应遵循下列原则。

（1）依法签订合同，保证合同的合法性。

（2）切实履行合同，提高合同的履约率。

（3）及时处理合同纠纷，维护企业的合法权益。

【教学目标】

1. 知识目标

（1）熟悉铁路建设工程施工合同的分类和组成。

（2）掌握铁路建设工程施工合同的内容。

（3）掌握铁路建设工程施工合同订立中图纸和文件的约定、工程价款的约定、工期的约定、工程质量的约定、工程担保的约定等管理内容。

（4）掌握铁路建设工程施工合同履行中工程质量的管理、施工进度的管理、进度款支付管理的规定。

（5）掌握铁路建设工程施工合同变更程序、变更估价的规定。

（6）掌握铁路建设工程施工合同风险的分配及控制。

（7）掌握铁路建设工程施工合同争议的解决方式。

2. 能力目标

（1）能够在铁路建设工程施工合同签订中对工程价款、工期、质量作出约定。

（2）能够在铁路建设工程施工合同履行中对工程质量和施工进度进行检查、计算工程进度款。

（3）能够提出铁路建设工程的变更申请。

（4）能够分析铁路建设工程施工合同中存在的风险。

（5）能够选择合理的解决铁路建设工程施工合同争议的方式。

（6）能够完成铁路建设工程施工合同的编制工作。

（7）能够对铁路建设工程施工合同的内容进行审核。

3. 素质目标

（1）培养学生积极思考的习惯。

（2）培养学生吃苦耐劳、勇于创新的职业精神。

（3）培养学生分析问题、解决问题的能力。

5.1 铁路建设工程施工合同概述

铁路建设工程施工合同是发包人与承包人之间为完成商定的建设工程项目，明确双方权利和义务的协议，其是铁路建设工程质量控制、进度控制、投资控制的主要依据。

5.1.1 铁路建设工程施工合同类型

按合同的计价方式不同，铁路建设工程施工合同主要有固定价格合同、可调整价格合同、成本加酬金合同三种。

1. 固定价格合同

固定价格合同是指在约定的风险范围内价款不再调整的合同。这种合同的价款并不是绝对不可调整的，而是约定范围内的风险由承包人承担。双方应当在专用条件中约定合同价款、风险费用、承担风险的范围及范围以外的合同价款调整方法。

2. 可调整价格合同

可调整价格合同是指合同价格可以调整，合同双方应当在专用条件内约定合同价款的调整方法。

通常可调整价格合同的价格的调整范围包括：国家法律、法规和政策变化影响合同价款；工程造价管理部门公布的价格调整；1周内非承包人原因停水、停电、停气造成停工累计超过8小时；双方约定的其他调整或增减等。

3. 成本加酬金合同

成本加酬金合同是由发包人向承包人支付工程项目的实际成本，并按事先约定用某一种方式支付酬金的合同类型。

成本加酬金合同的合同价款包括成本和酬金两部分，合同双方应在专用条件中约定成本构成和酬金的计算方法。

5.1.2 铁路建设工程施工合同文件

铁路建设工程施工合同协议书与下列文件一起构成铁路建设工程施工合同文件。

（1）合同协议书。

（2）中标通知书（如果有）。

（3）投标函及其附录（如果有）。

（4）专用合同条款及其附件。

（5）通用合同条款。

（6）技术标准和要求。

（7）图纸。

（8）已标价的工程量清单或预算书。

（9）工程质量保修协议书、安全生产协议书、廉政协议书，以及合同履行中发包人、承包人有关工程的洽商、变更等书面协议或文件。

此外，在合同订立及履行过程中形成的与合同有关的文件均构成合同文件组成部分。

上述各项合同文件包括合同当事人就该项合同文件所作出的补充和修改，属于同一类内容的文件，应以最新签署的文件为准。铁路工程专用合同条款及其附件须经合同当事人签字，加盖单位章。

5.1.3 铁路建设工程施工合同示范文本

《铁路建设项目总价承包标准施工资格预审文件和施工招标文件补充文本》（铁总建设〔2015〕200号）中的合同文本由通用合同条款、专用合同条款及合同附件格式组成。合同附件格式包括：合同协议书、甲供材料设备一览表、工程质量保修协议书、安全生产协议书、廉政协议书、履约担保格式、预付款担保格式。

甲乙双方在签订合同时，只对《铁路建设工程施工合同（示范文本）》中的空白部分根据项目的实际情况和双方协商结果进行填写，不需要填写内容的，在空格中用"/"标示，其他部分不得修改。

1. 通用条款

《铁路建设工程施工合同（示范文本）》的通用合同条款共计24条，具体条款分别为：一般约定，发包人义务，监理人，承包人，材料和工程设备，施工设备和临时设施，交通运输，测量放线，施工安全、治安保卫和环境保护，计划进度，开工和竣工，暂停施工，工程质量，试验和检验，变更，价格调整，计量与支付，竣工验收，缺陷责任与保修责任，保险、不可抗力，违约，索赔，争议的解决。前述条款的安排既考虑了现行法律法规对工程建设的有关要求，也考虑了建设工程施工管理的特殊需要。

2. 铁路工程专用条款

专用合同条款是对通用合同条款原则性约定的细化、完善、补充、修改或另行约定的条款，分为"铁路工程专用合同条款"和"项目专用合同条款"两部分，"铁路工程专用合同条款"原则上不允许修改；"项目专用合同条款"中的空格由招标人结合招标项目的具体特点和实际需要填写。在使用专用合同条款时，应注意以下事项。

（1）专用合同条款的编号应与相应的通用合同条款的编号一致。

（2）合同当事人可以通过对专用合同条款的修改，满足具体建设工程的特殊要求，避免直接修改通用合同条款。

（3）在专用合同条款中有横道线的地方，合同当事人可针对相应的通用合同条款进行细化、完善、补充、修改或另行约定；如无细化、完善、补充、修改或另行约定，则填写"无"或划"/"。

在通用条款中讲得笼统的、普遍的或者不够明确的问题在专用条款中要作必要的补充和修改。

3. 合同附件格式

1）合同协议书

铁路工程合同协议书的主要内容包括工程名称、合同工期、质量标准、签约合同价和合同价格形式、项目经理、合同文件构成及优先顺序、承诺及合同生效条件等，集中约定了合同当事人基本的权利和义务。

2）甲供材料设备一览表

甲供材料设备一览表包括：材料设备名称、规格型号、单位、数量、单价、送达地点等。

3）工程质量保修协议书

铁路工程的工程质量保修协议书由发包人和承包人对保修协议的认定、质量保修范围和内容、质量保修期、质量保修责任、保修费用和双方约定的其他保修事项组成。

承包人应当在接到保修通知之日起 7 日内派人修补。承包人不在约定期限内派人修补的，发包人可以委托他人修补。质量保修期自工程竣工验收合格之日起计算。承包人及其人员对工程质量终身负责。

4）安全生产协议书

安全生产协议书是为创造安全、高效的施工环境，切实做好项目的安全管理工作而签订的安全生产合同，其由发包人和承包人对安全生产协议书的认定、甲方职责、乙方职责、违约责任、其他事项组成。

5）廉政协议书

廉政协议书是为加强铁路工程建设中的廉政建设，规范、约束甲乙双方的行为，防止违法、违纪和不廉洁行为的发生，保护双方合法权益而订立的协议书。由发包人和承包人对廉政协议书的认定、甲方义务、乙方义务、违约责任、违约责任追究组成。

6）履约担保

履约担保是担保方无条件地、不可撤销地就承包人履行与发包人订立的合同，向发包人提供的担保。担保有效期自发包人与承包人签订的合同生效之日起至发包人签发工程接收证书之日止。

在保函有效期内，因承包人违反合同约定的义务给发包人造成经济损失时，担保方将在收到发包人以书面形式提出的在担保金额内的赔偿要求后，7 日内无条件支付。

7）预付款担保

预付款担保是担保方就发包人提供给承包人的预付款提供担保。承包人按约定的金额向发包人提交一份工程预付款担保，即有权得到发包人支付相等金额的预付款。

【案例】

某铁路建设工程公司中标新建哈尔滨至牡丹江铁路客运专线的 HMXQZQ‑1 标段：虎峰岭隧道段（DK224+800—DK233+900），该标段施工总工期 39 个月（含隧道沉降观测），计划于 2014 年 12 月 20 日开工，该铁路建设工程公司如何签订虎峰岭隧道段的《铁路建设工程施工合同》？

【解答】

该铁路建设工程公司应做如下工作。

（1）研究《铁路建设工程施工合同（示范文本）》中的通用合同条款、专用合同条款和合同附件格式，就新建哈尔滨至牡丹江铁路客运专线虎峰岭隧道段的工程地点、项目内容、工期、工程量、工程质量、工程款支付等与建设单位进行沟通。

（2）依据《铁路建设工程施工合同（示范文本）》起草虎峰岭隧道段的《铁路建设工程施工合同》，合同主要内容包括以下方面。

① 通用合同条款。

通用合同条款包括：一般约定，发包人义务，监理人，承包人，材料和工程设备，施工设备和临时设施，交通运输，测量放线，施工安全、治安保卫和环境保护，计划进度，开工和竣工，暂停施工，工程质量，试验和检验，变更，价格调整，计量与支付，竣工验收，缺陷责任与保修责任，保险，不可抗力，违约、索赔，争议的解决。

② 专用合同条款。

专用合同条款，分为"铁路工程专用合同条款"和"项目专用合同条款"两部分。

③ 合同附件格式。

合同附件格式包括：合同协议书、甲供材料设备一览表、工程质量保修协议书、安全生产协议书、廉政协议书、履约担保、预付款担保等。

（3）签订新建哈尔滨至牡丹江铁路客运专线虎峰岭隧道段《铁路建设工程施工合同》。

5.2　铁路建设工程施工合同订立管理

铁路建设工程施工合同的订立是指业主（铁路工程建设单位）与中标的铁路工程施工单位，为设立、变更、终止权利义务关系而进行协商，建立合同关系的行为。铁路建设工程施工合同的订立，即明确了双方的权利和义务，又为铁路建设工程合同顺利实施打下了坚实的基础。

5.2.1　铁路建设工程施工合同订立

1. 铁路建设工程施工合同订立的条件

（1）初步设计已经批准。

（2）铁路建设工程项目已列入年度建设计划。

（3）有能够满足施工需要的设计文件和有关技术资料。

（4）建设资金和主要建筑材料、设备来源已落实。

（5）中标通知书已下达。

2. 铁路建设工程施工合同订立的内容

铁路建设工程施工合同一般包括以下内容：当事人的名称或者姓名和地（住）址、营业执照号码或身份证号、标的、数量、质量、价款或者酬金、履行期限、地点和方式、违约责任、解决争议的方法、合同生效条件及其他要求等。

对于涉外合同，还应包括处理纠纷时选择使用的法律规定及语言。对项目管理机构权益影响较大或可能存在风险的合同条款，必须对当事人双方的权利和义务作出明确的约定。同时，依据《中华人民共和国担保法》的有关规定，合同对方提供履行合同的担保。

3. 铁路建设工程施工合同订立的程序

铁路建设工程施工合同订立一般要经过要约和承诺两个程序。

铁路建设工程施工合同订立中要约邀请即为发售招标文件，要约即为递交投标书，承诺即为发送中标通知书。

铁路建设工程招投标中，铁路工程建设单位确定中标人的行为就是订立铁路建设工程施工合同的承诺行为，投标单位为要约人，招标单位为承诺人。

5.2.2 铁路建设工程施工合同订立的管理

1. 铁路建设工程施工合同订立中图纸和文件的约定

1）图纸的提供

铁路建设工程发包人为每个标段提供 5 份图纸，其中 1 份为招标文件的附件，其余 4 份图纸在合同签订后 28 日内提供。承包人要求增加的图纸，由发包人提供，费用由承包人承担；承包人不得向设计单位索取图纸。

2）图纸的错误

承包人对发包人提供的图纸进行检查和现场核对，发现明显错误或疏忽应及时书面通知勘察设计单位、发包人和监理人，否则由承包人承担责任。

3）图纸的修改和补充

图纸需要修改和补充的，应经图纸原设计人及审批部门同意，并由监理人在工程或工程相应部位施工前将修改后的图纸或补充图纸提交给承包人，承包人应按修改或补充后的图纸施工。

4）承包人提供的文件

承包人按有关规定需向监理人和发包人提供相关文件的范围、数量及报送时间，由监理人和承包人协商确定。监理人批复承包人提供文件的期限为收到承包人提供的文件后 14 日内。

5）图纸和文件的保密

铁路建设工程发包人和承包人应严格遵守《中华人民共和国保守国家秘密法》，根据铁路建设工程项目实际情况制订保密制度，签订保密协议，妥善保存有关图纸、文件及数据，不得以任何形式泄露国家秘密。

2. 铁路建设工程施工合同订立中工程价款的约定

1）铁路建设施工合同价款的约定

实行招投标的铁路建设工程施工合同价款在中标通知书发出之日起 30 日内，由承发包双方依据招投标文件在书面合同中约定，工程价款应专款专用。

铁路建设工程发包人按合同约定拨付预付款和工程款；承包人接受发包人对建设资金流向实施的监管。一次拨款额度超过 300 万元时，应将该项资金的用途和拨付单位向发包人备案，接受发包人及其主管部门对本建设项目建设资金和农民工工资保证金专项账户资金使用情况的检查。

发包人发现上述资金流向、保证金使用情况不符合本合同约定提出整改意见的，承包人应当按照发包人的意见予以更正。

2）铁路建设施工合同预付款的约定

（1）预付款用于铁路建设工程承包人为工程施工购置材料、工程设备、施工设备，修建临时设施及组织施工队伍进场等。预付款的支付最迟应在开工通知载明的开工日期 7 日前支付。预付款必须专用于合同工程。

包工包料的工程按当年预计完成投资额（扣除甲供材料设备费）为基数计算预付额，建筑工程预付比例为10%，安装工程预付比例为10%。

（2）预付款保函。

除专用合同条款另有约定外，承包人应在收到预付款的同时向发包人提交预付款保函，预付款保函的担保金额应与预付款金额相同。保函的担保金额可根据预付款扣回的金额相应递减。

（3）预付款的扣回与还清。

预付款在进度付款中按比例扣回。在颁发工程接收证书前，由于不可抗力或其他原因解除合同时，尚未扣清的预付款余额应作为承包人的到期应付款。

预付款的扣回办法：每年1月开始施工的项目，从7月至12月支付的月工程款中，每月抵扣预付工程款的六分之一；年度中间开始施工的项目，从预付工程款后第7个月支付月工程款开始抵扣预付工程款，至次年1月支付上年度工程进度款时全部抵扣完毕；年度施工期不足7个月的项目，当年不抵扣预付工程款，从次年1月支付上年度工程进度款中一次性抵扣上年全部预付工程款。总工期少于7个月的，预付款扣回方式由发包人在招标文件中载明。

3）铁路建设施工合同工程进度款的约定

在专用条款中约定工程进度款的支付时间和支付方式。工程进度款支付可以采用按月计量支付，按里程完成工程的进度分段支付或完成工程后一次性支付等方式。同时还应针对总承包风险费、激励约束考核费用、安全生产费进行约定。

① 总承包风险费的支付。总承包风险费可采用按比例控制、总额包干的计价方式。按发包人批准的季度实际完成的投资额乘以总承包风险费率确定每季度计价限额，每季度完成的应由总承包风险费解决的工程或费用，如果低于本季度计价限额，按实际计算费用计价，余额结转到下个季度的计价限额；如果高于本季度计价限额，则按本季度计价限额计价。末次计价总额包干。

$$本季度计价限额 = 每季度计价限额 + 结转余额$$

② 激励约束考核费用。按规定支付激励约束考核费用。

③ 安全生产费。安全生产费根据国家、行业和中国铁路总公司相关规定，在季度结算工程款拨付时按规定比例一并支付。

④ 质量保证金在工程进度款中逐次扣留时，计算基数不包括预付款的支付、扣回及价格调整的金额。累计扣留的质量保证金不得超过工程价款结算总额的3%。

⑤ 其他款项的支付在项目专用合同条款中约定。

3. 铁路建设工程施工合同订立中工期的约定

在铁路建设工程施工合同协议书中应约定开工日期、竣工日期和合同工期总日历天数。

① 开工日期。监理人在计划开工日期7日前向承包人发出开工通知。工期自开工通知中载明的开工日期起计算。

② 竣工日期。承包人在约定的期限内完成合同工程。实际竣工日期在接收证书中写明。

③ 因发包人原因造成监理人未能在计划开工日期之日起90日内发出开工通知的，承包人有权提出价格调整要求，或者解除合同。

4. 铁路建设工程施工合同订立中工程质量的约定

（1）在铁路建设工程施工合同订立中约定工程质量验收标准。

（2）承包人的质量管理。

① 承包人应在施工场地设置专门的质量检查机构，配备专职质量检查人员，建立完善的质量检查制度。承包人应在合同约定的期限内，提交工程质量保证措施文件，包括质量检查机构的组织构成和岗位责任、质检人员的组成、质量检查程序和实施细则等，报送监理人审批。

② 承包人应加强对施工人员的质量教育和技术培训，定期考核施工人员的劳动技能，严格执行操作规程。

（3）承包人的质量检查。

承包人必须对建筑材料、混凝土、构配件、设备等按规定进行检查和检验，并做详细记录，编制工程质量报表，报送监理人审查。严禁使用不合格的材料、产品和设备。

（4）监理人的质量检查。

监理人有权对工程的所有部位及其施工工艺、材料和工程设备进行检查和检验。承包人为监理人的检查和检验提供方便，包括监理人到施工场地，或制造、加工地点，或合同约定的其他地方进行察看和查阅施工原始记录。承包人还应按监理人指示，进行施工场地取样试验、工程复核测量和设备性能检测，提供试验样品、提交试验报告和测量成果及监理人要求进行的其他工作。监理人的检查和检验，不免除承包人按合同约定应负的责任。

5. 铁路建设工程施工合同订立中保险和担保的约定

1）工程保险

工程保险由承包人投保并在总承包风险费里支付。

2）工伤保险

发包人依照法律规定参加工伤保险，并为在施工现场的全部员工办理工伤保险，缴纳工伤保险费，并要求监理人及由发包人为履行合同聘请的第三方依法参加工伤保险。

承包人应依照法律规定参加工伤保险，并为其履行合同的全部员工办理工伤保险，缴纳工伤保险费，并要求分包人及由承包人为履行合同聘请的第三方依法参加工伤保险。

3）工程担保

铁路建设工程履行合同过程中主要有：履约担保、预付款担保、业主支付担保、完工担保。

铁路建设工程施工合同在订立过程中应约定担保方式。《中华人民共和国担保法》中规定的担保方式为保证、抵押、质押、留置和定金五种。

4）发包人和承包人双方担保

（1）资金来源证明及支付担保。

除专用合同条款另有约定外，发包人应在收到承包人要求提供资金来源证明的书面通知后 28 日内，向承包人提供能够按照合同约定支付合同价款的相应资金来源证明。

除专用合同条款另有约定外，发包人要求承包人提供履约担保的，发包人应当向承包人提供支付担保。支付担保可以采用银行保函或担保公司担保等形式，具体由合同当事人在专用合同条款中约定。

（2）履约担保。

发包人需要承包人提供履约担保的，由合同当事人在专用合同条款中约定履约担保的方式、金额及期限等。履约担保可以采用银行保函或担保公司担保等形式，具体由合同当事人在专用合同条款中约定。在工程项目竣工前，承包人已经提供履约担保的，发包人不得同时预留工程质量保证金。

因承包人原因导致工期延长的，继续提供履约担保所增加的费用由承包人承担；非因承包人原因导致工期延长的，继续提供履约担保所增加的费用由发包人承担。

6. 铁路建设工程施工合同订立中风险范围和风险费用的约定

承包人应完全承担的风险是技术风险和管理风险，应有限度承担的是价格风险；法律、法规、规章和政策变化引起的风险由发包人承担。

5.2.3 铁路建设工程施工合同订立的审核和批准

1. 铁路建设工程施工合同签订前主体资格的审核

铁路建设工程合同主管部门在合同签订前应先审核对方是否具备签约主体资格，要求对方提供有效的营业执照、资质证书、安全生产许可证、组织机构代码证、税务登记证、资信状况及有关同类工程业绩情况，审查合同对方的主办（经办）人是否具有代理权及其权限内容，查验上述资料的真实性、合法性，并保存上述经对方加盖公章的有关资料。

2. 铁路建设工程施工合同签订方式的审核

铁路建设工程施工合同签订依法采用书面形式，严禁采用口头协议或非正式书面协议。经合同当事人签认的有关修改合同的文书、图表、传真件等均为合同的组成部分。

3. 铁路建设工程施工合同签订前的审核与会签

在铁路建设工程施工合同正式签订前，应当将拟签的铁路建设工程施工合同文本送项目管理机构业务主管领导审核会签。合同会签完成后，由合同管理员（法律顾问）对合同进行合法性审核，经合法性审核后的合同，方能送项目管理机构主要行政负责人或委托代理人签字并加盖单位合同专用章。如果铁路建设工程项目需报所属铁路局集团有限公司审查，应报送铁路局集团有限公司建设管理处、企业管理和法律事务处审核会签后方能签订施工合同。

铁路建设工程施工合同审核的内容如下。

（1）合同是否符合法律、法规、技术规范。

（2）合同双方权利、义务是否明确、清楚。

（3）各项费用计算与支付方式是否正确、清楚。

（4）合同内容与谈判或招投标不一致的问题是否解决。

（5）项目管理机构与合同对方的组织和技术接口是否建立并保持。

（6）合同对方的要求是否双方都已明确并形成文件。

（7）满足合同要求的技术能力和按期交付能力等是否已得到项目管理机构有关方面的确认。

4. 铁路建设工程施工合同专用章制度

铁路建设工程施工合同专用章制度是铁路建设工程施工单位专门用于签订合同的公章管理制度。合同专用章由合同管理员保管，做到专人专管，并由合同专用章管理人员建立合同专用章使用台账，所有用章情况均需由经办人员在《合同专用章使用台账》上签字。

严格禁止任何人未经批准携带合同专章外出签订合同。加盖合同专用章之前必须经有关负责人或专业人员审批签字，未经批准的任何合同都不得加盖合同专用章。

【案例】

成昆铁路峨眉至米易段扩能工程项目由国家正式批复，该线路起自峨眉站，与成昆铁路米易至攀枝花段扩能工程贯通。该项目是国家快速铁路网的组成部分和客货兼顾的区际干线。铁路等级为国铁Ⅰ级，投资预估算总额为408.8亿元。该项目由某铁路建设工程公司中标，在订立施工合同过程中，针对工程价款应如何进行约定？

【解答】

在订立施工合同过程中，针对工程价款应进行如下约定。

（1）铁路建设施工合同价款的约定。

施工合同价款在中标通知书发出之日起30日内，由承发包双方依据招投标文件在书面合同中约定。

铁路建设工程发包人按合同约定拨付工程价款。承包人接受发包人对建设资金流向实施的监管。

（2）铁路建设施工合同预付款的约定。

① 预付款的支付至迟应在开工通知载明的开工日期7日前支付。包工包料的工程按当年预计完成投资额（扣除甲供材料设备费）为基数计算预付额，建筑工程预付比例为10%，安装工程预付比例为10%。

② 预付款保函。

预付款保函的担保金额应与预付款全额相同。

③ 预付款的扣回与还清。

每年1月开始施工的项目，从7月至12月支付月工程款中，每月抵扣预付工程款的六分之一。

年度中间开始施工的项目，从预付工程款后第7个月支付月工程款开始抵扣预付工程款，至次年1月支付上年度工程进度款时全部抵扣完毕。

年度施工期不足7个月的项目，当年不抵扣预付工程款，从次年1月支付上年度工程进度款中一次性抵扣上年全部预付工程款。

总工期少于7个月的，预付款扣回方式由发包人在招标文件中载明。

（3）铁路建设施工合同工程进度款的约定。

在专用条款中约定工程进度款的支付时间和支付方式。工程进度款支付可以采用按月计量支付，按里程完成工程的进度分段支付或完成工程后一次性支付等方式。

5.3 铁路建设工程合同履行管理

铁路建设工程施工合同的签订，只是履行合同的基础，合同的最终实现，还需要承发包双方严格按照合同约定，认真全面地履行各自的合同义务。由于铁路建设工程施工合同具有价格高、建设周期长的特点，合同能否顺利履行将直接对当事人的经济效益乃至社会效益产生很大影响。因此，在铁路建设工程施工合同订立后，承发包双方必须认真做好合同交底和合同履约管理工作，以保证合同能够顺利履行。

5.3.1 铁路建设工程施工合同履行

1. 铁路建设工程施工合同履行的概念

铁路建设工程施工合同履行是指铁路工程建设项目的发包方和承包方根据合同规定的时间、地点、内容及标准等要求，各自完成合同义务的行为。根据当事人履行合同义务的程度，合同履行可分为全部履行、部分履行和不履行。

2. 铁路建设工程施工合同履行的原则

1）依法履行原则

铁路建设工程施工合同依法订立并生效，不得随意变更或解除。合同当事人必须依法按照合同的约定履行。如不能履行应当及时采取补救措施避免或减少损失。

2）全面履行原则

我国现行的合同法律制度实行的是全面履行原则。铁路建设工程施工合同当事人双方只有按照合同约定的数量、质量、标准、价格、方式、地点、期限等全面、正确地完成合同义务，才能使合同债权得以实现。

3）诚实信用原则

对于铁路建设工程施工合同而言，诚实信用原则就是发包人在合同实施阶段按照合同规定向承包人提供施工场地，及时支付工程款，聘请工程师进行协调和监理；承包方依据合同规定编制各种计划，按计划组织施工，并履行合同中规定的其他义务。

4）协作履行原则

协作履行原则是指当事人不仅适当履行自己的合同债务，而且应基于诚实信用原则的要求协助对方当事人履行其债务的履行原则。

只有铁路建设工程施工合同双方当事人在合同履行过程中相互配合、相互协作，合同才会得到适当履行，否则，合同的内容难以实现。

5）经济合理原则

经济合理原则指在铁路建设工程施工合同履行过程中，以最少的成本取得最佳的合同效益。在铁路建设市场中，交易主体都是理性地追求自身利益最大化的市场主体，如何以最少的履约成本完成交易过程，是铁路建设工程施工合同当事人追求的目标。

3. 铁路建设工程施工合同履行的主体

铁路建设工程施工合同履行的主体不仅包括债务人，也包括债权人。在某些情况下，合同也可以由第三人代替履行，当第三人的履行不违反法律的规定或者当事人的约定，或者符合合同的要求时，第三人也是正确的履行主体，但是第三人并不取得合同当事人的地位，仅居于债务人履行的辅助人地位。

铁路建设工程施工合同履行主体是发包人和承包人。

4. 铁路建设工程施工合同履行的标的

铁路建设工程施工合同标的的质量和数量是衡量合同标的的基本指标，铁路建设工程施工企业在标的的质量和数量上应严格按照合同的约定履行。

铁路建设工程施工合同履行标的是铁路建设工程施工行为。

5. 铁路建设工程施工合同履行期限、地点、方式的管理

（1）铁路建设工程合同履行期限是指铁路建设工程施工合同工期。

（2）铁路建设工程施工合同履行地点是工程施工地点。在国际铁路工程建设中，履行地点是发生合同纠纷时用来确定适用的法律的依据。

（3）铁路建设工程施工合同履行方式。

铁路建设工程施工合同履行方式包括施工方式、交货方式、结算方式等。铁路建设工程发包人和承包人必须按照合同约定的履行方式进行履行，如果约定不明确，当事人可以协议补充；协议不成的，可以根据合同的有关条款和交易习惯来确定；如果仍然无法确定的，按照有利于实现合同目的的方式履行。

5.3.2 铁路建设工程施工合同履行中工程质量的管理

1. 材料和工程设备的质量管理

为了保证铁路建设工程项目达到合同约定的质量要求，承发包双方必须加强工程质量的管理，工程质量的控制应从材料设备质量控制开始。

除发包人提供的材料和工程设备（甲供物资）外，其余材料和工程设备（自购设备）均由承包人负责采购、运输和保管。承包人的采购行为应符合国家招标的有关规定，技术要求符合国家、行业和中国铁路总公司的有关规定，并应对其采购的材料和工程设备质量负责；材料和工程设备属于许可、认证的，必须采购经许可、认证的材料和设备。发包人和监理人按规定对承包人自购物资的采购、供应和进场验收等工作，进行监督和检查。

（1）材料和工程设备的试验和检验。

① 承包人按合同约定进行材料和工程设备的试验和检验，并为监理人对上述材料、工程设备的质量检查提供必要的试验资料和原始记录。按合同约定应由监理人与承包人共同进行试验和检验的，由承包人负责提供必要的试验资料和原始记录。

② 监理人未按合同约定派人员参加试验和检验的，除监理人另有指示外，承包人可自行试验和检验，并应立即将试验和检验结果报送监理人，监理人应签字确认。

③ 监理人对承包人的试验和检验结果有疑问的，或为查清承包人试验和检验成果的可靠性要求承包人重新试验和检验的，可按合同约定由监理人与承包人共同进行。

重新试验和检验的结果证明该项材料、工程设备或工程质量不符合合同要求的，由此增加的费用和（或）工期延误由承包人承担；重新试验和检验结果证明该项材料、工程设备或工程质量符合合同要求，由发包人承担由此增加的费用和（或）工期延误，并支付承包人合理利润。

④ 对于甲供材料设备。承包人负责接收并按规定对材料进行抽样检验、对工程设备进行检验测试，发现材料和工程设备存在缺陷的，承包人应在24小时内书面通知监理工程师，发包人应及时改正通知中指出的缺陷。承包人未按上述约定履行通知义务的，均视为材料和

工程设备验收合格。承包人负责材料和工程设备接收后的保管和使用，此后发生丢失、损坏，由承包人承担责任。

（2）承包人必须对建筑材料、混凝土、构配件、设备等按规定进行检查和检验，严禁使用不合格的材料、产品和设备。

（3）现场工艺试验。

承包人按合同约定或监理人指示进行现场工艺试验。对大型的现场工艺试验，监理人认为必要时，应由承包人根据监理人提出的工艺试验要求，编制工艺试验措施计划，报送监理人审查。

2. 工程质量的管理

（1）铁路建设工程发包人的质量管理。

① 铁路建设工程发包人按照法律规定及合同约定对工程建设全过程的工程质量进行管理，完成与工程质量有关的各项工作。发包人对检查中发现的技术、质量和其他问题，责令承包人返工或整改；对存在的隐患，有权责令承包人予以解决。

② 发包人对存在质量问题或质量隐患的工程有权直接发布或授权驻地监理机构发布停工令，待整改符合要求后有权发布复工令。

（2）铁路建设工程承包人的质量管理。

① 承包人按照施工组织设计约定向发包人和监理人提交工程质量保证体系及措施文件，建立完善的质量检查制度，并提交相应的工程质量文件。对于发包人和监理人违反法律规定和合同约定的错误指示，承包人有权拒绝实施。

② 承包人应对施工人员进行质量教育和技术培训，定期考核施工人员的劳动技能，严格执行施工规范和操作规程。

③ 承包人应按照法律规定和发包人的要求，对材料、工程设备，以及工程的所有部位及其施工工艺进行全过程的质量检查和检验，并做详细记录，编制工程质量报表，报送监理人审查。此外，承包人还应按照法律规定和发包人的要求，进行施工现场取样试验、工程复核测量和设备性能检测，提供试验样品、提交试验报告和测量成果及其他工作。

④ 承包人对具体负责铁路建设工程施工合同的管理、技术、作业人员进行质量责任登记，承包人及其人员对工程质量终身负责。

（3）铁路建设工程监理人的质量管理。

① 监理人按照法律规定和发包人授权对工程的所有部位及其施工工艺、材料和工程设备进行检查和检验。承包人应为监理人的检查和检验提供方便，包括监理人到施工现场，或制造、加工地点，或合同约定的其他地方进行察看和查阅施工原始记录。监理人为此进行的检查和检验，不免除或减轻承包人按照合同约定应当承担的责任。

② 监理人的检查和检验不应影响施工正常进行。监理人的检查和检验影响施工正常进行的，且经检查、检验不合格的，影响正常施工的费用由承包人承担，工期不予顺延；经检查、检验合格的，由此增加的费用和（或）延误的工期由发包人承担。

（4）铁路工程验收合格并交付运营后的合理使用期限内，因工程质量原因引起营业线发生重大及以下行车事故造成经济损失的，按照中国铁路总公司有关规定认定事故责任，根据事故调查组认定的事故责任，承包人应按其所承担的责任对事故造成的直接经济损失进行赔偿，并接受中国铁路总公司依据相关规定作出的处理。

5.3.3 铁路建设工程施工合同履行中施工进度的管理

1. 铁路建设工程施工进度计划的编制

承包人按照施工组织设计约定提交详细的施工进度计划，施工进度计划的编制应当符合国家法律规定和一般工程实践惯例，施工进度计划经发包人批准后实施。

施工进度计划是控制工程进度的依据，发包人和监理人有权按照施工进度计划检查工程进度情况。

2. 铁路建设工程施工进度计划的修订

施工进度计划不符合合同要求或与工程的实际进度不一致的，承包人应向监理人提交修订的施工进度计划，并附有关措施和相关资料，由监理人报送发包人。

除专用合同条款另有约定外，发包人和监理人应在收到修订的施工进度计划后 7 日内完成审核和批准或提出修改意见。发包人和监理人对承包人提交的施工进度计划的确认，不能减轻或免除承包人根据法律规定和合同约定应承担的任何责任或义务。

3. 铁路建设工程发包人的工期延误

在合同履行过程中，因下列情况导致工期延误和（或）费用增加的，由发包人承担由此延误的工期和（或）增加的费用，且发包人应支付承包人合理的利润。

（1）发包人未能按合同约定提供图纸或所提供图纸不符合合同约定的。

（2）发包人未能按合同约定提供施工现场、施工条件、基础资料、施工许可等开工条件的。

（3）发包人提供的测量基准点、基准线和水准点及其书面资料存在错误或疏漏的。

（4）发包人未能在计划开工日期之日起 7 日内同意下达开工通知的。

（5）发包人未能按合同约定日期支付工程预付款、进度款或竣工结算款的。

（6）监理人未按合同约定发出指示、批准等文件的。

（7）专用合同条款中约定的其他情形。

因发包人原因未按计划开工日期开工的，发包人应按实际开工日期顺延竣工日期，确保实际工期不低于合同约定的工期总日历天数。因发包人原因导致工期延误需要修订施工进度计划的，按照施工进度计划的修订方案执行。

4. 异常恶劣的气候条件

异常恶劣的气候条件是指在施工过程中遇到的，有经验的承包人在签订合同时不可预见的，对合同履行造成实质性影响的，但尚未构成不可抗力事件的恶劣气候条件。合同当事人可以在专用合同条款中约定异常恶劣的气候条件的具体情形。

铁路建设工程施工合同履行中，当出现专用合同条款规定的异常恶劣气候条件时，承包人应采取克服异常恶劣的气候条件的合理措施继续施工，并及时通知发包人和监理人。监理人经发包人同意后应当及时发出指示，指示构成变更的，按变更约定办理。承包人因采取合理措施而增加的费用和（或）延误的工期由发包人承担。

5. 铁路建设工程承包人的工期延误

由于承包人原因，未能按合同进度计划完成工作，或监理人认为承包人施工进度不能满足合同工期要求的，承包人应采取措施加快进度，并承担加快进度所增加的费用。

由于承包人原因造成工期延误，除按照中国铁路总公司现行铁路建设项目考核办法处理外，还应支付逾期竣工违约金，逾期竣工违约金的计算方法按承包人违约办理。铁路专用合同条款中约定逾期竣工违约金的计算方法和逾期竣工违约金的上限。承包人支付逾期竣工违约金后，不免除承包人继续完成工程及修补缺陷的义务。

6. 铁路建设工程工期提前

发包人要求承包人提前竣工的，发包人应通过监理人向承包人下达提前竣工指示，承包人应向发包人和监理人提交提前竣工建议书，提前竣工建议书应包括实施的方案、缩短的时间、增加的合同价格等内容。发包人接受该提前竣工建议书的，监理人应与发包人和承包人协商采取加快工程进度的措施，并修订施工进度计划，由此增加的费用由发包人承担。承包人认为提前竣工指示无法执行的，应向监理人和发包人提出书面异议，发包人和监理人应在收到异议后 7 日内予以答复。任何情况下，发包人不得压缩合理工期。

发包人要求承包人提前竣工，或承包人提出提前竣工的建议能够给发包人带来效益的，合同当事人可以在专用合同条款中约定提前竣工的奖励。

5.3.4 铁路建设工程施工合同履行中工程计量和进度款支付的管理

1. 铁路建设工程计量

（1）计量方法。

铁路建设工程工程量清单中各个子目的具体计算规则按《建设工程工程量清单计价规范》（GB 50500—2013）和《铁路工程工程量清单计价指南》执行。发包人提供的材料设备，根据监理人依据施工图签认的实际完成的工程量进行计量。

（2）计量周期。

铁路建设工程进度款拨付的计量周期分以下几种。

① 月份预支工程款：承包人应按发包人批准的实施性施工组织设计和下达的施工计划，提出月份用款计划；发包人审核后，按不高于下达的月份施工计划的70%预支工程款。

② 季度结算工程款：按批准的季度验工计价的90%扣除月份预支的工程款和应抵扣的工程预付款（备料款）拨付；单位工程施工质量验收合格后，依据按单位工程编制、审批的验工计价单，将工程价款扣除质保金和已拨付工程款后拨付。

③ 竣工结算工程款：按批准的竣工结算值（末次验工计价）的95%扣除已拨付工程款后拨付。

④ 总价子目的计量按国家、行业有关规定和中国铁路总公司现行铁路建设工程验工计价办法和相关实施细则执行。

（3）单价合同计量。

承包人应于每月 25 日向监理人报送上月 20 日至当月 19 日已完成的工程量报告，并附进度付款申请单、已完成工程量报表和有关资料。

（4）总价合同的计量。

按月计量支付的总价合同，承包人应于每月 25 日向监理人报送上月 20 日至当月 19 日已完成的工程量报告，并附进度付款申请单、已完成工程量报表和有关资料。

（5）其他价格形式合同的计量。

合同当事人可在专用合同条款中约定其他价格形式合同的计量方式和程序。

（6）监理人在收到承包人提交的工程量报告后7日内完成对承包人提交的工程量报表的审核并报送发包人，以确定当月实际完成的工程量。监理人对工程量有异议的，有权要求承包人进行共同复核或抽样复测。承包人应协助监理人进行复核或抽样复测，并按监理人要求提供补充计量资料。承包人未按监理人要求参加复核或抽样复测的，监理人复核或修正的工程量视为承包人实际完成的工程量。

监理人未在收到承包人提交的工程量报表后的7日内完成审核的，承包人报送的工程量报告中的工程量视为承包人实际完成的工程量，据此计算工程价款。

2. 铁路建设工程进度款支付

1）付款周期

铁路建设施工合同工程进度款付款周期同计量周期。

2）进度付款申请单

承包人应在每个付款周期末，按监理人批准的格式和专用合同条款约定的份数，向监理人提交进度付款申请单，并附相应的支持性证明文件。进度付款申请单包括：截至本次付款周期末已实施工程的价款、增加和扣减的变更金额、增加和扣减的索赔金额、约定应支付的预付款和扣减的返还预付款、约定应扣减的质量保证金、根据合同应增加和扣减的其他金额。

3）进度付款证书和支付时间

监理人应在收到承包人进度付款申请单及相关资料后7日内完成审查并报送发包人，发包人应在收到后7日内完成审批并签发进度款支付证书。发包人逾期未完成审批且未提出异议的，视为已签发进度款支付证书。

发包人和监理人对承包人的进度付款申请单有异议的，有权要求承包人修正和提供补充资料，承包人应提交修正后的进度付款申请单。监理人应在收到承包人修正后的进度付款申请单及相关资料后7日内完成审查并报送发包人，发包人应在收到监理人报送的进度付款申请单及相关资料后7日内，向承包人签发无异议部分的临时进度款支付证书。存在争议的部分，按照争议解决的约定处理。

发包人应在进度款支付证书或临时进度款支付证书签发后14日内完成支付，发包人逾期支付进度款的，应按照中国人民银行发布的同期同类贷款基准利率支付违约金。

发包人签发进度款支付证书或临时进度款支付证书，不表明发包人已同意、批准或接受了承包人完成的相应部分的工作。

4）进度款的修正

对已签发的进度付款证书进行汇总和复核中发现错、漏或重复时，经双方复核同意，约定在本次进度付款中支付或扣除。

5.3.5 铁路建设工程施工合同履行的偏差管理

1. 铁路建设工程合同履行偏差分析

合同履行情况偏差分析，指在合同履行情况追踪的基础上，评价合同履行情况及其偏差，预测偏差的影响及发展的趋势，并分析偏差产生的原因，以便对该偏差采取调整措施。

1）合同履行偏差的原因分析

合同履行偏差分析是通过计划和实际的对比，得到合同履行的偏差，找出引起偏差的原因，采用鱼刺图（因果分析图）、排列图、直方图、成本量差、价差分析等方法定性或定量地进行分析。

例如，通过计划成本和实际成本累计曲线的对比，得到总成本的偏差值，通过鱼刺图进一步分析偏差产生的原因，其原因可能有：整个工程加速或延缓；工程施工次序被打乱；工程费用支出增加，如材料费、人工费上升；增加新的附加工程，使工程量增加；工作效率低下，资源消耗增加等。

2）合同履行的责任分析

合同履行责任分析以合同为依据，按合同的规定落实承发包双方责任。偏差原因由谁引起，谁承担责任。

2. 合同履行情况偏差处理

根据合同履行情况偏差分析的结果，承包商应采取相应的调整措施。

① 组织措施，如增加人员投入，重新编制计划或调整计划。

② 技术措施，如变更技术方案，采用新的高效率的施工方案。

③ 经济措施，如增加投入，对工作人员进行经济激励等。

④ 合同措施，如进行合同变更，签订新的附加协议、备忘录，通过索赔解决费用超支问题等。合同措施是承包商的首选措施，该措施主要由承包商的合同管理机构来实施。

【案例】

襄渝铁路二线工程东起湖北襄阳，西至重庆，线路总长859.6公里。线路经安康、达州、渠县、广安、华蓥、北碚（东阳、施家梁、蔡家、童家溪）至沙坪坝。中铁十一局三公司与建设单位就该项目签署了施工合同。在工程进入到施工工期一半时，建设单位对项目的施工进度进行了检查，发现实际施工进度比计划施工进度落后20天。中铁十一局三公司针对施工进度的拖后应该怎样进行处理？

【解答】

中铁十一局三公司针对施工进度的拖后，应该做以下工作。

（1）通过时标网络图找出导致施工进度拖后的关键工作，再通过鱼刺图分析进度拖后的原因，并将其分为发包人原因或承包人原因。

（2）针对进度拖后原因采取相应的措施。

① 在履行合同过程中，由于发包人的原因造成工期延误的，承包人有权要求发包人延长工期和（或）增加费用，并支付合理利润。因发包人原因导致工期延误需要修订施工进度计划的，按照施工进度计划的修订执行。

② 由于承包人原因，未能按合同进度计划完成工作，或监理人认为承包人施工进度不能满足合同工期要求的，承包人应采取措施加快进度，并承担加快进度所增加的费用。由于承包人原因造成工期延误，除按照中国铁路总公司现行铁路建设项目考核办法处理外，还应支付逾期竣工违约金，逾期竣工违约金的计算方法按承包人违约办理。铁路专用合同条款中约定逾期竣工违约金的计算方法和逾期竣工违约金的上限。承包人支付逾期竣工违约金后，不免除承包人继续完成工程及修补缺陷的义务。

③ 由于出现专用合同条款规定的异常恶劣气候的条件导致工期延误的，承包人应采取克服异常恶劣的气候条件的合理措施继续施工，并及时通知发包人和监理人。监理人经发包人同意后应当及时发出指示，指示构成变更的，按变更约定办理。承包人因采取合理措施而增加的费用和（或）延误的工期由发包人承担。

5.4　铁路建设工程施工合同变更与解除管理

5.4.1　铁路建设工程施工合同变更的管理

1. 铁路建设工程施工合同变更

铁路建设工程施工合同变更是指承包人根据监理人签发设计文件及监理变更指令进行的、在合同工作范围内各种类型的变更，包括合同工作内容的增减，合同工程量的变化，因地质原因引起的设计更改，根据实际情况引起的结构物尺寸、标高的更改，合同价款或者报酬、履行期限、履行地点和方式、违约责任和解决争议方法、合同外的任何工作等的改变。

2. 铁路建设工程施工合同变更的情形

铁路建设工程变更设计执行中国铁路总公司变更设计管理的相关规定。合同生效后任何一方当事人不得单方面变更合同。确需变更的，应当经各方当事人协商一致并签订书面协议。当事人协商一致的变更合同的协议，视同新合同，应当按照合同审查程序履行会签审查手续。当事人签订的变更合同的协议、文书、电报等资料应当一并与原合同装订入卷，不得分散存放。

合同签订时按照法律规定或者约定办理了批准、登记、公证等手续的，在变更合同时仍需办理相应的批准、登记、公证等手续。铁路建设工程施工合同变更处理流程图如图 5 - 1 所示。

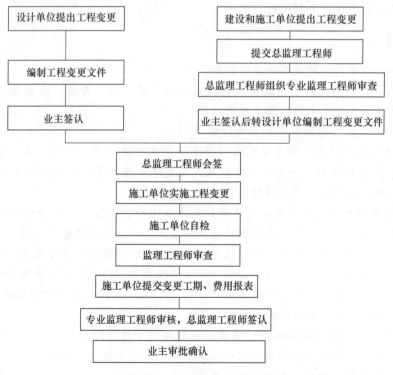

图 5 - 1　铁路建设工程施工合同变更处理流程图

3. 铁路建设工程变更的提出

1）变更权

发包人和监理人均可以提出变更。变更指示均通过监理人发出，监理人发出变更指示前应征得发包人同意。承包人收到经发包人签认的变更指示后，方可实施变更。未经许可，承包人不得擅自对工程的任何部分进行变更。

涉及设计变更的，应由设计人提供变更后的图纸和说明。如变更超过原设计标准或批准的建设规模时，发包人应及时办理规划、设计变更等审批手续。

2）发包人提出的变更

发包人一般可通过监理工程师提出变更，但业主方提出的变更内容超出合同限定范围的，则属于新增工程，通常需双方另签合同处理，除非承包方同意作为工程变更。

3）监理人提出的变更

监理人根据项目现场工程进度情况，认为有必要时，可提出变更。监理人提出变更建议的，需要向发包人以书面形式提出变更计划，说明计划变更工程范围和变更的内容、理由，以及实施该变更对合同价格和工期的影响。发包人同意变更的，由监理人向承包人发出变更指示。发包人不同意变更的，监理人无权擅自发出变更指示。

4. 铁路建设工程的变更估价

1）变更估价的情况

铁路建设工程实行总价承包，合同签订后任何一方不得擅自调整合同价格，但有下列情形之一的可作调整。

（1）发包人对建设方案、建设标准、建设规模和建设工期的调整，以及非承包人原因引起的Ⅰ类变更设计。

（2）按国家和中国铁路总公司有关规定需要调整的费用。

（3）项目专用合同条款约定额度以上由发包人承担的非承包人原因引起的Ⅱ类变更设计。

（4）变更估价原则。

①已标价工程量清单中有适用于变更工作的子目，采用该子目的单价。

②已标价工程量清单中无适用于变更工作的子目，但有类似子目，可在合理范围内参照类似子目的单价，由监理人按商定或确定变更工作的单价，并征得发包人同意后执行。

③变更导致实际完成的变更工程量与已标价工程量清单或预算书中列明的该子目工程量的变化幅度超过15%的，或已标价工程量清单中无适用或类似子目单价的，由监理人按照商定确定变更工作的单价，并征得发包人同意后执行。

计入总承包风险费用的项目发生以上约定情况，由总承包风险费支付。

2）变更估价的程序

承包人应在收到变更指示后14日内，向监理人提交变更估价申请。监理人应在收到承包人提交的变更估价申请后7日内审查完毕并报送发包人，监理人对变更估价申请有异议，通知承包人修改后重新提交。发包人应在承包人提交变更估价申请后14日内审批完毕。发包人逾期未完成审批或未提出异议的，视为认可承包人提交的变更估价申请。

因变更引起的价格调整应在最近一期的进度款中支付。

5. 变更引起的工期调整

因变更引起工期变化的，合同当事人均可要求调整合同工期，由合同当事人按照商定并参考工程所在地的工期定额标准确定增减工期天数。

6. 铁路建设工程变更执行

铁路建设工程变更指示有两种形式：书面形式和口头形式。铁路建设工程合同管理中的变更一律要求工程师签发书面变更通知指示。

承包人收到监理人下达的变更指示后，认为不能执行，应立即提出不能执行该变更指示的理由。承包人认为可以执行变更的，应当书面说明实施该变更指示对合同价格和工期的影响，且合同当事人应当按照变更估价约定确定变更估价。

5.4.2 铁路建设工程施工合同解除的管理

1. 铁路建设工程施工合同解除的情形

1）发包人请求解除合同的情形

（1）因承包人的原因致使已经完成的建设工程质量不合格，在发包人提出的合理期限内，承包人拒绝修复的。

（2）工程主体结构验收或者工程竣工验收不合格，且承包人拒绝修复或者无法修复的。

（3）承包人在合同约定的工期内未完工，在发包人催告的合理期限内仍未完工的。

（4）承包人以自己的行为表示不再继续施工的。

（5）建设工程竣工前，承包人非法转包、违法分包建设项目的。

2）承包人解除合同的情形

（1）发包人未按期支付工程款造成违约，且符合承包合同中约定的承包人有权单方面解除合同的条件。

（2）发包人提供的主要建筑材料、建筑构配件和设备不符合强制性标准。

（3）发包人不履行约定的其他协助义务，致使承包人无法施工的。

发包人有上列情形且致使承包人无法施工，在催告的合理期限内发包人仍未加履行的，承包人可解除合同。

3）不可抗力解除合同的情形

因不可抗力导致合同无法履行连续超过 84 日或累计超过 140 日的，发包人和承包人均有权解除合同。

2. 铁路建设工程施工合同解除的处理

铁路建设工程施工合同的解除必须按照《中华人民共和国合同法》及《施工合同示范文本》中的规定办理。对于特殊情况下合同履行过程中的终止，必须及时办理解除手续，收集履行合同过程中所有与合同有关的文件，做好经济往来和结算工作，并将资料交合同管理部门保存。

（1）因承包人原因导致合同解除的，合同当事人应在合同解除后 28 日内完成估价、付款和清算，并按以下约定执行。

① 合同解除后，按商定或确定承包人实际完成工作对应的合同价款，以及承包人已提供的材料、工程设备、施工设备和临时工程等的价值。

② 合同解除后，承包人应支付的违约金。

③ 合同解除后，因解除合同给发包人造成的损失。

④ 合同解除后，承包人应按照发包人要求和监理人的指示完成现场的清理和撤离。

⑤ 发包人和承包人应在合同解除后进行清算，出具最终结清付款证书，结清全部款项。

因承包人违约解除合同的，发包人有权暂停对承包人的付款，查清各项付款和已扣款项。发包人和承包人未能就合同解除后的清算和款项支付达成一致的，按照争议解决的约定处理。

（2）因发包人原因解除合同后的付款处理。

承包人按照约定解除合同的，发包人应在解除合同后 28 日内支付下列款项，并解除履约担保。

① 合同解除前所完成工作的价款。

② 承包人为工程施工订购并已付款的材料、工程设备和其他物品的价款。

③ 承包人撤离施工现场及遣散承包人人员的款项。

④ 按照合同约定在合同解除前应支付给承包人的违约金。

⑤ 按照合同约定应当支付给承包人的其他款项。

⑥ 按照合同约定应退还承包人的质量保证金。

⑦ 因解除合同给承包人造成的损失。

（3）因不可抗力解除合同的付款处理。

因不可抗力解除合同后，由双方当事人确定发包人应支付的款项，该款项包括以下方面。

① 合同解除前承包人已完成工作的价款。

② 承包人为工程订购的并已交付给承包人，或承包人有责任接受交付的材料、工程设备和其他物品的价款。

③ 发包人要求承包人退货或解除订货合同而产生的费用，或因不能退货或解除合同而产生的损失。

④ 承包人撤离施工现场及遣散承包人人员的费用。

⑤ 按照合同约定在合同解除前应支付给承包人的其他款项。

⑥ 扣减承包人按照合同约定应向发包人支付的款项。

⑦ 双方商定或确定的其他款项。

除专用合同条款另有约定外，合同解除后，发包人应在商定或确定上述款项后 28 日内完成上述款项的支付。

3. 合同解除时应注意下列事项

（1）行使解除权应当书面通知对方。

（2）未在法定或约定的期限内行使解除权的，该权利消灭。

（3）没有法定或约定解除权行使期限的，经对方催告在合理期限内不行使的，该权利消灭。

（4）合同解除后，不影响合同中结算和清算条款的效力。

（5）合同解除后，还应当履行通知、协助、移交、保密等后契约义务。

🔧 【案例】

某铁路建设工程公司（乙方）中标 400 m² 铁路站场工程项目，并于 2018 年 5 月 20 日与建设单位（甲方）签订了工程项目的施工合同。合同工期为 8 个月。乙方进入施工现场后，甲方因变更施工图纸，口头要求乙方暂停施工一个月，乙方口头答应，致使工程延期交付一个月。结算时甲方认为乙方逾期交付工程，应按合同约定偿付逾期违约金。

甲方因变更施工图纸，口头要求乙方暂停施工的行为是否妥当？乙方是否应支付逾期违约金？乙方应如何进行变更估价？

【解答】

（1）甲方要求临时停工，乙方亦答应，这是甲、乙双方的口头协议，因事后并未以书面的形式确认，所以该合同变更形式不妥。

根据《中华人民共和国合同法》和《铁路建设工程施工合同（示范文本)》的有关规定，铁路建设工程合同变更应当采取书面形式。若情况紧急，可采取口头形式，但事后应进行书面形式的确认。

（2）工程延期交付一个月，原因是甲方变更施工图纸，不是乙方的责任，所以乙方不用支付逾期违约金。

（3）变更估价的原则如下。

① 已标价工程量清单中有适用于变更工作的子目，采用该子目的单价。

② 已标价工程量清单中无适用于变更工作的子目，但有类似子目，可在合理范围内参照类似子目的单价，由监理人按商定或确定变更工作的单价，并征得发包人同意后执行。

③ 变更导致实际完成的变更工程量与已标价工程量清单或预算书中列明的该子目工程量的变化幅度超过15%的，或已标价工程量清单中无适用或类似子目单价的，由监理人按照商定确定变更工作的单价，并征得发包人同意后执行。

计入总承包风险费用的项目发生以上约定情况，由总承包风险费支付。

（4）乙方应按如下程序进行变更估价。

乙方在收到变更指示后14日内，向监理人提交变更估价申请。监理人在收到乙方提交的变更估价申请后7日内审查完毕并报送甲方，监理人对变更估价申请有异议，通知乙方修改后重新提交。甲方在乙方提交变更估价申请后14日内审批完毕。甲方逾期未完成审批或未提出异议的，视为认可乙方提交的变更估价申请。

5.5 铁路建设工程施工合同风险与争议管理

5.5.1 铁路建设工程施工合同风险

铁路建设工程施工合同风险管理是指预估施工合同实施过程中的不确定性风险，尽可能在业主和承包商之间进行合理分担，并设法把它们减少到最低程度的一种管理工作。

铁路建设工程施工合同风险主要来自合同条款的不完备或条款的不平等。

1. 铁路建设工程施工合同风险分类

（1）按合同风险产生的原因，铁路建设工程施工合同风险可以分为合同工程风险和合同信用风险。

合同工程风险是客观原因和非主观故意导致的。如工程进展过程中发生不利的地质条件变化、工程变更、物价上涨、不可抗力等。

合同信用风险是主观故意原因导致的。其表现为合同双方的机会主义行为，如业主拖欠工程款，承包商层层转包、非法分包、偷工减料、以次充好、知假买假等。

（2）按合同的不同阶段，铁路建设工程施工合同风险可以分为合同订立风险和合同履约风险。

2. 铁路建设工程施工合同工程风险表现形式

（1）在国际工程中，工程所在国政治环境的变化，如发生战争、禁运、罢工、社会动乱等造成工程施工中断或终止。

（2）经济环境的变化，如通货膨胀、汇率调整、工资和物价上涨。货币和物价风险在工程中经常出现，而且影响非常大。

（3）合同所依据的法律环境的变化，如新的法律颁布，国家调整税率或增加新税种，新的外汇管理政策等。

（4）自然环境的变化，如百年不遇的洪水、地震、台风等，以及工程水文、地质条件存在不确定性，复杂且恶劣的气候条件和现场条件，其他可能存在的对项目的干扰因素等。

3. 铁路建设工程施工合同信用风险表现形式

1）业主资信和能力风险

业主资信和能力风险表现在：业主企业的经营状况恶化、濒于倒闭，支付能力差，资信不好，撤走资金，恶意拖欠工程款等。

2）承包商资信和能力风险

承包商资信和能力风险表现在：承包商的技术能力、施工力量、装备水平和管理能力不足，没有合适的技术专家和项目管理人员，不能积极地履行合同；承包商财务状况恶化，企业处于破产境地，工程被迫中止；承包商信誉差，在投标报价和工程施工中有欺诈行为等。

5.5.2 铁路建设工程施工合同风险管理

1. 铁路建设工程施工合同风险产生的原因分析

1）合同的不确定性

承发包双方对外在环境的不确定性是无法预见的，不可能把所有可能发生的未来事件都写入合同条款中，更不可能制定处理未来事件的所有具体条款，因此，合同存在不确定性。

2）计划赶不上变化

承发包双方无法根据未来情况作出计划，往往是计划赶不上变化，如不利的自然条件、工程变更、政策法规的变化、物价的变化等。

3）合同语句表达不严密

合同语句表达的不清晰、不细致、不严密、矛盾等，不但会造成合同条款的不完整，还容易导致双方因理解上的分歧而发生合同纠纷。

4）合同承发包双方工作疏忽

合同承发包双方因工作疏忽而未就有关事宜订立相关合同条款，也将使合同存在风险。

5）信息的不对称

铁路建设市场的信息不对称主要表现为以下几个方面。

（1）业主未真实了解承包商实际的技术和管理能力及财务状况。

（2）承包商未真实了解业主是否有足够的资金保证、业主能否及时支付工程款。

（3）总承包商对于分包商是否真有能力完成施工任务没有把握。

2. 铁路建设工程施工合同风险分配

1）铁路建设工程施工合同风险的分配原则

铁路建设工程施工合同风险应该按照效率原则和公平原则进行分配。

（1）从工程整体效益出发，最大限度发挥双方的积极性。

承发包双方谁能最有效地预测、防止和控制风险，或谁能有效地降低风险损失、将风险转移给其他方面，则由谁承担相应的风险责任。通过风险分配，不但可以加强承发包双方的责任，还能发挥双方管理和技术革新的积极性。

（2）公平合理，责权利平衡。

招标文件和合同条件的起草、合同类型的确定均由业主进行，因此业主对风险的分配起主导作用，业主在分配风险时有更大的主动权和责任。业主不能任意在合同中增加对承包商的单方面约束性条款和对自己的免责条款，把风险全部推给承包商。

承发包双方按照责任分配施工合同风险，双方谁承担风险，谁就能享有风险控制获得的收益和机会收益。

2）不可抗力风险责任的分配原则

（1）工程本身的损害由业主承担。

（2）人员伤亡由其所属单位负责，并承担相应费用。

（3）造成施工单位机械、设备的损坏及停工等损失，由施工单位承担。

（4）所需清理、修复费用，由建设单位承担。

（5）工期给予顺延。

3. 铁路建设工程施工合同风险控制

1）树立风险意识，强化合同管理

铁路建设承包人必须有强烈的风险意识，学会从风险分析与管理的角度研究合同的每一条款，深刻了解各种风险因素，从思想上强化合同风险管理意识。

2）建立和健全企业合同管理体系

铁路建设承包人应建立和健全企业合同管理机构，设置专门的合同管理部门，明确合同管理的范围，严格执行合同管理工作流程，确保合同管理体系有效运行。

3）明确合同管理从招投标阶段开始

只有认真审核招标文件各项条款、分析招标文件列明的合同条款、明确双方权利和义务、有针对性地确定投标策略并以此作为投标报价的有效依据，才能减少工程中标后合同履行的风险。

4）签订完善的施工合同

通过合同洽商，可以不断完善合同条款，防止不必要的风险，进而使合同体现承发包双方责任、利益关系的基本平衡。

承包人从风险分析与风险管理的角度研究每一条款，在合同中避免承担过多的风险和尽可能转移风险，实现风险合理分配。切忌盲目接受发包人的各种免责条款，对发包人的风险责任要明确规定。

5）加强履约过程的动态合同管理

承包人应严格按合同施工，定期检查合同执行情况，避免发生与合同条款相违背的情况。承包人通过分析工程实际风险发生的可能性，并采取技术、经济和管理措施，制定相应的对策，进而避免风险的产生，降低风险损失。

6）合理应用法律手段

在合同实施过程中，适时合理应用国家相关法律法规，是承包人选择规避风险损失的一种手段。

5.5.3　铁路建设工程施工合同争议管理

1. 合同纠纷的处理

（1）发生合同纠纷后，签订合同的部门或经办人员应及时通报合同管理部门和主管领导，并积极参与纠纷的处理。合同管理部门处理合同纠纷时，有关部门应给予协助。

（2）与路外单位发生合同纠纷的，如需通过仲裁或诉讼解决的，统一由合同管理部门组织登记、审查和办理授权委托手续。重大的、比较复杂的经济纠纷案件，应由法定代表人授权企业法律顾问进行处理。

（3）发生合同纠纷后，要先通过协商解决。属于铁路内部的纠纷，先由争议双方共同的主管单位的合同管理部门进行调解，调解不成的，按法律程序办理；调解达成一致意见的，应当签订调解协议。双方应自觉履行调解协议。不执行协议的，主管单位领导可责成有关部门协助执行。

2. 争议解决

1）和解

合同当事人可以就争议自行和解，自行和解达成协议的经双方签字并盖章后作为合同补充文件，双方均应遵照执行。

2）调解

合同当事人可以就争议请求建设行政主管部门、行业协会或其他第三方进行调解，调解达成协议的，经双方签字并盖章后作为合同补充文件，双方均应遵照执行。

3）争议评审

合同当事人在专用合同条款中约定采取争议评审方式解决争议的，按下列约定执行。

（1）争议评审小组的确定。

争议评审组由3人或5人组成，发包人和承包人各指定1人，其余人员在项目专用合同条款中约定，其中1人经发包人和承包人同意后，任争议评审组组长。

除专用合同条款另有约定外，合同当事人应当自合同签订后28日内，或者争议发生后14日内，选定争议评审员。

除专用合同条款另有约定外，评审员报酬由发包人和承包人各承担一半。

（2）争议评审小组的决定。

合同当事人可在任何时间将与合同有关的任何争议共同提请争议评审小组进行评审。争议评审小组应秉持客观、公正原则，充分听取合同当事人的意见，依据相关法律、规范、标准、案例经验及商业惯例等，自收到争议评审申请报告后14日内作出书面决定，并说明理由。合同当事人可以在专用合同条款中对本项事项另行约定。

（3）争议评审小组决定的效力。

争议评审小组作出的书面决定经合同当事人签字确认后，对双方具有约束力，双方应遵照执行。任何一方当事人不接受争议评审小组决定或不履行争议评审小组决定的，双方可选择采用其他争议解决方式。

3. 仲裁或诉讼

因合同及合同有关事项产生的争议，合同当事人可以在专用合同条款中约定以下任一种方式解决争议。

(1) 向约定的仲裁委员会申请仲裁。

(2) 向有管辖权的人民法院起诉。

4. 争议解决条款效力

合同有关争议解决的条款独立存在，合同的变更、解除、终止、无效或者被撤销均不影响其效力。

凡因施工合同或者与施工合同有关事项产生的争议都属于仲裁或者诉讼的范围，合同当事人都可以对此约定解决的方式。

注意：仲裁和诉讼是相互排斥的，合同当事人只能选择其中任一种方式，而且必须明确，约定任何方式，都必须符合《中华人民共和国仲裁法》和《中华人民共和国民事诉讼法》的规定。

【案例】

某铁路新线工程公开招标，招标公告发出后，先后有多家铁路建设施工企业投标，甲铁路建设工程公司参与了投标，并以 2 000 万元投标价中标，签订了总价合同。工程竣工后，甲公司决算的工程款为 2 200 万元。发包人以双方签订了总价合同为由，拒绝支付 2 200 万元，双方发生争议。针对甲公司与发包人之间的争议应如何进行处理？

【解答】

(1) 因甲公司与发包人签订的是总价合同，所以首先应分析甲公司超出合同价款部分是否在合同约定范围内，属于合同约定范围内的价款，合同总价不予调整。

(2) 甲公司与业主的争议处理按下列方式进行。

① 和解。

合同当事人发生争议时，首先自行和解，自行和解达成协议的经双方签字并盖章后作为合同补充文件，双方均应遵照执行。

② 调解。

合同当事人和解不成，可以就争议请求建设行政主管部门、行业协会或其他第三方进行调解，调解达成协议的，经双方签字并盖章后作为合同补充文件，双方均应遵照执行。

③ 争议评审。

合同当事人在专用合同条款中约定采取争议评审方式解决争议的，按相关约定执行。

④ 仲裁或诉讼。

争议调解不成时，合同当事人按照在专用合同条款中约定的方式解决争议：向约定的仲裁委员会申请仲裁或向有管辖权的人民法院起诉。

仲裁和诉讼合同当事人只能选择其中任一种方式，而且必须明确，无论约定是仲裁方式还是诉讼方式，都必须符合《中华人民共和国仲裁法》和《中华人民共和国民事诉讼法》的规定。

【本章思考题】

1. 铁路建设工程施工合同有哪些种类？
2. 铁路工程施工合同的内容有哪些？
3. 铁路建设工程施工合同订立中对预付款有何约定？
4. 铁路建设工程施工合同履行中承包人如何进行质量管理？
5. 铁路建设工程施工合同履行中发包人如何支付施工进度款？
6. 铁路建设工程施工合同变更处理的流程是什么？
7. 对因承包人原因解除铁路建设工程施工合同的处理规定有哪些？
8. 铁路建设工程施工合同风险的分配原则是什么？
9. 铁路建设工程施工合同争议解决的方式有哪些？

6 铁路建设工程监理合同管理

　　《铁路建设工程监理管理暂行规定》规定了依法必须实施监理招标的建设项目，建设单位应通过招标方式选择具有相应工程监理资质的监理单位。监理招标一般在项目初步设计批准后进行（含客运专线项目）。建设单位选择监理单位应主要从监理单位的资信程度、监理能力、技术水平等多方面因素考虑。建设单位必须与中标的监理单位依法签订委托监理合同。委托监理合同必须明确监理工作的范围、内容和要求，约定双方的责任、权利、义务、监理酬金和违约责任等事项。建设单位和监理单位必须严格履行铁路建设工程监理合同。

　　铁路建设工程监理合同是铁路建设工程监理单位进行合同管理的重点。铁路建设工程监理单位作为第三方，需要按照监理合同规定协调建设单位和施工单位的关系。

 **【教学目标】**

1. 知识目标

（1）熟悉铁路建设工程监理人的义务及铁路建设工程监理合同协议书。

（2）掌握铁路建设工程监理合同的通用条件、专用条件。

（3）掌握铁路建设工程旁站监理的工作内容。

（4）掌握铁路建设工程监理合同管理中工程质量的管理。

（5）掌握铁路建设工程监理合同管理中施工进度和建设投资的管理。

2. 能力目标

（1）能够编制铁路建设工程监理合同。

（2）能够依据铁路建设工程专业验收规范和标准对工程质量进行检查验收。

（3）能够处理工程质量事故。

（4）能够编制和实施施工进度控制方案。

（5）能够进行工程计量和工程款支付签认。

3. 素质目标

（1）培养学生自学能力。

（2）培养学生独立思考能力。

（3）培养学生严谨的合同撰写能力。

6.1　铁路建设工程监理合同

铁路建设工程监理是指监理单位受建设单位委托，依据国家和铁路建设工程主管部门的法律法规及技术标准、设计文件和铁路建设工程承包合同，对铁路工程建设项目施工阶段的工程质量、建设工期、施工安全、建设投资和环境保护等，代表建设单位实施监督管理的活动。

6.1.1　铁路建设工程监理合同概述

铁路建设工程监理合同是委托人与监理人签订，为了委托监理人承担监理业务而明确双方权利、义务关系的协议。铁路建设工程监理的工作内容是监理人依据法律、行政法规及有关技术标准、设计文件和铁路建设工程合同，对承包人在铁路建设工程质量、建设工期和建设资金使用等方面，代表委托人实施监督。铁路建设工程监理可以是对铁路工程建设的全过程进行监理，也可以分阶段进行设计监理、铁路建设施工监理等，但目前我国铁路建设工程实践中的监理大多是铁路建设施工监理。

6.1.2　铁路建设工程监理合同特点

铁路建设工程监理合同是委托合同的一种，除具有委托合同的共同特点外，还具有以下特点。

（1）铁路建设工程监理合同的委托人必须是具有国家批准的建设项目，落实投资计划的企事业单位、其他社会组织及个人，作为受托人必须是依法成立具有法人资格的监理企业，并且所承担的工程监理业务应与企业资质等级和业务范围相符合。

（2）铁路建设工程监理合同委托的工作内容必须符合铁路建设工程项目建设程序，遵守有关法律、行政法规。铁路建设工程监理合同以对铁路建设工程项目实施控制和管理为主要内容，因此监理合同必须符合建设工程项目的程序，符合国家和建设行政主管部门颁发的有关建设工程的法律、行政法规、部门规章，以及各种标准、规范的要求。

（3）铁路建设工程监理合同的标的是服务，即监理工程师凭借自己的知识、经验、技能受委托人委托为其所签订其他合同的履行实施监督和管理。

6.1.3　铁路建设工程监理合同主体

铁路建设工程监理合同的主体是合同确定的权利享有者和义务承担者，包括建设单位（也就是委托人）和监理单位（也就是监理人）。委托人与监理人是委托与被委托的合同关系，即平等的主体关系。

1. 委托人

委托人是指监理合同中委托监理与相关服务的一方（包括其合法的继承人或受让人）。

2. 监理人

监理人是指已取得监理资质证书，并具有法人资格的监理公司、监理事务所和同时承担从事监理业务的工程设备、科学研究及工程建设咨询的单位。监理单位的资质分为甲、乙、丙三个等级。

项目监理机构的组织形式、人员构成纳入委托监理合同，监理单位应在委托监理合同签订后 7 日内将总监理工程师的任命书及专业监理工程师名单书面通知建设单位。

3. 监理人一般义务

（1）监理人应按监理合同约定提供工程监理及相关服务，具体内容在专用合同条款中约定。

（2）监理人在履行监理合同义务期间，应遵守国家有关法律、法规、监理职业道德准则和行为规范，严格按法律法规、技术标准、设计文件和铁路建设标准化管理的要求，实施监理。

（3）监理人应按照标准化管理的要求，制定现场监理机构的工作制度，明确工作内容、工作标准和岗位职责，实现监理人员配置标准化、现场监理标准化和过程控制标准化，提高监理工作质量，促进工程质量的提高。

（4）监理人应接受委托人及其代表向其发出符合监理合同要求的指令。对委托人发出的违反国家法律法规或工程建设强制性标准的指令，有权拒绝执行，同时向委托人提出意见和建议，必要时可直接向有关部门报告。

（5）监理人在决定重大问题时，应事先征得委托人同意。重大问题在专用合同条款中约定。

（6）在委托服务范围内，委托人和承包人提出的意见和要求，监理人应及时拟定处置意见，再与委托人、承包人协商确定。

（7）当委托人与承包人的争议由行业建设主管部门或仲裁机关进行调解和仲裁时，监理人应当提供事实材料。

（8）在合同服务期内，监理人应在现场保留工作所用的图纸、技术规范、报告及记录监理服务工作的相关文件。工程竣工后，应按照档案管理规定将监理服务有关文件归档。

（9）监理人应自行办理聘用的国外监理人员入境、经营、居留签证，以及审批、登记等事宜。

（10）监理人应接受委托人组织的信用评价工作。具体的信用评价办法在专用合同条款中约定。

（11）监理人所监理的建设项目如发生工程质量安全事故、因工程建设引起铁路交通事故、严重质量问题、重大稳定事件或监理人发生重大违约行为的，除按国家有关规定处理外，还须接受按中国铁路总公司规定作出的限制参加铁路大中型建设项目投标的处理。

4. 监理机构和人员

（1）监理人应按监理合同约定和标准化管理要求组建满足工程监理及相关服务工作需要的项目监理机构，在施工现场应建立总监理工程师、监理工程师、监理员各负其责的工程监理体系，按照投标承诺配足测量、试验人员及检测仪器、设备；交通、通信工具及办公、生活设施；并设立现场试验室。

（2）监理人应在合同签订后 14 日内按投标承诺向委托人报送委派的总监理工程师及项目监理机构主要人员任命令。

（3）在履行合同期间，项目监理机构人员应保持相对稳定，以保证服务工作的正常进行。监理人可根据工程进展和业务需要对项目监理机构人员作出合理调整。

（4）项目总监理工程师一般不得更换。因特殊原因需要更换时，应在更换前21日书面通知委托人并取得委托人同意。

若更换现场其他监理工程师，应以相当资格与技能的人员替换，提前7日书面通知委托人并经委托人同意后方可更换。

（5）当委托人发现监理工程师及相关人员不认真履行监理职责，或与承包人合谋损害委托人利益时，委托人有权要求更换。

（6）监理人员存在以下情况之一，监理人应及时更换。

① 有严重过失行为。

② 违法或涉嫌犯罪。

③ 不能胜任所担任的岗位工作。

④ 严重违反职业道德。

⑤ 专用合同条款约定的其他情形。

（7）监理人不按投标承诺要求配备上场人员，或上场后随意更换监理人员，或监理人员不能胜任岗位要求、严重违反职业道德的，委托人将按照专用合同条款约定进行违约处理。

（8）监理人应按照委托人要求指派合格监理人员协助委托人工作，具体要求在专用合同条款中明确。

6.1.4　铁路建设工程监理合同的履行

铁路建设监理合同的当事人应当严格按照合同约定的内容履行各自的义务，即监理人应当完成监理工作，委托人应当按照约定支付监理酬金。

1. 铁路建设监理人应完成的监理工作

1）工程开工前监理工作

总监理工程师应组织监理人员熟悉和掌握委托监理合同、工程承包合同、设计文件、有关技术标准和检验检测方法。

总监理工程师、专业监理工程师应审阅、核对施工图纸，发现设计文件中有差错、漏项等问题，项目监理机构应向建设单位提出报告，并要求承包单位对施工图纸和交桩资料进行现场核对。

专业监理工程师应对承包单位设计文件进行检查，对承包单位提出的施工图设计及勘察问题进行研究，并将意见送建设单位和勘察设计单位。

总监理工程师应组织专业监理人员检查承包单位对测量基准点、基准线和水准点的复测，以及承包单位报送的复测成果，专业监理人员应对重要工程的控制点进行复测，对单位工程的施工放样进行检查。

分包工程开工前，专业监理工程师应审查承包单位报送的《分包单位资质报审表》和有关资料，合格后由总监理工程师予以签认，并将审查结果报建设单位。

2）开工后的监理工作

铁路建设工程开工后的监理工作主要是对合同约定的投资、质量、工期三大核心事项进行控制，具体包括以下内容。

① 核查承包单位质量管理体系。

② 进场材料、构配件和设备的质量控制。

③ 施工过程质量控制。

④ 工程施工质量验收。

⑤ 工程质量缺陷与工程质量事故的处理。

⑥ 安全生产管理工作。

⑦ 施工进度计划的审核。

⑧ 施工进度控制方案的编制和实施。

⑨ 工程投资控制。

⑩ 环境保护与水土保持监理工作。

⑪ 工程暂停及复工。

⑫ 变更设计。

⑬ 费用索赔处理。

⑭ 工程延期及工期延误的处理。

⑮ 工程质量缺陷责任期与竣工验收监理工作。

2. 铁路建设监理酬金的支付事宜

合同双方当事人可以在专用条件中约定：监理酬金的计取方法；监理酬金的支付时间和数额；支付监理酬金所采用的货币币种、汇率。

如果委托人在规定的支付期限内未支付监理酬金，自规定支付之日起，应当向监理单位补偿应付的酬金利息。利息额按规定支付期限最后一日银行贷款利息率乘以拖欠监理酬金时间计算。

如果委托人对监理单位提交的支付通知书中酬金或部分酬金项目提出异议，应当在收到支付通知书 24 小时内向监理单位发出存有异议的通知，但委托人不得拖延其他无异议酬金项目的支付。

3. 违约责任

委托人和监理单位中任何一方对另一方负有责任时的赔偿原则如下。

（1）赔偿应限于由于违约所造成的，可以合理预见到的损失和损害的数额。

（2）在任何情况下，赔偿的累计数额不应超过专用条款中规定的最大赔偿限额；监理单位一方对委托人的赔偿，其赔偿总额不应超出监理酬金总额（除去税金）。

（3）如果任何一方与第三方共同对另一方负有责任时，则负有责任一方所应付的赔偿比例应限于由其违约所应负责的那部分比例。

监理工作的责任期即铁路建设工程监理合同有效期。监理单位在责任期内，如果因过失而造成了经济损失，要负监理失职的责任。在铁路建设工程监理过程中，如果监理单位因工程进展的推迟或延误而超过议定的日期才完成全部议定监理任务，监理合同双方应进一步商定延长的责任期。监理单位不对责任期以外发生的任何事件所引起的损失或损害负责，也不对第三方违反合同规定的质量要求和交工时限承担责任。

【案例】

某铁路局集团有限公司针对拟新建的铁路线工程项目与施工总承包单位签订了施工合同，并委托某监理公司承担该施工阶段的铁路建设监理任务。施工总承包单位将该铁路线上的接触网工程分包给一家专业施工单位施工，开工前发生了如下事件。

（1）总监理工程师组织监理人员审核施工图纸，发现部分图纸存在问题，随后通过计算修改了存在问题的图纸，并直接签发给施工总承包单位。

（2）总监理工程师要求分包单位将资格报审表等相关资料直接报送给监理工程师。

（3）由于特殊原因监理机构更换总监理工程师，监理单位于更换前15日通知了委托人。

分析总监理工程师和监理机构上述工作是否符合相关规定，并说明理由。

【解答】

（1）总监理工程师修改部分图纸及签发给施工总承包单位不符合规定。

根据《铁路建设监理合同》中"监理方的责任和权利"的规定，总监理工程师无权修改图纸。总监理工程师应该对图纸中存在的问题通过建设单位向设计单位提出书面意见和建议。

（2）总监理工程师要求分包单位直接报送资格报审表等相关资料不符合要求。

总监理工程师不接受分包单位直接报送的资料，分包单位的资格报审表等相关资料应由施工总承包单位报送给项目监理机构，专业监理工程师对施工总承包单位报送的分包单位资格报审表等相关资料提出审查意见后，由总监理工程师审核签认。

（3）监理机构更换总监理工程师，在更换前15日通知委托人不正确。

因为总监理工程师一般不得更换。因特殊原因需要更换时，应在更换前21日书面通知委托人并取得委托人同意。

6.2　铁路建设工程监理合同示范文本

6.2.1　铁路建设工程监理合同组成

《建设工程监理合同（示范文本）》，由协议书、中标通知书、投标文件、工程建设监理合同通用条件（以下简称通用条件）、工程建设监理合同专用条件（以下简称专用条件）及附录组成。

6.2.2　铁路建设工程监理合同

"铁路建设工程监理合同"是一个总的协议，是纲领性的法律文件。其中明确了当事人双方确定的委托监理工程的概况（工程名称、地点、工程规模、总投资）；委托人向监理人支付报酬的期限和方式；合同签订、生效、完成时间；双方愿意履行约定的各项义务的表示。"铁路建设工程监理合同"是一份标准的格式文件，经当事人双方在有限的空格内填写具体规定的内容并签字盖章后，即发生法律效力。

对委托人和监理人有约束力的监理合同，包括以下文件。

（1）合同协议书。

（2）中标通知书。

（3）投标函及投标函附录。

（4）专用合同条款。

（5）通用合同条款。

（6）技术标准和要求。

（7）招标文件。

（8）其他合同文件（包括投标文件，招投标过程来往函件，廉政协议书，以及合同履行中委托人、监理人有关工程的洽商、变更等书面协议或文件）。

以上文件构成监理合同文件，这些文件互为说明。如果合同文件中的约定之间产生含糊或歧义，合同文件解释及效力按以上顺序排列在前者优先。

协议书是铁路建设工程监理合同的核心，其篇幅并不大，包括了监理合同的一些原则、合同的组成文件，其意味着委托人与监理单位对双方商定的监理业务、监理内容的认可和确认。

通用条件适用于各类工程项目建设监理委托，委托人和监理单位都应当遵守，其有固定格式和内容，是监理合同的主要部分，它明确而详细地规定了双方的义务和责任。

专用条件是各个工程项目根据自己的特点和所处的自然、社会环境，由委托人和监理单位协商一致后填写的。双方如果认为需要，还可在其中增加双方约定好的补充条款和修正条款。专用条件的条款是与通用条件的条款相对应的。在专用条件中，并非每一条款都必须出现。专用条件不能单独使用，它必须与通用条件结合在一起使用。

铁路建设工程监理合同协议书形式如下。

铁路建设工程监理合同协议书

委托人（全称）：_____

监理人（全称）：_____

根据《中华人民共和国合同法》、《中华人民共和国建筑法》及其他有关法律、行政法规，遵循平等、自愿、公平和诚信的原则，双方就下述工程委托监理与相关服务事项协商一致，订立本合同。

一、工程概况

1. 工程名称：_____。

2. 工程地点：_____。

3. 工程规模：_____。

4. 工程投资总额：_____。

5. 建设工期：_____。

二、监理服务范围与服务费

1. 服务范围：_____。

2. 服务期限：_____月。

3. 监理服务费：_____元。

三、合同中的有关词语含义与《通用条件》中赋予它们的定义相同。

四、下列文件均为本合同的组成部分：

1. 中标通知书；

2. 投标函及投标函附录；

3. 专用合同条款；

4. 通用合同条款；

5. 技术标准和要求；

6. 招标文件；

7. 其他合同文件。

五、监理人向委托人承诺，按照监理合同的规定，承担监理合同约定范围内的监理业务。

六、委托人向监理人承诺，按照监理合同约定的期限、方式、酬金总额，向监理人支付报酬。

七、监理合同自双方签字盖章之日起生效。

八、监理合同正本__份，副本__份，具有同等法律效力。双方各执正本__份，副本__份。

九、合同未尽事宜，双方另行签订补充协议。补充协议是合同的组成部分。

委托人：____（公章）　　　　监理人：____（公章）

地址：____　　　　　　　　　地址：____

法定代表人：____（签章）　　法定代表人：____（签章）

委托代理人：____（签章）　　委托代理人：____（签章）

开户银行：____　　　　　　　开户银行：____

账号：____　　　　　　　　　账号：____

邮政编码：____　　　　　　　邮政编码：____

电话：____　　　　　　　　　电话：____

签订日期：____年____月____日

6.2.3　铁路建设工程监理合同通用条件

铁路建设工程监理合同通用条件的内容涵盖了合同中所用词语定义，适用范围和法规，签约双方的责任、权利和义务，合同生效变更与终止，监理报酬，争议的解决，以及其他一些情况。它是监理合同的通用文件，适用于各类建设工程项目监理。各个委托人、监理人都应遵守。

1. 监理人应该完成的工作

除专用条件另有约定外，监理正常工作内容包括以下方面。

（1）收到工程设计文件后编制监理规划，并在第一次工地会议 7 日前报委托人。根据有关规定和监理工作需要，编制监理实施细则。

（2）熟悉工程设计文件，并参加由委托人主持的图纸会审和设计交底会议。

（3）参加由委托人主持的第一次工地会议；主持监理例会并根据工程需要主持或参加专题会议。

（4）审查施工承包人提交的施工组织设计，重点审查其中的质量安全技术措施、专项施工方案与工程建设强制性标准的符合性。

（5）检查施工承包人工程质量、安全生产管理制度及组织机构和人员资格。

（6）检查施工承包人专职安全生产管理人员的配备情况。

（7）审查施工承包人提交的施工进度计划，核查承包人对施工进度计划的调整。

（8）检查施工承包人的试验室。

（9）审核施工分包人资质条件。

（10）查验施工承包人的施工测量放线成果。

（11）审查工程开工条件，对条件具备的签发开工令。

（12）审查施工承包人报送的工程材料、构配件、设备质量证明文件的有效性和符合性，并按规定对用于工程的材料采取平行检验或见证取样方式进行抽检。

（13）审核施工承包人提交的工程款支付申请，签发或出具工程款支付证书，并报委托人审核、批准。

（14）在巡视、旁站和检验过程中，发现工程质量、施工安全存在事故隐患的，要求施工承包人整改并报委托人。

（15）经委托人同意，签发工程暂停令和复工令。

（16）审查施工承包人提交的采用新材料、新工艺、新技术、新设备的论证材料及相关验收标准。

（17）验收隐蔽工程、分部和分项工程。

（18）审查施工承包人提交的工程变更申请，协调处理施工进度调整、费用索赔、合同争议等事项。

（19）审查施工承包人提交的竣工验收申请，编写工程质量评估报告。

（20）参加工程竣工验收，签署竣工验收意见。

（21）审查施工承包人提交的竣工结算申请并报委托人。

（22）编制、整理工程监理归档文件并报委托人。

2. 监理合同有效期

尽管签订的《铁路建设工程委托监理合同》中注明"监理合同自××××年×月×日开始实施，至××××年×月×日完成"，但此期限仅指完成正常监理工作预定的时间，并不一定是监理合同的有效期。

（1）监理合同的有效期即监理人的责任期，不是以约定的日历天数为准，而是以监理人是否完成了包括附加和额外工作的义务来判定。

（2）通用条款规定，监理合同的有效期为双方签订合同后，工程准备工作开始，到监理人向委托人办理完竣工验收或工程移交手续，承包人和委托人已签订工程保修责任书，监理收到监理报酬尾款，监理合同才终止。

（3）如果保修期间仍需监理人执行相应的监理工作，双方应在专用条款中另行约定。

3. 监理依据

监理的依据包括以下内容。

（1）适用的法律、行政法规及部门规章。

（2）与工程有关的标准。

（3）工程设计及有关文件。

（4）监理合同及委托人与第三方签订的与实施工程有关的其他合同。

双方根据工程的行业和地域特点，在专用条件中具体约定监理依据。

4. 监理机构和人员

（1）监理人应按合同约定和标准化管理要求组建满足工程监理及相关服务工作需要的

项目监理机构，在施工现场应建立总监理工程师、监理工程师、监理员各负其责的工程监理体系，按照投标承诺配足测量、试验人员及检测仪器、设备；交通、通信工具及办公、生活设施；并设立现场试验室。

（2）监理人应在合同签订后 14 日内按投标承诺向委托人报送委派的总监理工程师及项目监理机构主要人员任命令。

（3）监理合同履行过程中，项目监理机构人员应保持相对稳定，以保证服务工作的正常进行。监理人可根据工程进展和业务需要对项目监理机构人员作出合理调整。

（4）项目总监理工程师一般不得更换，因特殊原因需要更换时，应在更换前 21 日书面通知委托人并取得委托人同意。

若更换现场其他监理工程师，应以相当资格与技能的人员替换，提前 7 日书面通知委托人并经委托人同意后方可更换。

（5）当委托人发现监理工程师及相关人员不认真履行监理职责，或与承包人合谋损害委托人利益时，委托人有权要求更换。

（6）监理人员存在以下情况之一，监理人应及时更换。

① 有严重过失行为。

② 违法或涉嫌犯罪。

③ 不能胜任所担任的岗位工作。

④ 严重违反职业道德。

⑤ 专用条件约定的其他情形。

（7）监理人不按投标承诺要求配备上场人员，或上场后随意更换监理人员，或监理人员不能胜任岗位要求、严重违反职业道德的，委托人将按照专用合同条款约定进行违约处理。

（8）监理人应按照委托人要求指派合格的监理人员协助委托人工作，具体要求在专用合同条款中明确。

5. 履行职责

监理人应遵循职业道德准则和行为规范，严格按照法律法规、工程建设的有关标准及监理合同履行职责。

（1）在监理与相关服务范围内，委托人和承包人提出的意见和要求，监理人应及时提出处置意见。当委托人与承包人之间发生合同争议时，监理人应协助委托人、承包人协商解决。

（2）当委托人与承包人之间的合同争议提交仲裁机构仲裁或人民法院审理时，监理人应提供必要的证明资料。

（3）监理人应在专用条件约定的授权范围内，处理委托人与承包人所签订合同的变更事宜。如果变更超过授权范围，应以书面形式报委托人批准。

在紧急情况下，为了保护财产和人身安全，监理人所发出的指令未能事先报委托人批准时，应在发出指令后的 24 小时内以书面形式报委托人。

（4）除专用条件另有约定外，监理人发现承包人的人员不能胜任本职工作的，有权要求承包人予以调换。

（5）提交报告。监理人应按专用条件约定的种类、时间和份数向委托人提交监理与相关服务的报告。

（6）文件资料。在监理合同履行期内，监理人应在现场保留工作所用的图纸、报告及记录监理工作的相关文件。工程竣工后，应当按照档案管理规定将监理文件归档。

（7）使用委托人的财产。监理人无偿使用由委托人派遣的人员和提供的房屋、资料、设备。除专用条件另有约定外，委托人提供的房屋、设备属于委托人的财产，监理人应妥善使用和保管，在监理合同终止时将这些房屋、设备的清单提交委托人，并按专用条件约定的时间和方式移交。

6. 履约担保

监理人应保证其履约担保在委托人颁发初步验收证书前一直有效。委托人应在初步验收证书颁发后 28 日内把履约担保退还给监理人。担保数额和形式在专用合同条款中约定。

7. 委托人的义务

委托人按照合同的约定、中国铁路总公司的规定，以及铁路建设标准化管理的要求，实施对监理工作的管理。

（1）支付：按照合同约定支付酬金。

（2）提供资料：在合同双方约定的范围和时间内免费向监理人提供工程监理所需要的工程资料、设计图纸和其他文件。

（3）委托人代表：在专用合同条款中应当明确委托人代表，负责与监理人的联络。委托人应在双方签订监理合同后 7 日内，将委托人代表的姓名和职责书面告知监理人。当委托人更换委托人代表时，应提前 7 日通知监理人。

（4）在专用合同条款约定的时间内就监理人书面提交并要求做出决定的一切事宜做出决定，并书面答复监理人，并对监理人提交的请示函件的认可或对其工作的检查并不改变监理人提供监理及其他服务应承担的责任和义务。

（5）负责工程建设的外部关系的协调，为监理工作提供外部条件。

（6）将授予监理人的服务范围和监理人权利，以及监理人主要成员的职能分工及时书面通知已选定的承包人，并在与承包人签订的合同中予以明确。

（7）在正式开工前的适当时间，组织召开第一次工地例会。

（8）一般应通过监理人向承包人下发指令；紧急情况下直接向承包人下达指令时，须同时告知监理人。

（9）要求监理人指派合格监理人员协助委托人工作。

8. 违约责任

1）监理人的违约责任

监理人未履行监理合同义务的，应承担相应的责任。在履行合同过程中发生的下列情形属监理人违约。

（1）监理人未履行投标承诺，上场监理人员数量不足和能力明显不能满足招标文件要求和工作需要的。

（2）监理人未履行投标承诺，上场的试验、检测仪器设备，交通、通信工具不能满足招标文件要求和工作需要的。

（3）监理人在所监理工程的工期内，未经委托人同意擅自更换监理工程师的。

（4）监理人未按铁路工程施工质量验收标准进行平行检验、旁站监理和检测试验的。

（5）监理人转让、违法分包监理业务的。

（6）因监理人工作失职，未实际或者全部履行合同义务，造成工程进度滞后的。

（7）因监理人工作失职，未实际或者全部履行合同义务，发生工程质量安全责任事故的。

（8）在缺陷责任期内，监理人未派员到现场配合调查分析、对修复方案进行审核、对工程修复实施监理的。

2）监理人违约赔偿

（1）因监理人违反监理合同约定给委托人造成损失的，监理人应当赔偿委托人损失。赔偿金额的确定方法在专用条件中约定。监理人承担部分赔偿责任的，其承担的赔偿金额由双方协商确定。

（2）监理人向委托人的索赔不成立时，监理人应赔偿委托人由此发生的费用。

3）委托人的违约责任

委托人未履行监理合同义务的，应承担相应的责任。

（1）委托人违反监理合同约定造成监理人损失的，委托人应予以赔偿。

（2）委托人向监理人的索赔不成立时，应赔偿监理人由此产生的费用。

（3）委托人未能按期支付酬金超过 28 日，应按专用条件约定支付逾期付款的利息。

4）除外责任

因非监理人的原因，且监理人无过错，发生工程质量事故、安全事故、工期延误等造成的损失，监理人不承担赔偿责任。

因不可抗力导致监理合同全部或部分不能履行时，双方各自承担因此而造成的损失、损害。

9. 支付

1）支付货币

除专用条件另有约定外，酬金均以人民币支付。涉及外币支付的，所采用的货币种类、比例和汇率在专用条件中约定。

2）支付申请

监理人应在监理合同约定的每次应付款时间的 7 日前，向委托人提交支付申请书。支付申请书应当说明当期应付款总额，并列出当期应支付的款项及其金额。

3）支付酬金

（1）酬金包括正常工作酬金、附加工作酬金、合理化建议奖励金额及费用。

① 除不可抗力外，因非监理人原因导致监理人履行合同期限延长、内容增加时，监理人应当将此情况与可能产生的影响及时通知委托人。增加的监理工作时间、工作内容应视为附加工作。附加工作酬金的确定方法在专用条件中约定。

② 合同生效后，如果实际情况发生变化使得监理人不能完成全部或部分工作时，监理人应立即通知委托人。除不可抗力外，其善后工作及恢复服务的准备工作应为附加工作，附加工作酬金的确定方法在专用条件中约定。监理人用于恢复服务的准备时间不应超过 28 日。

③ 合同签订后，遇有与工程相关的法律法规、标准颁布或修订的，双方应遵照执行。由此引起监理与相关服务的范围、时间、酬金变化的，双方应通过协商进行相应调整。

④ 因非监理人原因造成工程概算投资额或建筑安装工程费增加时，正常工作酬金应作

相应调整。调整方法在专用条件中约定。

⑤ 因工程规模、监理范围的变化导致监理人的正常工作量减少时，正常工作酬金应作相应调整。调整方法在专用条件中约定。

（2）预留监理费。

① 委托人预留监理费总额的1%作为履约考核费用。

② 委托人预留监理费总额的5%作为质量保证金，待工程竣工验收（初验）合格交付使用一年后，监理人已全部履行完合同义务的，委托人应于三个月内不计息按规定返还。

（3）由于非监理人原因造成建设工程监理工作量增加或减少的，委托人应按监理工作量增减内容与监理人协商另行支付或扣减监理费。

（4）如果委托人在规定的支付时间未支付监理酬金，自规定之日起，还应向监理人支付滞纳金。滞纳金从规定支付期限最后一日起、按当期中国人民银行公布的人民币短期贷款利率计算。

（5）超出监理服务范围，委托人要求监理人进行的材料和设备检测所发生的费用，由委托人支付。

（6）经委托人同意，根据工程需要由监理人组织的相关咨询论证会及聘请相关专家等发生的费用由委托人承担。

（7）有争议部分的付款。委托人对监理人提交的支付申请书有异议时，应当在收到监理人提交的支付申请书后7日内，以书面形式向监理人发出异议通知。无异议部分的款项应按期支付，有异议部分的款项按监理合同的相关约定办理。

10. 合同生效、变更、暂停、解除与终止

1）生效

除法律另有规定或者专用条件另有约定外，委托人和监理人的法定代表人或其授权代理人签字并盖单位章后该合同生效。

2）变更

任何一方提出变更请求时，双方经协商一致后可签订补充协议。

3）暂停与解除

除双方协商一致可以解除合同外，当一方无正当理由未履行合同约定的义务时，另一方可以根据合同约定暂停履行合同直至解除合同。

（1）在合同有效期内，由于双方无法预见和控制的原因导致合同全部或部分无法继续履行或继续履行已无意义，委托人可以提前要求解除合同或解除监理人的部分义务。监理人应立即作出合理安排，停止全部或部分服务，并使开支减至最小。

因解除合同或解除监理人的部分义务导致监理人遭受的损失，除依法可以免除责任的情况外，应由委托人予以补偿，补偿金额由双方协商确定。

解除合同的协议必须采取书面形式，该协议未达成之前，合同仍然有效。

（2）在合同有效期内，因非监理人的原因导致工程施工全部或部分暂停，委托人以书面形式通知监理人，要求暂停全部或部分工作。监理人应立即安排停止工作，并将开支减至最小。除不可抗力外，由此导致监理人遭受的损失应由委托人予以补偿。

监理人暂停部分工程监理及相关服务持续时间超过182日，监理人可发出解除合同约定该部分义务的通知；若全部暂停服务的持续时间超过182日，监理人可发出解除合同的通知。合同解除日为发出解除合同的通知之日起第 14 日。

（3）如果因非监理人原因，导致监理人不能全部或部分履行合同约定服务时，监理人应立即通知委托人，要求暂停全部或部分合同约定的服务。

当暂停原因消除后，监理人应尽快恢复履行合同约定的服务。

（4）当监理人无正当理由而未履行其合同约定的义务时，委托人可以书面形式通知监理人，要求限期改正。若委托人在发出通知后 14 日内没有收到监理人书面形式的合理解释，则可在 7 日内发出解除合同的通知。发出解除合同通知后的第 14 日合同解除。

监理人应承担相应的违约责任，委托人按专用合同条款的约定将工程监理及相关服务费用支付至合同解除日。

（5）监理人在监理合同约定的支付之日起 28 日后仍未收到服务费用，则监理人可向委托人发出催付通知。通知发出后 14 日委托人仍未支付或提出监理人可以接受的延后支付安排，监理人可向委托人发出暂停服务的通知并自行暂停全部或部分服务。暂停服务后 14 日内监理人仍未获得服务费用或委托人的合理答复，监理人可向委托人发出解除合同的通知。合同解除日为应支付服务费用之日起第 56 日。

委托人通知暂停工程监理及相关服务且暂停期超过 182 日，监理人可发出解除合同的通知。合同解除日为发出解除合同的通知之日起第 14 日。

委托人应承担解除合同的违约责任。

4）终止

满足以下全部条件，合同即终止（工程合理使用年限发生质量问题修复监理工作除外）。

（1）工程已办理竣工验收手续。

（2）监理人完成合同约定的工程监理及相关服务全部工作。

（3）委托人与监理人结清并支付监理服务费用。

11. 争议的解决方式

铁路建设工程监理合同中发生争议的解决方式有以下几种。

第一种解决方式是协商：双方应本着诚信原则协商解决彼此间的争议。这是优先采用的方式。

第二种解决方式是调解：如果双方不能在 14 日内或双方商定的其他时间内解决合同争议，可以将其提交给专用条件约定的或事后达成协议约定的调解人进行调解。

第三种解决方式是仲裁或诉讼：双方均有权不经调解直接向专用条件约定的仲裁机构申请仲裁或向有管辖权的人民法院提起诉讼。

6.2.4 铁路建设工程委托监理合同的专用条件

监理合同的专用条件是委托人和监理单位在签订工程项目监理合同时，结合地域特点、专业特点和工程特点，对通用条件中的某些条款进行补充、修正。专用条件主要内容如下。

（1）定义。

（2）委托人义务。

（3）监理人义务。

（4）责任和保险。

① 监理人赔偿金额按下列方法确定。

赔偿金 = 直接经济损失 × 正常工作酬金 ÷ 工程概算投资额（或建筑安装工程费）

② 委托人逾期付款利息按下列方法确定。

逾期付款利息 = 当期应付款总额 × 银行同期贷款利率 × 拖延支付天数

（5）支付。监理人酬金支付表如表6-1所示。

表6-1　监理人酬金支付表

支付次数	支付时间	支付金额	累计金额（万元）
第一次	本合同签订后7个工作日内		
第二次			
……			
支付总额	监理费用总额的95%		

（6）监理酬金。

① 除不可抗力外，因非监理人原因导致本合同期限延长时，附加工作酬金按下列方法确定。

附加工作酬金 = 合同期限延长时间（天）× 正常工作酬金 ÷ 协议书约定的监理与相关服务期限（天）

② 附加工作酬金按下列方法确定。

附加工作酬金 = 善后工作及恢复服务的准备工作时间（天）× 正常工作酬金 ÷ 协议书约定的监理与相关服务期限（天）

③ 正常工作酬金增加额按下列方法确定。

正常工作酬金增加额 = 工程投资额或建筑安装工程费增加额 × 正常工作酬金 ÷ 工程概算投资额（或建筑安装工程费）

④ 因工程规模、监理范围的变化导致监理人的正常工作量减少时，按减少工作量的比例从协议书约定的正常工作酬金中扣减相同比例的酬金。

（7）监理工作争议解决。

合同履行发生争议，协商解决不了的，双方约定采用以下方式解决。

① 向有管辖权的人民法院提起诉讼。

② 向仲裁委员会申请仲裁。

仲裁适用中华人民共和国法律，按仲裁委员会届时有效的仲裁规则进行。

【案例】

某火车站改造工程，面积约1.2平方公里，计划投资433 429.58万元，主站房的设计图纸已经完成。建设单位与甲监理单位按照《铁路建设工程监理合同（示范文本)》签订了监理合同。建设单位与乙施工单位按照《铁路建设工程施工合同（示范文本)》签订了施工合同。

经建设单位同意，乙施工单位选择了丙施工单位作为分包单位。在合同履行中，发生了如下事件。

事件1：在合同约定的工程开工日前，建设单位收到乙施工单位报送的《工程开工报审表》，考虑到施工许可证已获当地政府主管部门批准，并且乙施工单位的施工机具和施工人员已经进场，便审核签认了《工程开工报审表》并通知了项目监理机构。

事件2：在施工过程中，乙施工单位由于公司运营原因，出现资金紧张问题，无法按分包合同约定支付丙施工单位的工程款。丙施工单位向项目监理机构提出了支付申请。甲项目监理机构受理并征得建设单位同意后，即向丙施工单位签发了付款凭证。

事件3：专业监理工程师在巡视中发现，丙施工单位施工的某部位存在质量隐患，甲监理单位的专业监理工程师随即向乙施工单位签发了整改通知。乙施工单位回函称，建设单位已直接向丙施工单位付款，因而乙施工单位对丙施工单位施工的工程质量不承担责任。

分析上述事件中建设单位和监理单位的做法是否符合相关规定，并说明理由。

【解答】

（1）事件1中建设单位接受并签发乙施工单位报送的开工报审表，不符合规定要求。

理由：总监理工程师应审查并签署铁路建设工程施工单位提交的开工报告、施工组织设计、技术方案、进度计划等文件，因此，开工报审表应报项目监理机构，由总监理工程师签发。

（2）事件2中项目监理机构受理丙施工单位的支付申请，并签发付款凭证，不符合要求规定。

理由：丙施工单位是乙施工单位的分包单位，与乙施工单位有合同法律关系，但和建设单位没有合同关系，项目监理机构只签发乙施工单位的支付申请，丙施工单位的支付申请应向乙施工单位递交。

（3）事件3中乙施工单位的说法不正确。

理由：因为分包单位的任何违约行为或疏忽影响了工程质量，乙施工单位作为工程总承包单位应承担连带责任。

6.3　铁路建设工程监理合同管理概述

为了保证铁路建设工程的工程质量、提高投资效益，项目监理机构应按照《铁路建设工程监理合同》中规定的工程质量、建设工期、建设投资等方面的义务，在铁路建设工程施工阶段代表建设单位实施监督管理。

6.3.1　铁路建设工程监理合同中的工程质量管理

1. 核查施工单位质量管理体系

项目监理机构对铁路建设工程施工单位的技术管理体系和质量管理体系进行核查。核查包括以下内容。

（1）技术、质量管理体系的组织机构。

（2）技术、质量管理制度。

（3）专职质量管理人员配置及到位情况。

（4）特种作业人员的资格证、上岗证。

（5）承包人有关质量文件，主要核查施工组织设计、项目质量管理体系、质量措施、关键工艺方案等。

（6）按规定对分包单位资质，承包人进场机械数量及性能、投标时承诺的主要管理人员及资格等进行审查，提出意见和要求，并检查整改落实情况。

2. 进场材料、构配件和设备的质量管理

监理机构应按照物资采购合同和工程质量验收标准，参与对进场的承包人用于工程的各种材料、构配件和设备进行检查验收，并按要求进行见证或平行检验。未经查验或者查验不合格的物资不得批准承包人投入使用。

（1）进场材料的验收。

① 对材料、构配件和设备的外观、规格、型号和质量证明文件进行检查验收；进口材料和设备应有国家商检部门的商检资料。

② 审查新材料、新产品、新工艺的鉴定证明和确认文件。

③ 督促铁路建设工程施工单位对进场材料、构配件和设备按规定进行检验、测试，铁路建设工程施工单位自检合格后向项目监理机构提交《进场材料/构配件/设备报验表》，由专业监理工程师予以审核并签认。

④ 对进场材料，主要是地材和混凝土外加剂，应进行检验或平行检验，检验数量必须满足相关工程质量验收标准的要求。

⑤ 对进场的构配件和设备进行见证检验，检查数量必须满足相关工程质量验收标准的要求。

⑥ 审核混凝土、砂浆配合比，对铁路建设工程施工单位申请使用的商品混凝土配合比进行检查。

（2）对未经专业监理工程师验收或验收不合格的材料、构配件和设备，专业监理工程师应拒绝签认，并应签发《监理工程师通知单》，通知铁路建设工程施工单位严禁在工程中使用或安装，并限期将不合格的工程材料、构配件、设备撤出现场。铁路建设工程施工单位应在规定的时间内对监理工程师通知的内容进行处理，并填报《监理工程师通知回复单》。

3. 施工过程的质量管理

（1）总监理工程师依据有关专业施工质量验收标准，对铁路建设工程施工单位《现场质量管理检查记录》的内容进行核查。

（2）专业监理工程师对铁路建设工程施工单位报送的施工放线成果进行核查，合格后签认铁路建设工程施工单位报送的《施工测量放样报验表》。

（3）项目监理机构按工程施工质量验收标准要求进行见证检验或平行检验。

（4）在关键部位或关键工序施工前，专业监理工程师认为有必要，可要求铁路建设工程施工单位报送该部位或工序的施工工艺方案和确保工程质量的措施方案。

（5）专业监理工程师定期检查铁路建设工程施工单位工程计量设备及其技术状况。

（6）总监理工程师安排监理人员对施工过程进行巡视检查和检测，其主要检查内容如下。

① 是否按照设计文件和批准的施工方案施工。

② 使用的材料、构配件和设备是否合格。

③ 施工现场管理人员，尤其是质检人员是否到岗。

④ 施工操作人员的技术水平、操作条件是否满足工艺操作要求，特种操作人员是否持证上岗。

⑤ 施工环境是否对工程质量产生不利影响。

⑥ 已施工部位是否存在质量缺陷。

对施工过程中出现质量问题或质量隐患，监理工程师宜采用照相、录像等手段予以记录，并向铁路建设工程施工单位发出整改指令。

（7）总监理工程师安排监理人员对隐蔽工程的隐蔽过程、下道工序完成后难以检查的重点部位，以及工程关键部位和关键工序进行旁站监理，并填写《旁站监理记录表》。总监理工程师应根据工作需要调整旁站监理的工作内容。

（8）旁站监理的工作内容。

① 检查铁路建设工程施工单位现场质检人员到岗、特殊工种人员持证上岗，以及施工机械、建筑材料准备情况。

② 在现场跟班检查施工过程中执行施工方案及工程建设强制性标准的情况。

③ 核查进场建筑材料、建筑构配件、设备的质量检验报告等，并可在现场监督铁路建设工程施工单位进行检验。

④ 做好旁站监理的相关记录工作。

（9）旁站监理的程序。

① 旁站监理人员应当对需要实施旁站监理的部位、工序在施工现场跟班监督，及时处理旁站监理过程中出现的问题，如实准确地做好旁站监理记录。

② 旁站监理人员实施旁站监理时，发现施工单位有违反工程建设强制标准行为的，有权责令施工单位立即整改。

③ 旁站监理过程中发现施工活动已经或者可能危及施工质量的，应及时向监理工程师或总监理工程师报告，由总监理工程师下达局部暂停施工指令或采取其他应急措施。

（10）隐蔽工程的管理。

① 铁路建设工程施工单位首先进行自检，自检合格后填写《工程报验申请表》，在规定的时限内向项目监理机构报验。

② 在合同约定的时限内，专业监理工程师到现场进行检查、核实，铁路建设工程施工单位的质检人员应同时在现场进行配合。

③监理工程师对检查合格的工程予以现场签认，并准许铁路建设工程施工单位进行下一道工序施工。

④ 对检查不合格的工程，监理工程师应在《工程报验申请表》上签署检查不合格及整改意见或签发《监理工程师通知单》，由铁路建设工程施工单位对不合格工程进行整改，铁路建设工程施工单位自检合格后向现场监理机构重新报验或填报《监理工程师通知回复单》。

（11）在施工过程中，当铁路建设工程施工单位对已批准的施工组织设计或专项施工方案进行调整时，专业监理工程师应重新审查，并应由总监理工程师签认。

（12）监理人员发现铁路建设工程施工单位有违反工程建设强制性标准的行为，应责令铁路建设工程施工单位立即整改；发现其施工活动可能或已经危及工程质量的，应采取应急措施，必要时由总监理工程师下达暂停施工指令。

（13）项目监理机构对铁路建设工程施工单位的施工质量或使用的工程材料产生疑问，

应要求铁路建设工程施工单位进一步检测，铁路建设工程施工单位必须密切配合。

4. 工程质量缺陷与工程质量事故的处理

（1）监理人员发现施工过程中存在质量缺陷时，监理工程师应及时下达通知，责令铁路建设工程施工单位进行整改，并对整改过程和结果进行检查验收。

（2）施工过程中存在工程质量事故隐患或发生工程质量事故时，总监理工程师下达工程暂停令，责令铁路建设工程施工单位停工处理和整改。处理和整改完毕经专业监理工程师验收后，由总监理工程师签署工程复工报审表。总监理工程师在下达工程暂停令或签署工程复工报审表前，应向建设单位报告。

（3）当发生工程质量事故时，项目监理机构应做好以下工作。

① 责令铁路建设工程施工单位立即采取措施保护事故现场，同时向建设单位报告。

② 责令铁路建设工程施工单位尽快进行事故分析，及时报送《工程质量事故报告单》。

③ 参与质量事故的调查，研究事故处理方案。

④ 对工程质量事故的处理过程进行检查，对工程处理结果进行验收。

⑤ 向建设单位及时提交由总监理工程师签署意见的质量事故报告，并将质量事故处理记录整理归档。

6.3.2 铁路建设工程监理合同中的施工进度管理

1. 审核施工进度计划

（1）专业监理工程师审核铁路建设工程施工单位报送的施工进度计划，报总监理工程师审批。控制工程的施工进度计划还应报建设单位审批。

（2）施工进度计划审核的主要内容如下。

① 施工进度计划是否符合承包合同中的工期要求。

② 主要工程项目是否有遗漏，总承包、分包单位分别编制的各单项工程进度计划之间是否协调。

③ 施工安排是否符合施工工艺的要求。

④ 施工组织是否进行了优化，进度安排是否合理。

⑤ 劳动力、材料、构配件、施工机具设备、水、电等生产要素供应计划能否保证施工进度计划的需要，供应是否均衡。

⑥ 铁路建设工程施工单位提出的应由建设单位提供的施工条件是否合理，是否有造成建设单位违约而导致工程延期和费用索赔的可能。

（3）项目监理机构对铁路建设工程施工单位施工进度情况进行跟踪检查和分析。当发现偏差时，应指示铁路建设工程施工单位采取措施纠正。

2. 编制和实施施工进度控制方案

（1）专业监理工程师应依据承包合同、设计文件及批准的施工组织设计编制施工进度控制方案，报总监理工程师批准。

（2）施工进度控制方案应包括以下主要内容。

① 施工进度控制目标分解图、风险分析。

② 施工进度控制的主要工作内容。

③ 监理人员对进度控制的职责分工。

④ 进度控制工作流程、方法、措施。

（3）实施进度控制过程中，监理工程师的主要工作如下。

① 检查和记录实际进度完成情况。

② 绘制有关工程的进度图表，建立进度台账。

③ 通过下达监理指令、召开工地例会、各种层次的专题协调会议，督促铁路建设工程施工单位按期完成进度计划。

④ 当发现实际进度滞后于计划进度时，总监理工程师应指示铁路建设工程施工单位采取调整措施。

（4）总监理工程师定期向建设单位报告施工进度情况，并提出合理的建议，防止由于建设单位原因可能导致的工程延期及费用索赔。

6.3.3　铁路建设工程监理合同中的投资管理

（1）项目监理机构依据国家和中国铁路总公司发布的有关规定、本工程的设计文件和施工承包合同，做好工程投资控制。

（2）专业监理工程师应掌握铁路验工计价的规定，熟悉设计文件的工程内容及工程量构成，熟悉合同的工程量清单及数量，掌握二者之间的对应关系，熟悉工程量清单内和清单外工程数量的计价原则。

（3）专业监理工程师在计量与支付审核时应符合合同约定，做到客观、准确、及时，计量与支付的项目与数量不漏、不超、不重。

（4）工程计量和工程款支付签认。

① 专业监理工程师按照施工图（包括批准的变更设计文件）和合同工程量清单对铁路建设工程施工单位提交的已完工程数量报审表和工程数量计算明细表、批准的变更设计及施工图增减工程数量表等附件进行复核和审查。对数量有疑义的，应要求铁路建设工程施工单位进行共同复核和抽样复测。

② 专业监理工程师审核中对数量有疑义的，应与铁路建设工程施工单位对其进行共同复核或抽样复测。认为有必要时，可通知铁路建设工程施工单位共同进行联合测量、计量。确认后签署已完工程数量报审表，并依据承包合同约定的计价原则审查铁路建设工程施工单位编制的验工计价表，签署意见后报总监理工程师。

③ 总监理工程师按照施工图（包括批准的变更设计文件）、合同工程量清单、承包合同约定的计价原则，审核并签署验工计价表和验工计价金额表，报建设单位。

（5）专业监理工程师应建立月完成工程量和支付统计台账，对实际完成量与计划完成量进行比较、分析，制定调整措施，并在监理月报中向建设单位报告。专业监理工程师及时收集、整理与费用索赔有关的资料。

（6）凡有下列情况之一者，项目监理机构不予验工计价。

① 单项开工报告未经批准的工程。

② 已完工程未按质量验收标准进行检验或检验不合格的工程。

③ 超出批准变更设计的工程。

④ 工程质量不合格、需要返工处理的工程。

⑤ 存在质量安全问题，发出质量安全通知书后未整改的工程。

⑥ 转包、违法分包的工程。

⑦ 未按规定程序办理变更设计的工程。

⑧ 超出合同约定的工程。

⑨ 合同约定不予验工计价的其他情况。

（7）竣工结算。

当铁路建设工程施工单位按承包合同中所列工程内容全部完工、自验合格、竣工文件编制后，项目监理机构应对竣工结算资料进行初审，对验工计价数量进行全面清理。在工程项目初验合格、费用索赔处理完毕、无合同纠纷或合同纠纷已得到调解后，总监理工程师应对竣工结算资料进行审查并签认，报建设单位。

（8）竣工结算审查、签认。

① 专业监理工程师依据施工图（包括批准的变更设计文件）、合同工程量清单、承包合同约定的计价原则审核铁路建设工程施工单位报送的竣工结算报表。

② 总监理工程师依据施工图（包括批准的变更设计文件）、合同工程量清单、承包合同约定的计价原则，审定竣工结算报表，签认竣工结算文件和最终的工程价款支付证书，报建设单位。

6.3.4　铁路建设工程监理合同中的安全控制管理

（1）建立本项目的安全生产监理工作制度，指定专人负责安全生产监理并明确其职责。

（2）审查承包人的安全组织机构、规章制度、保障措施、危险源识别及预防措施、关键工序安全保证方案和专项施工方案，并签署审查意见。

（3）在施工过程中，检查施工现场安全人员到岗、安全设施配置、施工人员行为及现场安全状况等情况，发现隐患及时发出整改指令，督促整改。

（4）审查突发事件的预警机制和应急预案。

（5）检查施工过程中的安全生产标识、标牌、持证上岗及安全措施落实情况。

【案例】

某铁路桥梁工程在桥墩基础施工过程中发生如下事件。

事件1：由于工程施工工期紧迫，建设单位在未领取施工许可证的情况下，要求项目监理机构签发施工单位报送的《工程开工报审表》。

事件2：桩基工程施工中，在抽检材料试验未完成的情况下，施工单位已将该批材料用于工程，专业监理工程师发现后予以制止。其后完成的材料试验结果表明，该批材料不合格，经检验，使用该批材料的相应工程部位存在质量问题，需进行返修。

事件3：专业监理工程师现场巡视时发现，总承包单位在钢筋工程隐蔽施工时，未通知项目监理机构即进行隐蔽。

事件1的处理方法是否妥当？项目监理机构对事件2应如何处理？指出事件3的正确处理方法。

【解答】

1. 事件 1 中，建设单位未领取施工许可证就要签发《工程开工报审表》的做法不妥当。因为《工程开工报审表》必须在办理好施工许可证的条件下才能签发。针对这种情况总监理工程师应下达《工程暂停令》。

2. 专业监理工程师对事件 2 的处理程序如下。

(1) 签发《监理工程师通知单》。

(2) 责成施工单位进行质量问题调查，对检验不合格的材料，限期清退出场。

(3) 审核、分析质量问题调查报告，判断和确认质量问题产生的原因。

(4) 审核签认质量问题处理方案。

(5) 要求施工单位按既定的处理方案实施处理并进行跟踪检查。

(6) 组织有关人员对处理的结果进行严格的检查、鉴定和验收，写出质量问题处理报告，报建设单位和监理单位存档。

3. 隐蔽工程在隐蔽前 48 小时，铁路建设工程施工单位应以书面形式通知项目监理机构验收，验收合格方可隐蔽。若项目监理机构在验收 24 小时之前未能以书面方式提出延期验收要求，视为其不进行验收，总承包单位可自行验收。

【本章思考题】

1. 什么是铁路建设工程监理合同？

2. 铁路建设工程监理合同的主体有哪些？

3. 铁路建设工程监理合同中监理人的义务有哪些？

4. 铁路建设工程监理合同管理中旁站监理的工作有哪些？

5. 项目监理机构如何进行工程计量和工程款支付签认？

6. 项目监理机构如何编制和实施施工进度控制方案？

7 铁路建设工程索赔

在铁路建设工程施工过程中，由于施工现场条件、气候条件的变化，施工图纸变更，合同条款的更改，施工进度的变化等因素影响，会出现当事人一方由于另一方未履行合同所规定的义务或者出现了应当由对方承担的风险而遭受损失时，向另一方提出赔偿要求的情况。铁路建设工程索赔是工程施工中承发包双方之间经常发生的合同管理业务，正确处理索赔对于有效地确定、控制工程造价，保证工程顺利进行有着重要意义。

 【教学目标】

1. 知识目标

（1）了解铁路建设工程索赔的概念、索赔的依据。

（2）熟悉铁路建设工程索赔的分类。

（3）熟悉铁路建设工程索赔的程序。

（4）掌握铁路建设工程索赔的计算。

（5）掌握铁路建设工程索赔的处理方法。

2. 能力目标

（1）能识别铁路建设工程索赔的种类。

（2）能编写铁路建设工程索赔意向书。

（3）能计算铁路建设工程索赔的费用、工期。

（4）能编写铁路建设工程索赔报告。

（5）能掌握铁路建设工程索赔的处理原则。

3. 素质目标

（1）培养学生积极思考的能力。

（2）培养学生吃苦耐劳、勇于创新的职业精神。

（3）培养学生分析问题、解决问题的能力。

7.1 铁路建设工程索赔概述

7.1.1 铁路建设工程索赔的认知

由于铁路建设工程项目受施工现场条件和气候等不确定因素影响较大，加上设计文件或招标文件中可能的遗漏、不确切、错误等因素，在铁路建设工程施工过程中时常有索赔事件发生，施工单位的索赔能力直接影响到铁路施工企业的生存和发展，因此，工程索赔是铁路工程建设中一项重要的内容，铁路建设工程承发包双方都必须对其给予足够的重视。

1. 铁路建设工程索赔的概念

铁路建设工程索赔是指在铁路建设工程承包合同履行中，一方由于另一方未履行合同所规定的义务或者出现了应当由对方承担的风险而遭受损失时，向另一方提出赔偿要求的行为。在合同履行过程中，对于并非自己的过错，也非自己应承担的风险，而是应由对方承担责任的情况造成的实际损失，一方有向对方提出经济补偿和工期顺延要求的权利。

2. 铁路建设工程索赔的性质

铁路建设工程索赔是一种以法律和工程合同为依据的合情合理的维权行为。它是铁路建设工程合同当事人之间一项普遍存在的正常合同管理业务，是一种正当的权利要求。

（1）铁路建设工程索赔发生的前提是当事人的权利损害或经济损失。

在铁路建设工程施工中，因一方原因造成合同外的额外支出，给另一方带来了经济损失，如管理费、人工费、材料费、机械费等额外增加；或因恶劣天气对工程进度造成不利的影响，虽没有经济上的损失，但造成了承包人的权利损害。为了更好地维护自身正当权益、弥补或减少经济损失，需使用工程索赔的处理方式进行处理。

（2）铁路建设工程索赔的双向性。

铁路建设工程当事人双方索赔的权利是平等的，在我国《标准施工招标文件》中通用合同条款中的索赔是双向的，既包括承包人向发包人的索赔，也包括发包人向承包人的索赔。

在实践中，由于发包人享有的特殊权利，发包人向承包人索赔发生的概率往往较低，发包人始终处于主动和有利的一方。当承包人有违约行为时，发包人可以直接从质保金或工程价款中扣抵。承包人向发包人的索赔，在工程实践中大量发生，处理起来也比较困难。

准确分析索赔原因、提供详细的索赔依据，是承包人获得赔偿的前提。

7.1.2 铁路建设工程索赔的原因

在铁路建设工程施工中，发生索赔的原因很多，主要有以下几种：当事人违约，合同缺陷，合同变更，工程师指令，第三方原因，不可抗力、不利的物质条件，国家法令变更等。

1. 当事人违约

当事人违约通常表现为没有按照合同约定履行自己的义务。

铁路建设工程发包人违约往往表现为：没有向承包人提供合同约定的施工条件、未按照合同约定的期限或数额支付工程款、未能及时发出图纸、指令等。

铁路建设工程承包人违约表现为：未按照合同约定的质量、期限完成施工或由于不当行为给发包人造成损害等。

2. 合同缺陷

在铁路建设工程施工过程中，当出现合同条文不明确、错误、矛盾、遗漏时，导致工程成本增加或工期延长，发包人应给予补偿。

3. 合同变更

当铁路建设工程发包人变更设计、增加或减少工程量、增加或删除部分工程、修改实施计划、变更施工方法、变更施工次序时，造成工期延长或费用损失，发包人应给予补偿。

4. 工程师指令

监理工程师指令有时也会产生索赔。当监理工程师指示承包人加速施工、进行某项工作、更换某种材料、采取某些措施时，如果这些指令不是承包人的原因造成的，发包人应予以补偿。

5. 第三方原因

工程环境变化，包括法律、市场物价、货币兑换率、自然条件的变化等第三方原因也会造成工程索赔的发生。

6. 不可抗力、不利的物质条件

不可抗力分为自然事件和社会事件。自然事件主要是施工过程中不可避免发生且不能克服的自然灾害，包括地震、海啸、瘟疫、洪水等；社会事件则是在铁路建设工程施工过程中出现的国家政策、法律、法令的变更，以及战争、罢工、禁运等。

不利的物质条件通常是指铁路建设工程承包人在施工现场遇到的不可预见的自然物质条件、非自然的物质障碍和污染物，包括地质和水文条件等。

7. 国家法令变更

国家法令变更如提出进口限制、外汇管制、税率提高等，这些都可能引起施工费用增加。按国际惯例，发生这些情况时，允许给予承包商补偿。变更的时间标准，是从投标截止日期（一般均为开标日期）之前的第 28 日开始。

7.1.3 铁路建设工程索赔依据

在铁路建设工程合同实施过程中，一旦索赔事件发生，承包人收集最能说明问题、最具有说服力的依据，是得到发包人的补偿，维护自身正当合法权益的关键。

在铁路建设工程施工过程中可以作为索赔依据的如下。

1. 合同文件

（1）合同协议书。

（2）中标通知书。

（3）投标书及其附件。

（4）合同专用条款。

（5）合同通用条款。

（6）标准、规范及有关技术文件。

（7）图纸。

（8）工程量清单。

（9）工程报价单或预算书。

合同履行中，发包人和承包人有关工程的洽商、变更等书面协议或文件视为合同的组成部分。

2. 法律法规和标准、规范

1）合同订立时依据的法律法规

合同订立时适用的国家法律和行政法规。需要明示的法律、行政法规，由双方在专用条款中约定。

2）适用标准、规范

承发包双方在专用条款内约定适用的国家标准和规范。

3. 会议纪要

在标签会议上和在决标前的澄清会议上，铁路建设工程发包人对承包人提出的问题的书面答复，或双方签署的会议纪要；在合同实施过程中，发包人、监理工程师和各承包人定期会商，以及研究实际情况，作出决议和决定。这些可作为合同的补充，但会议纪要须经各方签署才有法律效力。

通常，会谈后按会谈结果起草会谈纪要交各方面审查，如有不同意见或反驳，承包人须在规定期限内提出。超过这个期限不作答复即视为认可纪要的内容。

一般的会谈纪要和谈话单方面的记录，只要对方承认，也能作为依据。

4. 施工进度资料

施工进度资料包括总进度计划，批准的详细进度计划、月进度计划表、实际施工进度记录等。这些资料不仅是工程的施工顺序、各工序的持续时间，还包括劳动力、管理人员、施工机械设备、现场设施的安排计划和实施，材料的采购、运输、使用计划和实际情况等，是工程变更索赔的重要依据。

5. 来往信函

来往信函包括发包人的变更指令，各种认可信、通知、对承包人问题的答复信等相关信函，需注意的是，商讨性的和意向性的信件不能作为变更指令或合同变更文件。

在施工中，承包人对发包人或工程师的口头指令和对工程问题的处理意见要及时索取书面证据。即便承发包双方相距很近，天天见面，也应以信件或其他书面方式交流信息，这样有"根"有"据"，对双方都有利。

来信的信封也要留存，信封上的邮戳记载着发信和收信的准确日期，起证明作用。承包商的回信都要复印留底。所有信件都应建立索引后存档，直到工程全部竣工，合同结束。

6. 施工现场的工程文件

（1）施工记录，如施工备忘录、施工日报、工长或检查员的工作日志、监理工程师填写的施工记录和各种签证等。它们能反映工程施工中的各种情况。

（2）劳动力数量与分布、设备数量与使用、进度、质量、特殊情况及处理等。

（3）各种工程统计资料，如周报、旬报、月报，这些报表中包括本期中及本期末的工程实际和计划的对比、质量分析报告、合同履行情况评价等。

这些文件为工程索赔提供了详细、准确的信息。

7. 铁路建设工程中各种报告

铁路建设工程中各种报告包括工程水文地质勘探报告、土质分析报告、文物和化石的发现记录、地基承载力报告、材料试验报告、材料设备开箱验收报告、隐蔽工程验收报告、工程验收报告等。

8. 现场交接记录

现场交接记录包括图纸和各种资料交接记录，如有监理工程师签字的送停电、送停水、道路开通和封闭记录等。合同双方在工程施工过程中，各种文件和资料的交接都应有一定的手续，须专门记录。这些记录应注明交接日期，场地平整情况，水、电、路情况等。

9. 各种材料、设备进出场和使用记录

各种材料、设备进出场和使用记录包括采购、订货、运输、进场等方面的记录、凭证和报表等。

10. 工程照片

工程照片作为索赔依据是最清楚、最直接的。照片上应注明日期。索赔中常用的照片有：工程进度照片、隐蔽工程隐蔽前照片、发包人责任造成返工和工程损坏照片。

11. 天气报告

施工中遇有恶劣天气或不可预见的气候条件时，应做记录，并由监理工程师签证认可。

12. 各种费用资料

各种费用资料包括工资单、工资报表、工程款支付凭证、各种款项支付凭证、工程成本报表等。

13. 市场信息资料

市场信息资料包括市场价格、官方的物价指数、工资指数、中央银行的外汇比率等材料。

14. 国家法律、法令、政策文件

在铁路建设工程索赔报告中应附上所引用法律、法令、政策文件的文号、条款号。

【案例】

某铁路桥涵工程，施工图纸已齐备，现场准备工作已完成，完全满足开工条件。基础土方施工时，在合同中未标明有坚硬岩石的地方遇到很多的坚硬岩石，使开挖工作遇到困难，由此造成了实际工期比计划工期增加了 2 个月。针对工期增加的 2 个月，承包方应如何处理？

【解答】

承包方针对案例中的工期延长事件应做以下工作。

（1）分析工期延长的原因。工期延长的原因，是发包人未能提供给施工单位准确的地质勘察资料，而造成工期延长 2 个月，属非承包方原因。

（2）分析是否需要提出索赔。工期延长是发包方地质勘察资料不准确造成的，结合铁路建设工程索赔概念，在工程承包合同履行中，当事人一方由于另一方未履行合同所规定的义务或者出现了应当由对方承担的风险而遭受损失时，应向另一方提出赔偿要求。

（3）收集索赔依据。本案例中可以作为索赔依据的有：合同文件，地勘资料，施工日志，施工进度计划，修改后的路基处理设计文件，劳动力进场记录，机具设备进场记录，工程量清单计价文件，有关路基处理会谈、洽商记录。

（4）向发包人提出 2 个月的工期索赔和相关费用的索赔。

7.2 铁路建设工程索赔程序

7.2.1 铁路建设工程索赔分类

铁路建设工程索赔可以按当事人进行分类，也可以按索赔事件的性质进行分类，还可以按索赔的目的、索赔的合同依据、索赔的处理方式进行分类。

1. 按铁路建设工程索赔当事人分类

（1）承包人与发包人之间的索赔。

（2）承包人与分包人之间的索赔。

（3）承包人与供货人之间的索赔。

2. 按铁路建设工程索赔事件的性质分类

1）工期延误索赔

由于铁路建设工程发包人未能按合同规定提供施工条件，如未及时交付设计图纸、技术资料、场地、道路等；或非承包人原因，发包人指示停止工程实施；或其他不可抗力因素作用等原因，造成工程中断，或工程进度放慢，使工期拖延，承包人对此提出索赔。

2）不可预见的外部障碍或条件索赔

如果在施工期间，承包人在现场遇到一个有经验的承包人通常不能预见到的外界障碍或条件，例如地质情况与预计的情况（发包人提供的资料）不同，出现未预见到的岩石、淤泥或地下水等。

3）异常恶劣的气候条件索赔

《建设工程施工合同（示范文本）》（GF—2017—0201）中规定，异常恶劣的气候条件是指在施工过程中遇到的，有经验的承包人在签订合同时不可预见的，对合同履行造成实质性影响的，但尚未构成不可抗力事件的恶劣气候条件。合同当事人可以在专用合同条款中约定异常恶劣的气候条件的具体情形。

承包人应采取克服异常恶劣的气候条件的合理措施继续施工，并及时通知发包人和监理人。监理人经发包人同意后应当及时发出指示，指示构成变更的，按变更约定办理。承包人因采取合理措施而增加的费用和（或）延误的工期由发包人承担。

4）工程变更索赔

由于铁路建设工程发包人或监理工程师要求修改设计、增加或减少工程量、增加或删除部分工程、修改实施计划、变更施工次序，造成工期延长和费用损失，承包人对此提出索赔。

5）工程终止索赔

由于某种原因，如不可抗力因素影响、发包人违约，使铁路建设工程被迫在竣工前停止实施，并不再继续进行，使承包人蒙受经济损失，导致承包人提出索赔。

6）其他索赔

如货币贬值、汇率变化，物价和工资上涨、政策法令变化、发包人推迟支付工程款等原因引起的索赔。

3. 按铁路建设工程索赔目的分类

1）工期索赔

工期索赔即要求发包人延长工期，推迟竣工日期。

2）费用索赔

费用索赔即要求发包人补偿费用损失，调整合同价格。

4. 按铁路建设工程索赔的合同依据分类

1）合同内索赔

合同内索赔即索赔以合同条文作为依据，发生了合同规定的须给承包人补偿的干扰事件，承包人根据合同规定提出索赔要求，这是最常见的索赔。

2）合同外索赔

合同外索赔指铁路建设工程施工过程中发生的干扰事件的性质已经超过合同范围。在合同中找不出具体的依据，一般必须根据适用于合同关系的法律解决索赔问题。

5. 按铁路建设工程索赔的处理方式分类

1）单项索赔

单项索赔是针对某一干扰事件提出的。索赔的处理是在合同实施过程中，干扰事件发生时，或发生后立即进行。它由合同管理人员处理，并在合同规定的索赔有效期内向发包人提交索赔意向书和索赔报告。

2）综合索赔

综合索赔又叫一揽子索赔。这是在国际工程中经常采用的索赔处理和解决方法。一般在工程竣工前，承包人将工程过程中未解决的单项索赔集中起来，提出一份总索赔报告。

合同双方在工程交付前或交付后进行最终谈判，以一揽子方案解决索赔问题。

7.2.2 铁路建设工程索赔程序概述

当索赔事件发生后，铁路建设工程承包人应根据《建设工程施工合同（示范文本）》中规定的索赔程序，持证明索赔事件发生的有效证据和依据的正当理由，向发包人递交索赔通知，提交索赔报告。

铁路建设工程发包人应按合同约定的时间对承包人提出的索赔进行答复和确认，具体处理程序如下。

1. 承包人的索赔

（1）承包人在知道或应当知道索赔事件发生后 28 日内，向监理人递交索赔意向通知书，并说明发生索赔事件的事由；承包人未在前述 28 日内发出索赔意向通知书的，丧失要求追加付款和（或）延长工期的权利，发包人有权拒绝承包人的索赔要求，承包人不能获得工程款的追加和工期的顺延。

（2）承包人发出索赔意向通知后的 28 日内，向监理人正式递交索赔报告；索赔报告应详细说明索赔理由及要求追加的付款金额和（或）延长工期，并附必要的记录和证明材料。承包人还应在现场和发包人认可的其他地点保持证明索赔可能需要的记录。

（3）索赔事件具有持续影响的，承包人应按合理时间间隔继续递交延续索赔通知，说明持续影响的实际情况和记录，列出累计的追加付款金额和（或）工期延长天数。

（4）在索赔事件影响结束后 28 日内，承包人应向监理人递交最终索赔报告，说明最终要求索赔的追加付款金额和（或）延长的工期，并附必要的记录和证明材料。

2. 对承包人索赔的处理

（1）监理人应在收到索赔报告后 14 日内完成审查并报送发包人。监理人对索赔报告存在异议的，有权要求承包人提交全部原始记录副本。

（2）发包人应在监理人收到索赔报告或有关索赔的进一步证明材料后的 28 日内，由监理人向承包人出具经发包人签认的索赔处理结果。发包人逾期答复的，则视为认可承包人的索赔要求。

（3）承包人接受索赔处理结果的，索赔款项在当期进度款中进行支付；承包人不接受索赔处理结果的，按照《建设工程施工合同（示范文本）》中争议解决条款的约定处理。

3. 承包人提出索赔的期限

承包人按约定接受了竣工付款证书后，应被视为已无权再提出在工程接收证书颁发前所发生的任何索赔。承包人提交的最终结清申请单中，只限于提出工程接收证书颁发后发生的索赔。提出索赔的期限自接受最终结清证书时终止。

4. 发包人的索赔

根据合同约定，发包人认为有权得到赔付金额和（或）延长缺陷责任期的，监理人应向承包人发出通知并附有详细的证明。发包人应在知道或应当知道索赔事件发生后 28 日内通过监理人向承包人提出索赔意向通知书，发包人未在前述 28 日内发出索赔意向通知书的，丧失要求赔付金额和（或）延长缺陷责任期的权利。发包人应在发出索赔意向通知书后 28 日内，通过监理人向承包人正式递交索赔报告。

5. 对发包人索赔的处理

（1）承包人收到发包人提交的索赔报告后，应及时审查索赔报告的内容、查验发包人证明材料。

（2）承包人应在收到索赔报告或有关索赔的进一步证明材料后 28 日内，将索赔处理结果答复发包人。如果承包人未在上述期限内作出答复的，则视为对发包人索赔要求的认可。

（3）承包人接受索赔处理结果的，发包人可从应支付给承包人的合同价款中扣除赔付的金额或延长缺陷责任期；发包人不接受索赔处理结果的，按《建设工程施工合同（示范文本）》中争议解决条款的约定处理。

7.2.3 铁路建设工程索赔意向通知书

索赔意向通知书是指某一索赔事件发生后，承包人认识到该事件会给工程带来额外损失，但还不能确定产生额外损失的数量时采取的一种积极的、维护自身利益的文件。

1. 索赔意向通知书的内容

（1）索赔事由名称。

（2）事件发生时间。

（3）事件发生的原因及性质。

（4）事件发生带来工期和费用上的损失。

（5）事件对工程的影响。

（6）索赔的依据。

索赔意向通知书无须附详细的计算资料和证明，使现场工程师通过意向书就可以把整个事件的起因、地点及索赔方向有大致了解即可。索赔意向通知书应根据合同要求抄送、抄报相关单位。

2. 索赔意向通知书的确认

（1）索赔意向通知书递交监理工程师后应经主管监理工程师签字确认，必要时承包单位负责人、现场负责人及现场监理工程师、主管监理工程师要一起到现场核对。

（2）索赔意向通知书送交监理工程师签字确认后要及时收集证据，收集的证据要确凿，理由要充分，所有工程费用和工期索赔应附有现场监理工程师认可的记录和计算资料及相关的证明材料。

3. 索赔意向通知书格式

承包人编制的索赔意向通知书如图 7-1 所示。

工程索赔意向通知书

（工程名称）

施工单位	××××公司	监理单位	××××公司

致××××甲方代表（项目监理机构）

　　我公司承建的×××工程，于×年×月×日开工，工程目前已经施工完成××××××，×年×月×日发生了×××事件，导致工程无法顺利进行，工程进度拖延（或×××费用增加）。

　　损失如下：

　　1.

　　2.

　　3.

　　…………

　　鉴于上述事件的发生，按照合同第×款第×项规定，我公司向你方提出工期索赔（或费用索赔要求），具体的索赔数据与计算书在随后的索赔报告中提交。

索赔单位负责人（签字）：　　　　　　　　年　　月　　日

项目监理机构签收人（签字）：　　　　　　年　　月　　日

图 7-1　承包人编制的索赔意向通知书

【案例】

某铁路新线施工，合同工期是 2019 年 5 月 1 日至 2019 年 12 月 31 日，施工过程中由于建设资金不到位，业主负责供应的材料和设备断档，导致 2019 年 6 月至 7 月现场停工待料，该铁路将通车时间推迟到 2020 年 3 月 31 日。承包人应如何向发包方提出索赔要求？

【解答】

承包人应按下列程序向发包人提出索赔要求。

1. 分析索赔事件发生的原因

索赔事件的产生是由于建设资金不到位，业主负责供应的材料和设备断档，导致2019年6月至7月现场停工待料。属非承包人原因，承包人应向发包方提出索赔。

2. 承包人的索赔程序

（1）采取积极措施，防止索赔事件的扩大和延伸，预测索赔事件的发展动态。

（2）对照合同文件的条款，查找可以作为向发包人进行索赔的证据材料。

（3）在合同约定日期没有收到建设资金、材料、设备之后的28日内，向发包人提交索赔意向通知书，说明索赔事由、索赔依据、索赔金额及工期天数，附现场相关记录和其他资料。

（4）在索赔意向通知书发出后的28日内，向发包人提交补偿经济损失和延长工期的索赔报告及相关资料；索赔报告详见7.3铁路建设工程索赔计算的相关内容。

（5）因事件持续发生，按月继续向发包人提交索赔报告。

（6）资金、材料、设备到位后的28日内，向发包人提交最终索赔报告。

3. 编制索赔意向通知书

承包人根据索赔事件的索赔证据和材料，向发包人提交索赔意向通知书，工程索赔意向通知书的编写如图7-2所示。

工程索赔意向通知书

×××铁路线施工

施工单位	××××公司	监理单位	××××公司

致×××××甲方代表（项目监理机构）

　　我公司承建的×××铁路线施工工程，于2019年5月1日开工，因建设资金不到位，你方提供的材料、设备断档，导致工程无法顺利进行，工程目前处于停工待料阶段。工程不能正常进行，人员、机具设备窝工。

　　损失如下：

　　1. 工程从6月1日开始到目前为止，进度滞后，工期需顺延。

　　2. 人员、机具设备窝工，需给予费用补偿。

　　鉴于上述事件的发生，按照合同第×款第×项规定，我公司向你方提出工期索赔和费用索赔要求，具体的索赔数据与计算书在随后的索赔报告中提交。

索赔单位负责人（签字）：×××　　　　　　　　　　　　2019年　7月15日

项目监理机构签收人（签字）：×××　　　　　　　　　　年　　月　　日

图7-2　工程索赔意向通知书的编写

7.3 铁路建设工程索赔计算

7.3.1 铁路建设工程可索赔的项目

铁路建设工程索赔事件发生后，承包人和发包人均应根据合同条款规定，确定可索赔的项目，常见的工程索赔项目如下。

1. 合同文件所引起的索赔

（1）合同文件条款不明确、不全、错误、矛盾、有歧义。

（2）合同文件时效性发生改变。

（3）设计图纸错误、技术规范错误。

（4）双方签订新的变更协议、备忘录、修正案、发包人下达工程变更指令。

（5）工程量表中的错误。

2. 铁路建设工程施工中发生的索赔

（1）图纸变更或延期交付。

（2）增减工程量。

（3）变更施工工艺。

（4）变更工程质量要求。

（5）发包人、工程师指令错误。

（6）合同规定外的检测、试验。

（7）地质条件变化。

（8）指定分包商违约或延误造成的索赔。

3. 关于铁路建设工程价款方面的索赔

（1）政府部门价格调整。

（2）国家政策变化。

（3）拖延支付工程款。

4. 特殊风险和不可抗拒灾害索赔

1）特殊风险索赔

特殊风险一般是指战争、敌对行动、入侵、核污染及冲击波破坏、叛乱、暴动、军事政变或篡权、内战，等等。

2）人力不可抗拒灾害索赔

人力不可抗拒灾害主要是指自然灾害，由这类灾害造成的损失应向承保的保险公司索赔。在许多合同中承包人以发包人和承包人共同的名义投保工程一切险，这种索赔可同发包人一起发起。

5. 铁路建设工程暂停和合同中止的索赔

1）工程暂停

铁路建设工程施工过程中，监理工程师有权下令暂停施工，如果暂停命令是非承包人违约或其他意外风险造成的，承包人不仅可以获得工期延展的权利，还可以因停工损失获得合理的额外费用补偿。

如果暂停令因承包人原因下达，发包人可以从承包人的工程款中扣减而获得索赔。

2）铁路建设工程中止合同

铁路建设工程中止合同和暂停铁路建设工程的意义不同。中止合同是合同非正常终止，一种情况是由于意外风险、不可抗力造成被迫中止；另一种情况是由于承包人或发包人违约造成合同提前终止。

无论哪种原因，无责任的受害方可因其蒙受的经济损失向对方提出索赔。

7.3.2 铁路建设工程工期索赔成立条件

铁路建设工程工期索赔是指由于非承包人原因造成工期延误，承包人要求发包人合理顺延合同工期，避免承担工期延误责任的一种行为。

铁路建设工程施工过程中，常常发生一些未能预见的干扰事件使施工不能顺利进行，造成工期延误。发生工期延误，承包人能否获得工期索赔，要以干扰事件的性质来定，铁路建设工期索赔成立的条件如下。

1. 工期延误是否属于可原谅的延期

因承包人责任造成铁路建设工程工期延误的，属不可原谅的延期，不能获得索赔；只有承包人不承担任何责任的延误，才是可原谅的延期。

铁路建设工程工期延误事件属于承发包双方责任时，监理工程师应进行详细分析，分清比例，只有可原谅延期部分，才能批准顺延合同工期。

可原谅延期，分为可原谅并给予补偿费用的延期和可原谅不给予补偿费用的延期。不给予补偿费用的延期是指非承包人责任的影响并未导致施工成本的额外支出，大多属于发包人应承担风险责任事件的影响，比如异常恶劣的气候条件影响的停工等。

2. 被延误的工作是否属于铁路建设工程施工进度计划关键线路上的施工内容

只有位于关键线路上工作内容的滞后，才会影响到竣工日期，但有时也应注意，既要看被延误的工作是否在批准进度计划的关键线路上，又要详细分析这一延误对后续工作的影响。如果对非关键线路上工作的影响时间较长，超过了该工作可用于自由支配的时间，也会导致进度计划中非关键线路转化为关键线路，其滞后将导致总工期的拖延。此时，应充分考虑该工作的自由时间，给予相应的工期顺延，并要求承包人修改进度计划。

7.3.3 铁路建设工程工期索赔计算

铁路建设工程工期索赔有网络图分析法和比例计算法、赢值法三种。

1. 网络图分析法

网络图分析法是利用进度计划网络图，分析关键线路。如果延误的工作为关键工作，则总延误的时间为批准延期的工期；如果延误的工作为非关键工作，当该工作由于延误超过时差限制而成为关键工作时，可以批准延误时间与时差的差值，若该工作延误后仍为非关键工作，则不存在工期索赔问题。

2. 比例计算法

铁路建设工程施工中，干扰事件仅影响某些单项工程、单位工程或分部分项工程的工期，确定其对总工期的影响可以采用比例计算法，计算出工期索赔值。

$$总工期索赔值 = \frac{受干扰事件影响的工作的合同价格}{合同总价} \times 受干扰部分的工作延期时间$$

【例 7-1】 某铁路建设工程施工中，发包人变更路基设计图纸的标准，使单项工程延期 10 周，该单项工程合同价为 80 万美元，计算整个工程合同总价为 400 万美元。计算承包商提出工期索赔值。

【解答】

总工期索赔值 $\Delta T = (80/400) \times 10 = 2$（周）

比例计算法虽然计算简单、方便，不需要进行复杂网络分析，在意义上也容易接受，但也有其不合理、不科学的地方。例如，从网络图分析法可以看出，关键线路上工作的拖延才能导致总工期的延长，非关键线路上工作的拖延通常对总工期没有影响，比例计算法对此并不考虑；比例计算法对有些情况也不适用，例如发包人变更施工次序，监理工程师指令采取加速施工措施等，就不能采用这种方法进行工期索赔的计算，最好采用网络图分析法，否则会导致错误的结果。

3. 赢值法

赢值法就是在横道图或时标网络计划的基础上，求出三种费用，以确定施工中的进度偏差和成本偏差的方法。

（1）拟完工程计划费用（BCWS）。其指进度计划安排在某一给定时间内所应完成的工程内容的计划费用。

（2）已完工程实际费用（ACWP）。其指在某一给定时间内实际完成的工程内容所实际发生的费用。

（3）已完工程计划费用（BCWP）。其指在某一给定时间内实际完成的工程内容的计划费用。

进度偏差 = 拟完工程计划费用 - 已完工程计划费用

其中：进度偏差为正值表示进度拖延，为负值表示进度提前。这种方法计算的进度偏差是用金额数量表示的，不是用天数表示的。

7.3.4 铁路建设工程费用索赔计算

铁路建设工程费用索赔以补偿实际损失为原则，对发包人不具有任何惩罚性质。实际损失包括直接损失和间接损失两个方面，因此，所有干扰事件引起的损失及这些损失的计算，都应有详细的具体证据，并在铁路建设工程索赔报告中出具这些证据。

1. 铁路建设工程索赔费用的组成

1）人工费

人工费包括增加工作内容的人工费、停工损失费和工作效率降低的损失费等的累计，其中增加工作内容的人工费应按照计日工费计算，而停工损失费和工作效率降低的损失费按窝工费计算，窝工费的标准应在合同中约定。

2）材料费

材料费包括由于索赔事项的材料实际用量超过计划用量而增加的材料费；由于客观原因材料价格大幅度上涨；由于非承包方责任的工程延误导致的材料价格上涨和材料超期储存费用。

3）设备费

设备费可采用机械台班费、机械折旧费、设备租赁费等几种形式。当工作内容增加引起设备索赔时，设备费的标准按照机械台班费计算。因窝工引起的设备费，当施工机械属于施工企业自有时，按照机械折旧费计算索赔费用；当施工机械是施工企业从外部租赁时，索赔费用按照设备租赁费计算。

4）保函手续费

铁路建设工程延期时，保函手续费相应增加。反之，取消部分工程自发包人与承包人达成提前竣工协议时，承包人的保函金额相应折减，则计入合同价内的保函手续费也相应扣减。

5）保险费

保险费与铁路建设工程工期延误有关，由发包人引起时，应由发包人承担。

6）利息

铁路建设工程索赔费用中的利息部分包括：拖期付款利息；由于工程变更的工程延误增加投资的利息；索赔款的利息；错误扣款的利息。这些利息的具体利率，有这样几种规定：按当时的银行贷款利率；按当时的银行透支利率；按合同双方协议的利率。

7）管理费

管理费分为工地管理费和公司管理费两部分。前者是指承包人完成额外工程、索赔事项工作及工期延长期间的工地管理费，但对部分窝工损失索赔时，因其他工程仍然进行，可能不予计算工地管理费。公司管理费主要指工程延误期间公司一级增加的管理费。

8）利润

由于铁路建设工程范围的变更和施工条件变化引起的索赔，承包人可列入利润。索赔利润的款额计算通常是与原报价单中的利润百分率保持一致，即在直接费用的基础上增加原报价单元中的利润率，作为该项索赔的利润。

2. 铁路建设工程索赔费用的计算方法

铁路建设工程索赔费用的计算方法很多，应根据铁路建设工程具体情况不同而采用不同的方法。

1）总费用法

计算出铁路建设工程索赔的总费用，减去原合同报价，即得索赔金额。这种计算方法简单但不尽合理，因为实际完成工程的总费用中，可能包括由于承包人的原因（如管理不善，材料浪费，效率太低等）所增加的费用，而这些费用是属于不该索赔的；另外，原合同价也可能因工程变更或单价合同中的工程量变化等原因而不能代表真正的工程成本，因此一般不常用。

在某些特定条件下，当需要具体计算索赔金额很困难，甚至不可能时，则也有采用总费用法的。这种情况下，应具体核实已开支的实际费用，取消其不合理部分，以求接近实际情况。

2）修正的总费用法

修正的总费用法是对总费用法的改进，在总费用计算的基础上，去掉一些不确定的可能因素，对总费用法作出相应的修正，以使结果更趋合理，主要修正的内容如下。

一是计算索赔金额的时期仅限于受事件影响的时段，而不是整个工期。

二是只计算在该时期内受影响项目的费用，而不是全部工作项目的费用。

三是不直接采用原合同报价，而是采用在该时期内如未受事件影响而完成该项目的合理费用。

3）实际费用法

实际费用法即根据铁路建设工程索赔事件所造成的损失或成本增加，按费用项目逐项进行分析、计算索赔金额，然后将各费用项目的索赔值汇总的方法。

这种方法比较复杂，但能客观地反映承包方的实际损失，比较合理，易于被当事人接受，其在国际工程中被广泛采用。

实际费用法是按每个索赔事件所引起损失的费用项目分别分析、计算索赔值的一种方法，其通常分三步。第一步，分析每个或每类索赔事件所影响的费用项目，不得有遗漏。这些费用项目通常应与合同报价中的费用项目一致。第二步，计算每个费用项目受索赔事件影响的数值，通过与合同价中的费用价值进行比较即可得到该项费用的索赔值。第三步将各费用项目的索赔值汇总，得到总费用索赔值。

【例 7-2】

某铁路线桥梁工程的施工合同约定，施工现场主导施工机械一台，由施工企业租赁，台班单价为 300 元/台班，租赁费为 100 元/台班，人工工资为 60 元/工日，窝工补贴为 20 元/工日，以人工费为基数的综合费率是 35%，在施工过程中，发生了如下事件。

① 因出现异常恶劣天气导致场外道路中断，工程停工 5 天，人员窝工 30 工日。

② 因恶劣天气导致场外道路中断抢修，用工 20 工日。

③ 场外大面积停电，造成铁路线施工停工 3 天，人员窝工 10 工日。

以上事件，承包人可向发包人索赔的费用是多少？

【解答】

事件①中，异常恶劣天气不是承包人和发包人的原因，而且承包人没有增加工作，所以，承包人只能索赔工期 5 天，不能索赔窝工费用。

事件②中，"中断抢修"属承包商增加工作内容，应按计日工计算，即 $20 \times 60 = 1\,200$ 元，索赔的综合费用是 $1\,200 \times 35\% = 420$ 元。

事件③中，大面积停电不属于承包商原因，可进行费用索赔，索赔的窝工费是 $20 \times 10 = 200$ 元，索赔的机械闲置费是 $3 \times 100 = 300$ 元。

承包人应向发包人索赔的费用是 $1\,200 + 420 + 200 + 300 = 2\,120$ 元。

7.3.5 铁路建设工程索赔报告

1. 铁路建设工程索赔报告的内容

索赔报告的具体内容，随该索赔事件的性质和特点而有所不同，一个完整的索赔报告应包括以下四个部分。

1）总论部分

总论部分一般包括以下内容：序言、索赔事项概述、具体索赔要求、索赔报告编写及审核人员名单。

总论部分概要地论述索赔事件的发生日期与过程；施工单位为该索赔事件所付出的努力和附加开支；施工单位的具体索赔要求。在总论部分，附上索赔报告编写组主要人员及审核人员的名单，注明有关人员的职称、职务及施工经验，以表示该索赔报告的严肃性和权威性。总论部分的阐述要简明扼要。

2）根据部分

本部分主要是说明索赔人具有的索赔权利，这是索赔能否成立的关键。根据部分的内容主要来自铁路建设工程的合同文件，并参照有关法律规定。该部分中承包方应引用合同中的具体条款，说明自己理应获得经济补偿或工期延长。

根据部分应包括以下内容：索赔事件的发生情况；已递交索赔意向书的情况；索赔事件的处理过程；索赔要求的合同根据；所附的证据资料。

根据部分应按照索赔事件发生、发展、处理和最终解决的过程写，并明确全文引用的有关合同条款，使建设单位和监理工程师能完整地、有逻辑地了解索赔事件的始末，并充分认识该项索赔的合理性和合法性。

3）计算部分

索赔计算的目的，是以具体的计算方法和计算过程，说明自己应得经济补偿的金额或延长时间。如果说根据部分的任务是解决索赔能否成立，则计算部分的任务就是决定应得到多少索赔金额和工期。前者是定性的，后者是定量的。在金额计算部分，承包方必须阐明下列问题。

（1）索赔款的要求总额。

（2）各项索赔款的计算，如额外开支的人工费、材料费、管理费和损失利润。

（3）指明各项开支的计算依据及证据资料，承包方应注意采用合适的计价方法。

至于采用哪一种计价法，应根据铁路建设工程索赔事件的特点及掌握的证据资料等因素来确定。其次，应注意每项开支款的合理性，并指出相应的证据资料的名称及编号。切忌采用笼统的计价方法和不实的开支款额。

4）证据部分

证据部分包括该索赔事件所涉及的一切证据资料，以及对这些证据的说明，证据是索赔报告的重要组成部分，没有详细、可靠的证据，索赔是不能成功的。

（1）索赔证据的基本要求。

索赔证据的基本要求包括：真实性；全面性；法律证明效力；及时性。

（2）证据的种类。

① 招标文件、合同文本及附件。

② 来往文件、签证及更改通知等。

③ 各种会谈纪要。

④ 施工进度计划和实际施工进度表。

⑤ 施工现场工程文件。

⑥ 工程照片。

⑦ 气象报告。

⑧ 工地交接班记录。

⑨ 材料和设备采购、订货运输使用记录等。

⑩ 市场行情记录。

⑪ 各种会计核算资料。

⑫ 国家法律、法令、政策文件等。

在引用证据时，承包方要注意该证据的效力或可信程度。为此，对重要的证据资料最好附以文字证明或确认件。例如，对一个重要的电话内容，仅附上自己的记录本是不够的，最好附上经过双方签字确认的电话记录；或附上发给对方要求确认该电话记录的函件，即使对方未给复函，亦可说明责任在对方，因为对方未复函确认或修改，按惯例应理解为他已默认。

2. 铁路建设工程索赔报告格式

铁路建设工程索赔报告格式样本如图 7-3 所示。

××工程索赔报告

前言：

（工程概况、承包人针对××工程编制施工组织设计内容及相应的保证措施。）

索赔事项：

（索赔事项描述、索赔要求、索赔计算。）

索赔报告编写及审核人员名单

监理审核：

（监理工程师在收到承包商的索赔报告后，结合合同条款和实际情况后形成的审核意见。）

业主审核：

（发包人根据监理工程师的审核意见，审核承包人提供的证据资料，给出是否补偿的决定。）

附：索赔依据和索赔证据

图 7-3 铁路建设工程索赔报告格式样本

【案例】

某城市地铁工程，发包人与承包人签订了施工合同，合同工期 730 天。为保证施工安全，合同中规定承包人应安装满足最小排水能力 1.5 t/min 的排水设施。合同中还规定，施工中由于发包方原因造成工程停工或窝工，发包人对施工单位自有机械按台班单价的 60% 给予补偿，对承包方租赁机械按租赁费给予补偿（不包括转运费）。该地铁工程在施工过程中发生以下两项事件。

事件 1：施工过程中发包人通知承包人，地下防水工程（关键工作）需进行设计变更，由此造成承包方的机械设备窝工 12 天。

事件 2：施工过程中遇到了非季节性大暴雨天气，由于地下水位不断上升，原有排水设施满足不了排水要求，施工工区涌水量逐渐增加，造成施工设备被淹没，为保证施工安全，发包人指令承包人紧急购买额外排水设施，尽快恢复施工，承包人按发包人要求购买并安装了两套 1.5 t/min 的排水设施，两套设施合计 15 900 元，承包人额外的排水工作劳务费是 8 650 元。

施工机械设备台班单价如表 7-1 所示。

表7-1 施工机械设备台班单价

项　目	机械台班单价/(元/台班)
9 m³空压机（自有）	310
塔吊（自有）	1 000
混凝土泵车（租赁）	150（不含转运费）
25 t履带吊车（租赁）	600（不含转运费）

针对上述事件，承包人可以向发包人索赔的项目有哪些？承包人能获得的工期天数及费用金额是多少？承包人怎样编制索赔报告？

【解答】

（1）针对上述发生的事件，承包人确定可索赔的项目如下。

事件1可获得的索赔有：

① 自有机械设备费用的补偿和租赁机械设备的补偿；

② 因发包人原因变更设计，施工单位还应获得12天的工期补偿。

事件2可获得的索赔有：

① 索赔额外增加的排水设施费；

② 索赔额外增加的排水工作劳务费。

（2）向发包人发出索赔意向通知书。

（3）查找索赔依据和证据。

（4）进行索赔计算。

① 事件1。

自有机械设备费：$310 \times 12 \times 60\% = 2\ 232$（元）；

$1\ 000 \times 12 \times 60\% = 7\ 200$（元）。

租赁机械设备费：$1\ 500 \times 12 = 18\ 000$ 元；

$600 \times 12 = 7\ 200$ 元。

可获得补偿的施工机械设备费如表7-2所示。

表7-2 可获得补偿的施工机械设备费

项　目	机械台班单价/(元/台班)	时间/天	金额/元
9 m³空压机（自有）	310	12	2 232
塔吊（自有）	1 000	12	7 200
混凝土泵车（租赁）	1 500（不含转运费）	12	18 000
25 t履带吊车（租赁）	600（不含转运费）	12	7 200
合计			34 632

② 事件2。

因为排水设备是发包人所有，核定的索赔费用应为：

$15\ 900 + 8\ 650 = 24\ 550$（元）。

③ 事件1、事件2费用索赔合计为：

34 632 + 24 550 = 59 182（元）。

④ 因非季节性大暴雨而被迫停工5天，因承包人采取赶工措施，已经赶回，所以，承包人最后应获得12天的工期索赔和59 182元的费用索赔。

（5）编制索赔报告。

索赔报告如下。

×××城市地铁工程索赔报告

前言：

×× 年×月×日，×××公司（承包人）参与了由×××公司（发包人）的××地铁工程合同施工任务。具体工程概况（略）。

承包人针对××城市地铁工程编制施工组织设计内容及相应的保证措施（略）。

由于发包人变更路基设计、非季节性暴雨，造成我公司窝工和停工，致使工期延误，造成现场直接经济损失达六万元左右。

索赔事项：

事件1. 施工过程中发包人通知承包人，地下防水工程（关键工作）需进行设计变更，由此造成承包方的机械设备窝工12天。

事件2. 施工过程中遇到了非季节性大暴雨天气，由于地下断层互通及地下水位不断上升等不利条件，原有排水设施满足不了排水要求，施工工区涌水量逐渐增加，为保证施工安全和施工进度，发包人指令承包人紧急购买额外排水设施，以尽快恢复施工，承包人应发包人要求购买并安装了两套1.5 t/min的排水设施，两套设施合计15 900元，恢复了施工，承包人额外的排水工作劳务费是8 650元。

1. 索赔要求

由于事件原因是发包人变更设计和不可预见的恶劣天气及地质条件，因此，我单位向你方提出索赔要求。

2. 索赔计算

（1）事件1。

自有机械设备费：$310 \times 12 \times 60\% = 2\,232$（元）；

$\qquad\qquad 1\,000 \times 12 \times 60\% = 7\,200$（元）。

租赁机械设备费：$1\,500 \times 12 = 18\,000$ 元；

$\qquad\qquad 600 \times 12 = 7\,200$ 元。

可获得补偿的施工机械设备费见下表。

可获得补偿的施工机械设备费

项　目	机械台班单价/（元/台班）	时间/天	金额/元
9 m³空压机（自有）	310	12	2 232
塔吊（自有）	1 000	12	7 200
混凝土泵车（租赁）	150	12	18 000
25 t履带吊车（租赁）	600	12	7 200
合计			34 632

（2）事件 2。

因为排水设备是发包人所有，核定的索赔费用应为：

$15\,900 + 8\,650 = 24\,550$ （元）。

（3）事件 1、事件 2 费用索赔合计为：

$34\,632 + 24\,550 = 59\,182$ （元）。

（4）承包人最后应获得 12 天的工期索赔和 59 182 元的费用索赔。

索赔报告编写及审核人员名单

索赔报告编写组成员：

   ×××

   ×××

   ……

索赔报告审核人员：

   ×××

   ×××

   ……

监理审核：

 （监理工程师在收到承包商的索赔报告后，结合合同条款和实际情况后形成的审核意见。）

业主审核：

 （发包人根据监理工程师的审核意见，审核承包人提供的证据资料，给出是否补偿的决定。）

附：索赔依据和索赔证据

7.4 铁路建设工程索赔管理

7.4.1 铁路建设工程索赔处理原则

1. 索赔必须以合同为依据

不论是风险事件的发生，还是当事人不完成合同工作，都必须在合同中找到相应的依据，有些依据在合同中可能是隐含的。监理工程师依据合同和事实对索赔进行处理是公平性的重要表现。在不同的合同条件下，这些依据很可能是不同的。如因为不可抗力导致的索赔，在国内《标准施工招标文件》的合同条款中，承包人机械设备的损失是由承包人承担的，不能向发包人索赔；但在 FIDIC 合同条件下，不可抗力事件一般列为业主承担的风险，损失由业主承担。

2. 协商原则

监理工程师在处理铁路建设工程索赔时，应认真研究索赔报告，充分听取发包人和承包人的意见，主动与双方协商，力求取得一致同意的结果。这样做不仅能圆满处理好索赔事件，也有利于顺利履行和完成合同。当然，在协商不成的情况下监理工程师有权作出决定。

3. 及时、合理地处理索赔

铁路建设工程索赔事件发生后，索赔的提出应当及时，索赔处理也应当及时。索赔处理不及时，对双方都会产生不利的影响，如承包人的索赔长期得不到合理解决，索赔积累的结果会导致资金紧张，同时影响施工进度，给双方带来不利影响。

处理索赔还应坚持合理的原则，既考虑国家的规定，也应考虑铁路建设工程的实际情况。如：承包人提出索赔要求，机械停工按照机械台班单价计算损失显然是不合理的，因为机械停工不发生运行费用。

4. 加强主动控制，减少工程索赔

对于铁路建设工程索赔应当加强主动控制，尽量减少索赔。这就要求在工程管理过程中，应当尽量将工作做在前面，减少索赔事件的发生，这样才能够使工程顺利进行，降低工程投资、减少施工工期。

5. 授权的原则

监理工程师处理索赔事件，必须在合同规定、发包人授权的权限之内，当索赔金额或延长工期时间超出授权范围时，则监理工程师应向发包人报告，在取得新的授权后才能作出决定。

6. 必须注意资料的积累

积累一切可能成为索赔证据的资料，同承包人、发包人研究的技术问题、进度问题和其他重大问题的会议应做好文字记录，并争取会议参加者签字，作为正式文档资料。同时还应建立业务往来的文件编号档案等业务记录制度，做到处理索赔时以事实和数据为依据。

7.4.2 铁路建设工程索赔处理方法

（1）在铁路建设工程施工过程中及时发现索赔事件的发生、发展、可能产生的责任及经济后果，及时以书面函件的形式与监理、发包人联系，为之后的索赔成立提供书面依据。

（2）铁路建设工程索赔事件发生后收集与之有关的来往函件、会议纪要、生产记录、验收交接记录、有关发票、支付单据、合格证件、鉴定结果、合同、计算办法、计算依据等，尽可能为索赔提供全面、准确、有说服力的索赔资料。

对合同工期内发生的每笔索赔均应及时登记。铁路建设工程完工时应形成一本完整的台账，作为工程竣工资料的组成部分。

（3）抓住索赔机会，在有效期内提出索赔要求，并请监理工程师对已完工项目及时进行验收，确认具备安装条件的部位和日期，是索赔成功的关键。

（4）索赔过程中及时与监理工程师沟通，从而得到监理工程师的支持和同情。

（5）当合同变更项目较多，其他项目费用较大，发包人不愿意接受索赔，更不愿意因为窝工时间认定过长而承担有关责任时，承包商应对窝工事件及时作出人员、设备的调整，尽量降低损失，为了避免承包人与发包人在此问题上产生僵持而影响其他项目的解决，承包商应作出让步，同意发包人认定的窝工时间，但要求发包人在"量"及"单价"上给予优惠，使得补偿费用不至于减少太多。

随着铁路建设工程招投标制度的不断完善及发包人、监理人、承包人管理章程进一步健全，铁路建设工程索赔工作也渐入正轨，只要承发包双方充分理解施工图纸、技术规范及发包人、监理人、承包人签订合同协议和各项往来性文件，在索赔工作中做到有理、有据，将会有更多的索赔项目被受理或批复。

7.4.3　监理工程师对铁路建设工程索赔的管理

1. 监理工程师审核承包人的索赔申请

接到承包人的索赔意向通知后，监理工程师应建立自己的索赔档案，密切关注事件的影响。监理工程师检查承包人的同期记录时，可以随时提出不同意之处或希望予以增加的记录项目。

监理工程师接到正式索赔报告后，认真研究承包人报送的索赔资料。首先在不确定责任归属的情况下，客观分析事件发生的原因，重温合同的有关条款，研究承包人的索赔证据，并查阅监理工程师的同期记录。通过对事件的分析，监理工程师再依据合同条款划清责任界限，如有必要还可以要求承包人进一步提供补充资料。尤其是承包人与发包人或监理工程师都负有一定责任的事件，更应划出各方应承担合同责任的比例。

最后监理工程师审查施工单位提出的索赔补偿要求，剔除其中的不合理部分，拟定自己计算的合理索赔款额和工期展延天数。

2. 依据合同内涉及的索赔条款，监理工程师判定承包人索赔成立的条件

（1）与合同相对照，事件已造成了承包人成本的额外支出，或直接工期损失。

（2）造成费用增加或工期损失的原因，按合同约定不属于承包人应承担的行为责任或风险责任。

（3）承包人按合同规定的程序，提交了索赔意向通知和索赔报告。

上述三个条件没有先后主次之分，应当同时具备。只有监理工程师认定索赔成立后，才按一定程序处理。

3. 共同延误的处理

在实际铁路建设工程施工过程中，工期拖期很少是由一方造成的，往往是两三种原因同时发生（或相互作用）而形成的，故称为"共同延误"。在这种情况下，应依据以下原则，具体分析哪一种延误情况是有效的。

（1）首先判断造成铁路建设工程工期延误的哪一种原因是最先发生的，即确定"初始延误"原因，它应对工期延误负责。在初始延误发生作用期间，其他并发的延误原因不承担工期延误责任。

（2）如果初始延误原因是发包人造成的，则在发包人原因造成的延误期内，承包人既可得到工期延长，又可得到经济补偿。

（3）如果初始延误原因是客观原因，则在客观因素发生影响的延误期内，承包人可以得到工期延长，但很难得到费用补偿。

（4）如果初始延误原因是承包人造成的，则在承包人原因造成的延误期内，承包人既不能得到工期补偿，也不能得到费用补偿。

4. 不可抗力事件的索赔处理

当铁路建设工程施工中发生不可抗力事件时，承发包双方应按以下原则承担。

（1）因不可抗力影响承包人履行合同约定的义务，已经引起或将引起工期延误的，应当顺延工期，由此导致承包人停工的费用损失由发包人和承包人合理分担，停工期间必须支付的工人工资由发包人承担。

（2）发包人和承包人承担各自人员伤亡和财产的损失。

（3）承包人的施工机械设备损坏由承包人承担，发包人的机械设备损坏由发包人承担。

（4）永久工程、已运至施工现场的材料和工程设备的损坏，以及因工程损坏造成的第三方人员伤亡和财产损失由发包人承担。

（5）承包人在停工期间按照发包人要求照管、清理和修复工程的费用由发包人承担。

（6）因不可抗力引起或将引起工期延误，发包人要求赶工的，增加的赶工费用由发包人承担。

5.《标准施工招标文件》中的合同条款对承包人合理得到补偿的内容的规定

《标准施工招标文件》中的合同条款规定的可以合理补偿承包人索赔的条款表如表 7-3 所示。

表 7-3　《标准施工招标文件》中的合同条款规定的可以合理补偿承包人索赔的条款表

序号	条款号	主要内容	可补偿内容		
			工期	费用	利润
1	1.10.1	施工过程发现文物、古迹及其他遗迹、化石、钱币或物品	√	√	
2	4.11.2	承包人遇到不利物质条件	√	√	
3	5.2.4	发包人要求向承包人提前交付材料和工程设备		√	
4	5.2.6	发包人提供的材料和工程设备不符合合同要求	√	√	√
5	8.3	发包人提供基准资料错误导致承包人的返工或造成工程损失	√	√	√
6	11.3	发包人的原因造成工期延误	√	√	√
7	11.4	异常恶劣的气候条件	√		
8	11.6	发包人要求承包人提前竣工		√	
9	12.2	发包人原因引起的暂停施工	√	√	√
10	12.4.2	发包人原因造成暂停施工后无法按时复工	√	√	
11	13.1.3	发包人原因造成工程质量达不到合同约定验收标准	√	√	
12	13.5.3	监理人对隐蔽工程重新检查，经检验证明工程质量符合合同要求	√	√	
13	16.2	法律变化引起的价格调整		√	
14	18.4.2	发包人在全部工程竣工前，使用已接收的单位工程导致承包人费用增加	√	√	
15	18.6.2	发包人的原因导致试运行失败		√	√
16	19.2	发包人原因导致的工程缺陷和损失		√	√
17	21.3.1	不可抗力	√		

7.4.4　FIDIC 合同条件规定的工程索赔

1. FIDIC 合同条件对承包商索赔的规定

FIDIC 是国际咨询工程师联合会的法文缩写。

1）承包商发出索赔通知

如果承包商认为有权得到竣工时间的任何延长期和（或）任何追加付款，承包商应当向工程师发出通知，说明索赔的事件或情况。该通知应当尽快在承包商察觉或者应当察觉该事件或情况后 28 日内发出。

2）承包商未及时发出索赔通知的后果

如果承包商未能在 28 日期限内发出索赔通知，则竣工时间不得延长，承包商无权获得追加付款，而业主应免除有关该索赔的全部责任。

3）承包商递交详细的索赔报告

在承包商察觉或者应当察觉该事件或情况后 42 日内，或在承包商可能建议并经工程师认可的其他期限内，承包商应当向工程师递交一份充分、详细的索赔报告，包括索赔的依据、要求延长的时间和（或）追加付款的全部详细资料。

4）引起索赔的事件或者情况具有连续影响

① 上述充分、详细的索赔报告应被视为中间索赔报告。

② 承包商应当按月递交进一步的中间索赔报告，说明累计索赔延误时间和（或）金额，以及能说明其合理要求的进一步详细资料。

③ 承包商应当在索赔的事件或者情况产生影响结束后 28 日内，或在承包商可能建议并经工程师认可的其他期限内，递交一份最终索赔报告。

5）工程师的答复

工程师在收到索赔报告或对过去索赔的任何进一步证明资料后 42 日内，或在工程师可能建议并经承包商认可的其他期限内，做出回应，表示批准，或不批准，或不批准并附具体意见。工程师应当商定或者确定应给予竣工时间的延长期及承包商有权得到的追加付款。

2. FIDIC 合同条件规定的工程索赔内容

在不同的索赔事件中可以索赔的费用是不同的。在 FIDIC 合同条件中，不同的索赔事件导致的索赔内容不同，表 7-4 所示为 FIDIC 合同条件下部分可以合理补偿承包商索赔的条款表。

表 7-4　FIDIC 合同条件下部分可以合理补偿承包商索赔的条款表

序号	条款号	主要内容	可补偿内容		
			工期	费用	利润
1	1.9	延误发放图纸	√	√	√
2	2.1	延误移交施工现场	√	√	√
3	4.7	承包商依据工程师提供的错误数据导致放线错误	√	√	√
4	4.12	不可预见的外界条件	√	√	
5	4.24	施工中遇到文物和古迹	√	√	
6	7.4	非承包商原因检验导致施工的延误	√	√	√
7	8.4（a）	变更导致竣工时间的延长	√		
8	8.4（c）	异常不利的气候条件	√		
9	8.4（d）	由于传染病或其他政府行为导致工期的延误	√		
10	8.4（e）	业主或其他承包商的干扰	√		
11	8.5	公共当局引起的延误	√		
12	10.2	业主提前占用工程		√	√
13	10.3	对竣工检验的干扰		√	√
14	13.7	后续法规引起的调整	√	√	
15	18.1	业主办理的保险未能从保险公司获得补偿部分		√	
16	19.4	不可抗力事件造成的损害	√	√	

【案例】

某铁路工程项目发包人与承包商签订了工程施工合同，承包工作范围包括路基、涵洞及轨道工程，该工程处于软土地基上，需地基处理，合同期为36个月，开工日期为2018年4月1日。

在施工过程，发生如下事件。

事件1：2018年5月，在涵洞基础开挖过程中，部分地质实际土质与发包人提供的地质资料不符，造成施工费用增加5万元，相应工序持续时间增加了5天。

事件2：2018年6月，承包人为控制沉降、保证施工质量，扩大了基础底面，开挖工程量增加导致费用增加3万元，相应工序持续时间增加了5天。

事件3：2018年8月，进入雨期施工，恰逢10天季节性大雨，导致路堤填筑工程停工，损失4万元，工期延后了4天。

事件4：2018年9月，在路堤填筑工程完成后进行质量检测，发现部分路段填筑质量未达到要求的压实度，经分析主要是由于填土含水量太高导致，返工增加费用5万元，工期增加6天。

事件5：涵洞过渡段，因施工图设计填料有误，导致压实达不到要求，进行返工，返工费用增加5万元，相应工序持续时间增加6天。

上述事件中，除事件3、事件5外，其他工作均未发生在关键线路上，并对总工期无影响。

针对上述发生的事件，承包人及时提出了增加合同工期26天、增加费用22万元的索赔要求。发包人和监理工程师应如何批复？

【解答】

发包人和监理工程师应做以下工作。

（1）接到承包人提交的索赔意向通知书后，应及时调查取证。

（2）接到承包人提交的索赔报告后，认真核对索赔证据、资料，分析索赔事件的性质，确定索赔是否成立。通过分析案例，对索赔事件进行如下处理。

①事件1可获得费用索赔5万元，工期不予延长。这是因为业主提供的地质资料与实际情况不符是承包商不可预见的，所以索赔成立；而事件1未发生在关键线路上，所以工期不予延长。

②事件2不能获得费用索赔和延长工期。这是因为该工作不是发包人要求进行的，而是承包商自己采取的质量保证措施。

③事件3不能获得费用和工期的索赔。这是因为季节性大雨属于有经验的承包商能够合理预见的，所以不能获得工期和费用的补偿。

④事件4不能获得费用索赔和工期索赔。这是因填土含水量较高，属于承包商的施工质量问题，责任在承包商。

⑤事件5可以获得费用索赔5万元，工期延长6天。这是因为设计方案有误，所以费用索赔成立；又因为该工作在关键线路上，所以工期延长6天。

根据以上分析，应批准承包人的费用补偿为10万元，工期延长6天。

（3）在承包人提交索赔报告后的28天内，对批准的索赔进行答复，或要求承包人进一步补充索赔理由和证据。

【本章思考题】

1. 铁路建设工程施工中引起索赔的因素有哪些？

2. 当铁路建设工程发生索赔时，承包人应做哪些工作？发包人针对承包人提出的索赔要求，应如何处理？

3. 在铁路建设工程索赔事件发生后，工期索赔和费用索赔可以采用哪些方法进行计算？

4. 某铁路建设工程施工中发生如下事件：6月15日到6月21日，因承包商的施工设备故障停工；6月24日到7月10日业主延期交付图纸，无法施工。本工程承包商可获得的工期索赔为多少天？

5. 在某铁路桥梁桩基础施工中，由于桩基础施工质量问题，监理工程师下达停工令，要求承包方进行返工处理1个月，造成返工费用2万元，接下来，在桥台施工中，因发包方原因变更设计，使桥台施工因施工图纸晚到，推迟2个月，造成承包人因停工和机械闲置损失3万元。承包商向发包人提出5万元的索赔，是否合理？为什么？

6. 监理工程师判定铁路建设工程承包人工期索赔成立的条件是什么？

7. 当发生"共同延误"事件时，铁路建设工程承包人能获得哪些索赔？

8. 在FICIC合同条件中，工程师对于索赔应如何答复？

8 FIDIC 土木工程施工合同条件简介

FIDIC 是国际咨询工程师联合会的法文缩写，作为国际上权威的咨询工程师机构，FID-IC 合同条件具有国际性、通用性和权威性，其合同条款公正合理、职责分明、程序严谨、易于操作，是目前国际上广泛采用的高水平的、规范的合同条件，在我国铁路建设涉外工程中被广泛使用。

【教学目标】

1. 知识目标

（1）了解 FIDIC 施工合同的概念。

（2）掌握 FIDIC 施工合同条件。

（3）熟悉 FIDIC 分包合同条件。

2. 能力目标

（1）对 FIDIC 施工合同分类管理。

（2）能够运用 FIDIC 施工合同条件处理合同管理中的问题。

3. 素质目标

（1）培养学生自学能力。

（2）培养学生逻辑思维能力。

（3）培养学生的国际视野。

8.1 FIDIC 土木工程施工合同条件

8.1.1 FIDIC 土木工程施工合同条件概述

2017 年 12 月 5 日至 6 日，FIDIC 在伦敦正式发布 2017 年第 2 版 FIDIC 合同系列文件。历经 18 年的运用，FIDIC 对 1999 年新彩虹版合同条件进行了大幅修订，条款从原来的 167 款增加到 174 款，使得 FIDIC 合同条件中相应的规定更加刚性化、程序化，对索赔、争议裁决、仲裁也作出了更加明确的规定。

8.1.2　FIDIC 施工合同条件一般规定

1. 合同

合同指合同协议书、中标通知书、投标书（函）、合同条款、规范、图纸、资料表，以及在合同协议书或中标通知书中列明的其他进一步的文件。

（1）合同协议书：除非双方另有协议，否则双方应在承包商收到中标通知书后的 28 日内签订合同协议书。合同协议书应以专用条款后所附的格式为基础。法律规定的与签订合同协议书有关的印花税和其他类似费用（如有时）应由业主承担。

（2）中标通知书：业主对投标文件签署的正式接受函，包括其后所附的备忘录（由合同各方达成并签订的协议构成）。在没有此中标通知书的情况下，"中标通知书"一词就指合同协议书，颁发或接收中标通知书的日期指双方签订合同协议书的日期。

（3）投标书：名称为投标书（函）的文件，由承包商填写，包括已签字的对业主的工程报价。

（4）合同专用条款。

（5）合同通用条款。

（6）其他文件。

① 规范：合同中名称为规范的文件，以及根据合同规定对规范的增加和修改。

② 图纸：合同中规定的工程图纸，以及由业主（或代表）根据合同提出的对图纸的增加和修改。

③ 资料表：合同中名称为资料表的文件，由承包商填写并随投标书（函）提交，包括工程量清单、数据、列表、费率和（或）单价表。

④ 投标文件：投标书（函）和合同中规定的承包商应随投标书（函）提交的其他所有文件。

⑤ 工程量清单和计日工明细表。

⑥ 合同数据：指用户在合同专用条款 A 部分填入的合同数据。

2. 竣工时间

合同工期在 FIDIC 合同条件中用"竣工时间"表示，指在合同数据表中说明的，由开工日期算起到工程或某一区段完工的日期。

3. 缺陷通知期

缺陷通知期即国内施工合同文本所指的工程保修期，自工程接收证书中写明的竣工日开始，至工程师颁发履约证书为止的日历天数。尽管工程移交前进行了竣工检验，但只是证明承包商的施工工艺达到了合同规定的标准，设置缺陷通知期的目的是考验工程在动态运行条件下是否达到了合同中技术规范的要求，因此，从开工之日起至颁发履约证书日止，承包商要对工程的施工质量负责。

4. 合同有效期

（1）自合同签字日起至承包商提交给业主的"结清单"生效日止，施工承包合同对业主和承包商均具有法律约束力。

（2）颁发履约证书只是表示承包商的施工义务终止，合同约定的权利义务并未完全结束，还有管理和结算等手续。

（3）结清单生效指业主已按工程师签发的最终支付证书中的金额付款，并退还承包商的履约保函。结清单一经生效，承包商在合同内享有的索赔权利也自行终止。

5. 合同价格

通用条款中分别定义了"接受的合同款额"和"合同价格"的概念。

"接受的合同款额"是指业主在"中标通知书"中对实施、完成和修复工程缺陷所接受的金额，其来源于承包商的投标报价并对其确认。

"合同价格"则指按照合同各条款的约定，承包商完成建造和保修任务后，对所有合格工程有权获得的全部工程款。最终结算的合同价可能与中标函中注明的接受的合同款额不一定相等。

6. 合同争端

为了有效地避免争议，有效地解决争议。通用条款中设置了"争端裁决委员会"这一处理合同争议的机构。

1）争端裁决委员会

（1）争端裁决委员会的组成。

合同双方应在合同数据表规定的日期内，共同任命一仲裁委员会。仲裁委员会应由具有恰当资格的成员组成，成员应能熟练运用合同数据表中的语言，并且具有类似工程专业经验，同时熟悉合同文件。仲裁委员会成员数目为一名或三名。如果合同数据表中没有注明成员的数目，且合同双方没有其他的协议，则仲裁委员会应包含三名成员。

如果各方在合同数据表中规定的日期前 21 日还未共同指出并且仲裁委员会由三名成员组成，则合同每一方应提名一位成员，由对方批准。合同双方应与这两名成员协商，并应商定第三位成员作为主席。

（2）裁决委员会的工作。

裁决委员会的成员对工程的实施情况定期进行现场考察，了解施工进度和实际潜在的问题，一般在关键施工作业期间到现场考察，但两次考察的间隔时间不少于 140 日，离开现场前，应向业主和承包商提交考察报告。

裁决委员会接到任何一方解决合同争议的申请后，可以在工地或其他选定的地点处理争议的有关问题。

2）争端裁决程序

（1）提交工程师。

不论是承包商的索赔还是业主的索赔均应首先提交给工程师。任何一方要求工程师作出决定时，工程师应与双方协商，尽量达成一致。如果未能达成一致，工程师则应按照合同规定并适当考虑有关情况后作出公平的决定。业主或承包商必须在工程师做出决定的 28 日内发出不满通知，否则，应视为双方当事人，即业主和承包商已经最终和完全地接受了工程师的决定。

（2）提交争端裁决委员会。

如果合同双方由于合同、工程的实施等产生了争端，任一方可以书面形式将争端提交裁决委员会裁定，包括对工程师签发的证书，作出的决定、指示、意见或估价等不同意接受时，均可将争议提交合同争端裁决委员会，并将副本送交对方和工程师，并说明理由。

裁决委员会应在收到提交的争议文件后 84 日内作出合理裁决，并将其决定通知合同双方，而合同双方在收到此通知后 28 日内未就此决定向对方提出不满的通知，则该决定成为最终决定。

（3）双方协商。

争议任何一方对裁决委员会的裁决有异议，或裁决委员会未能在 84 日内对争端作出决定，则合同双方中任一方都可在上述 84 日期满后的 28 日内向对方发出要求仲裁的通知。仲裁机构需在收到申请之后的 56 日才开始审理，这段时间是留给合同双方友好解决争端的，要求双方尽量以友好的方式解决合同争端。

（4）仲裁。

如果合同双方中任一方对争端裁决委员会作出的决定不满，他应在收到该决定的通知后的 28 日内向对方发出表示不满的通知，并说明理由，表明他准备提请仲裁；如果一方发出表示不满的通知 56 日后，争端未能通过友好方式解决，那么此类争端应提交国际仲裁机构作最终裁决。

当事人在发出或收到不满通知后的 182 日之内开始仲裁。如果当事人未能在 182 日内开始仲裁，则不满通知将失效并不再有效。

合同尚未终止，承包商有义务按照合同继续实施工程。未通过友好解决或仲裁改变争端裁决委员作出的决定之前，合同双方应执行争端裁决委员作出的决定。

8.1.3 FIDIC 合同风险责任的划分

（1）通用条件内以投标截止日期前第 28 日定义为"基准日"，作为业主与承包商划分合同风险的时间点。

（2）在此日期后发生的作为一个有经验承包商在投标阶段不可能合理预见的风险事件，按承包商受到的实际影响给予补偿；若业主获得好处，也应取得相应的利益。

（3）某一不利于承包商的风险损害是否应给予补偿，工程师应以作为有经验的承包商在投标阶段能否合理预见作为判定准则。

1. 业主应承担的风险

1）合同条件规定的业主风险

（1）战争、敌对行动、入侵、外敌行动。

（2）工程所在国发生的叛乱、革命、暴动或军事政变、篡夺政权或内战（在我国实施的工程均不采用此条款）。

（3）不属于承包商施工原因造成的爆炸、核废料辐射或放射性污染等。

（4）超音速或亚音速飞行物产生的压力波。

（5）暴乱、骚乱或混乱，但不包括承包商及分包商的雇员因执行合同而引起的行为。

（6）因业主在合同规定以外，使用或占用永久工程的某一区段或某一部分而造成的损失或损害。

（7）业主提供的设计不当造成的损失。

（8）一个有经验承包商通常无法预测和防范的任何自然力作用。

2）不可预见的物质条件

（1）不可预见物质条件的范围。

承包商施工过程中遇到不利于施工的外界自然条件，人为干扰，招标文件和图纸均未说明的外界障碍物、污染物的影响，招标文件未提供或与提供资料不一致的地表以下的地质和水文条件，但不包括气候条件。

（2）承包商及时发出通知。

遇到不可预见物质条件情况后，承包商递交给工程师的通知中应具体描述该外界条件，并说明承包商认为是不可预见的原因。发生这类情况后承包商应继续实施工程，采用在此外界条件下合适的及合理的措施，并且应该遵守工程师给予的任何指示。

（3）工程师与承包商进行协商并作出决定。

3）其他不能合理预见的风险

（1）外币支付部分由于汇率变化的影响带来的风险。由于合同期内汇率的浮动变化是双方签约时无法预计的情况，业主均应承担汇率实际变化对工程总造价影响的风险。

（2）法令、政策变化对工程成本的影响带来的风险。如果由于法律、法令和政策变化引起承包商实际投入成本的增加，应由业主给予补偿。若导致施工成本的减少，也由业主获得其中的好处。

2. 承包商应承担的风险

不包括在保险范围内的，属于业主承担风险以外的所有风险是承包商应承担的风险。合同通用条款的规定如下。

（1）承包商对业主的全部责任不应超过专用条款约定的赔偿最高限额。

（2）若未约定，则不应超过中标的合同金额。

（3）对于因欺骗、有意违约或轻率的不当行为造成的损失，赔偿的责任限度不受限额的限制。

【案例】

某国一新建铁路工程，采用 FIDIC 施工合同条件。合同中规定钢材由业主提供，工程开工前，业主发现自己单位的库存钢材已经用完，无法再提供钢材。故由工程师致信承包商，要求承包商提报工程量表中的钢材价格。承包商向工程师提供了各类钢材的单价及总价格。业主接受承包商的报价，并要求承包商准备签署一份由业主提供的正式协议，但此后业主并未提供书面协议，双方也未作任何新的商谈，也未签订正式协议。

开工约 2 个月后，承包商要进行钢材施工，承包商向业主提出钢材进场申请，此时发现双方都没有准备工程所需要的钢材，需进行钢材的采购。而此时钢材价格已经上升、运费也较之前有所增加，造成施工损失约 60 000 元。

业主认为承包商已经接受了提供钢材的要求，承包商因业主没有与其签署正式协议，则认为业主放弃了由承包商提供钢材的要求，耽误了钢材采购。

结合 FIDIC 施工合同条件，指出上述事件中存在的问题，并提出应对措施。

【解答】

通过研究 FIDIC 施工合同条件，上述事件中存在的问题及应采取的应对措施如下。

（1）虽然双方就钢材的供应作了商讨，形成了询价和报价（属于新的要约）文件，但是没有签订最终书面协议，所以没有约束力。

（2）业主接受了承包商的报价，但没有指令由承包人按规定购买钢材，而是口头提出要签署一份书面协议，之后也没有签订正式的书面协议，因此，造成钢材采购延误，致使施工损失的 60 000 元应由业主承担。

（3）在合同签订和执行过程中，当有变更事项时，双方必须签订正式的书面协议，且均应对变更事项的执行情况进行检查落实。

8.2　FIDIC 工程施工合同管理

8.2.1　施工阶段的合同管理

1. 施工进度管理

承包商应在合同约定的日期或接到中标函后的 42 日内（合同未作约定）开工，工程师则应至少提前 7 日通知承包商开工日期。承包商收到开工通知后的 28 日内，按工程师要求的格式和详细程度提交施工进度计划，说明为完成施工任务而打算采用的施工方法、施工组织方案、进度计划安排，以及按季度列出根据合同预计应支付给承包商费用的资金估算表。

1）施工进度计划的内容

（1）实施工程的进度计划。

（2）每个指定分包商施工各阶段的安排。

（3）合同中规定的重要检查、检验的次序和时间。

（4）保证计划实施的说明文件：承包商在各施工阶段准备采用的方法和主要阶段的总体描述；各主要阶段承包商准备投入的人员和设备数量的计划；关键线路等。

2）工程师对施工进度的监督

承包商每个月都应向工程师提交进度报告，报告的内容包括以下方面。

（1）设计（如有时）、采购、制造、货物运达现场、施工、安装和调试的图表与详细说明。

（2）制造（如有时）和现场进展状况的照片。

（3）与每项主要永久设备和材料制造有关的制造商名称、制造地点、进度百分比。

（4）说明承包商在现场的施工人员和各类施工设备数量；若干份质量保证文件、材料的检验结果及证书；安全统计；实际进度与计划进度的对比。

3）施工进度计划的修订

（1）工程师指示的施工进度计划修订。

当工程师发现实际进度与计划进度严重偏离时，不论实际进度是超前还是滞后于计划进度，为了使进度计划有实际指导意义，其随时有权指示承包商编制改进的施工进度计划，并再次提交工程师认可后执行，新进度计划将代替原来的计划。

（2）合同约定的施工进度计划修订。

工程师允许在合同内明确规定，每隔一段时间（一般为 3 个月）承包商都要对施工计划进行一次修改，并通过工程师认可。

按照合同条件的规定，工程师在管理中应注意两点：一是不论因何方应承担责任的原因导致实际进度与计划进度不符，承包商都无权对修改进度计划的工作要求额外支付费用；二是工程师对修改后进度计划的批准，并不意味承包商可以摆脱合同规定的应承担的责任。

4）合同工期的顺延

通用条件的条款中规定可以给承包商合理延长合同工期的条件包括以下几种情况。

（1）延误发放图纸。

（2）延误移交施工现场。

（3）承包商依据工程师提供的错误数据导致放线错误。

（4）不可预见的外界条件。

（5）施工中遇到的文物和古迹对施工进度产生影响。

（6）非承包商原因检验导致施工的延误。

（7）发生变更或合同中实际工程量与计划工程量出现实质性变化。

（8）施工中遇到有经验的承包商不能合理预见的异常不利气候条件影响。

（9）由于传染病或政府行为导致工期的延误。

（10）施工中受到业主或其他承包商的干扰。

（11）施工涉及有关公共部门原因引起的延误。

（12）业主提前占用工程导致对后续施工的延误。

（13）承包商原因使竣工检验不能按计划正常进行。

（14）法规调整引起的延误。

（15）发生不可抗力事件的影响。

2. 施工质量管理

1）承包商的质量体系

（1）通用条款规定，承包商应按照合同的要求建立质量管理体系，以保证施工符合合同要求。

（2）工程师有权审查质量体系的任何方面。

（3）当承包商遵守工程师认可的质量体系施工，并不能解除依据合同应承担的任何职责、义务和责任。

2）质量的检查和检验

为了保证工程的质量，工程师除了按合同规定进行正常的检验外，在其认为必要时，依据变更程序，指示承包商变更规定检验的位置或细节、进行附加检验或试验等。由于额外检查和试验是基准日前承包商无法合理预见的情况，涉及的费用和工期变化，视检验结果是否合格划分责任归属。

3）对承包商设备质量的控制

（1）承包商自有的施工设备。

承包商自有的施工机械、设备、临时工程和材料，一经运抵施工现场后就被视为专门为本合同工程施工之用。除了运送承包商人员和物资的运输车辆外，其他施工机具和设备虽然承包商拥有所有权和使用权，但未经过工程师的批准，不能将其中的任何一部分运出施工现场。

某些使用台班数较少的施工机械在现场闲置期间，如果承包商的其他合同工程需要使用时，可以向工程师申请暂时运出。当工程师依据施工计划考虑该部分机械暂时不用而同意运出时，须同时指示何时必须运回以保证本工程的施工之用，应要求承包商遵照执行。

对于后期施工不再使用的设备，竣工前经过工程师批准后，承包商可以提前撤出工地。

（2）承包商租赁的施工设备。

承包商从他处租赁施工设备时，应在租赁协议中规定在协议有效期内发生承包商违约解除合同时，设备所有人应以相同的条件将该施工设备转租给发包人或发包人邀请承包本合同的其他承包商。

（3）要求承包工程增加或更换施工设备。

若工程师发现承包商使用的施工设备影响了工程进度或施工质量时，其有权要求承包商增加或更换施工设备，由此增加的费用和工期延误责任由承包商承担。

3. 工程变更管理

工程变更对合同条件内约定的业主和承包商的权利义务没有实质性改动，只是对施工方法、内容作局部性改动，属于正常的合同管理，按照合同的约定由工程师发布变更指令即可。

1）工程变更的范围

由于工程变更属于合同履行过程中的正常管理工作，工程师可以根据施工进展的实际情况，在认为必要时就以下几个方面发布变更指令。

（1）合同中任何工作工程量的改变。

（2）任何工作质量或其他特性的变更。

（3）工程任何部分标高、位置和尺寸的改变。

（4）删减任何合同约定的工作内容。

（5）进行永久工程所必需的任何附加工作、永久设备、材料供应或其他服务，包括任何联合竣工检验、钻孔和其他检验及勘察工作。

（6）改变原定的施工顺序或时间安排。

2）变更程序

颁发工程接收证书前的任何时间，工程师可以通过发布变更指示或以要求承包商递交建议书这两种方式中的任何一种方式提出变更。

（1）指示变更。

工程师在业主授权范围内根据施工现场的实际情况，在确属需要时有权发布变更指示。指示的内容应包括详细的变更内容、变更工程量、变更项目的施工技术要求和有关部门文件图纸，以及变更处理的原则。

（2）要求承包商递交建议书后再确定变更。

工程师将计划变更事项通知承包商，并要求其递交实施变更的建议书，承包商应尽快予以答复。

要求承包商递交建议书后再确定的变更包括两种情况：一种情况可能是通知工程师由于受到某些非自身原因的限制而无法执行此项变更，工程师应根据实际情况和工程的需要再次发出取消、确认或修改变更指示的通知。另一种情况是承包商依据工程师的指示递交实施此项变更的说明。

3）变更估价

（1）变更估价的原则。

计算变更工程应采用的费率或价格，可分为三种情况。

变更工作在工程量表中有同种工作内容的单价，应以该费率计算变更工程费用。实施变更工作未导致工程施工组织和施工方法发生实质性变动，不应调整该项目的单价。

工程量表中虽然列有同类工作的单价或价格，但对具体变更工作而言已不适用，则应在原单价和价格的基础上制定合理的新单价或价格。

变更工作的内容在工程量表中没有同类工作的费率和价格，应按照与合同单价水平相一致的原则，确定新的费率或价格。任何一方不能以工程量表中没有此项价格为借口，将变更工作的单价定得过高或过低。

（2）可以调整合同工作单价的原则。

具备以下条件时，允许对某一项工作规定的费率或价格加以调整。

① 工作实际测量的工程量比工程量表或其他报表中规定的工程量的变动大于10%。

② 工程量的变更与对该项工作规定的具体费率的乘积超过了接受的合同款额的0.01%。

③ 由工程量的变更直接造成的该项工作每单位工程量费用的变动超过1%。

（3）删减原定工作后对承包商的补偿。

工程师发布删减工作的变更指示后承包商不再实施部分工作，合同价格中包括的直接费用部分没有受到损害，但摊销在该部分的间接费用、税金和利润则不能合理回收。因此承包商可以就其损失向工程师发出通知并提供具体的证明资料，工程师与合同双方协商后确定一笔补偿金额加入到合同价内。

4）承包商申请的变更

承包商根据工程施工的具体情况，可以向工程师提出对合同内任何一个项目或工作的详细变更请求报告。未经工程师批准承包商不得擅自变更，若工程师同意，则按工程师发布的变更指示的程序执行。

承包商可以随时向工程师提交一份书面建议。承包商认为如果采纳其建议将可能：加速完工；降低业主实施、维护或运行工程的费用；对业主而言能提高竣工工程的效率或价值；为业主带来其他利益。承包商应自费编制此类建议书。

如果由工程师批准的承包商建议包括一项对部分永久工程的设计的改变、通用条件的条款规定，同时双方没有其他协议，承包商应设计该部分工程。变更的设计工作应按合同中承包商负责设计的规定执行，具体包括以下方面。

① 承包商应按照合同中说明的程序向工程师提交该部分工程的承包商的文件。

② 承包商的文件必须符合规范和图纸的要求。

③ 承包商应对该部分工程负责，并且该部分工程完工后应满足合同中规定的工程的预期目的。

④ 在开始竣工检验之前，承包商应按照规范规定向工程师提交竣工文件，以及操作和维修手册。

4. 工程进度款的支付管理

1）预付款

（1）动员预付款的支付。

预付款的数额由承包商在投标书内确认。承包商需首先将银行出具的履约保函和预付款保函交给业主并通知工程师，工程师在21日内签发"预付款支付证书"，业主按合同约定的数额支付预付款。预付款保函金额始终保持与预付款等额，即随着承包商对预付款的偿还逐渐递减保函金额。

（2）动员预付款的扣还。

预付款在分期支付工程进度款的支付中按百分比扣减的方式偿还；自承包商获得工程进度款累计总额达到合同总价（减去暂列金额）10%那个月起扣；每次支付时的扣减额度在本月证书中承包商应获得的合同款额（不包括预付款及保留金的扣减）中扣除25%作为预付款的偿还，直至还清全部预付款，即：

每次扣还金额 =（本次支付证书中承包商应获得的款额 − 本次应扣的保留金）×25%

2）用于永久工程的设备和材料款的预付

由于 FIDIC 施工合同条件是针对包工包料承包的单价合同编制的，因此规定由承包商自筹资金采购工程材料和设备，只有当材料和设备用于永久工程后，才能将这部分费用计入工程进度款内结算支付。

通用条件的条款规定，为了帮助承包商解决订购大宗主要材料和设备所占用资金的周转，订购物资经工程师确认合格后，按发票价值80%作为材料预付的款额，包括在当月应支付的工程进度款内。

（1）承包商申请支付材料预付款的支付清单包括：材料的质量和储存条件符合技术条款的要求；材料已到达工地并经承包商和工程师共同验点入库；承包商按要求提交了订货单、收据价格证明文件（包括运至现场的费用）。

（2）工程师核查提交的证明材料。预付款金额为经工程师审核后实际材料价乘以合同约定的百分比，包括在月进度付款签证中。

（3）预付材料款的扣还。材料不宜大宗采购后在工地储存时间过久，以避免材料变质或锈蚀，应尽快用于工程。通用条款规定，当已预付款项的材料或设备用于永久工程，构成永久工程合同价格的一部分后，在计量工程量的承包商应得款内扣除预付的款项，扣除金额与预付金额的计算方法相同。

3）业主的资金安排

为了保障承包商按时获得工程款的支付，通用条件规定，如果合同内没有约定支付表，当承包商提出要求时，业主应提供资金安排计划。

（1）承包商根据施工计划向业主提供不具约束力的各阶段资金需求计划。

接到工程开工通知的28日内，承包商应向工程师提交每一个总价承包项目的价格分解建议表；第一份资金需求估价单应在开工日期后42日之内提交；根据施工的实际进展，承包商应按季度提交修正的估价单，直到工程的接收证书已经颁发为止。

（2）业主应按照承包商的实施计划做好资金安排。

接到承包商的请求后，应在28日内提供合理的证据，表明他已作出了资金安排，此安排能够使业主按照合同规定支付合同价格的款额；如果业主欲对其资金安排做出任何实质性变更，应向承包商发出通知并提供详细资料；业主未能按照资金安排计划和支付的规定执行，承包商可提前21日以上通知业主，其将暂停工作或降低工作速度。

4）保留金

保留金是按合同约定从承包商应得的工程进度款中相应扣减的一笔金额保留在业主手中，作为约束承包商严格履行合同义务的措施之一。当承包商有一般违约行为使业主受到损失时，可从该项金额内直接扣除损害赔偿费。

（1）保留金的约定。

承包商在投标书附录中按招标文件提供的信息和要求确认了每次扣留保留金的百分比和保留金限额。每次月进度款支付时扣留的百分比一般为 5% ～ 10%，累计扣留的最高限额为合同价的 2.5% ～ 5%。

（2）每次中期支付时扣除的保留金。

从首次支付工程进度款开始，用该月承包商完成合格工程应得款加上因后续法规政策变化的调整和市场价格浮动变化的调价款为基数，乘以合同约定保留金的百分比作为本次支付时应扣留的保留金。逐月累计扣到合同约定的保留金最高限额为止。

（3）保留金的返还。

扣留承包商的保留金分两次返还，一次是颁发工程接收证书后的返还；另一次是保修期满颁发履约证书后剩余保留金的返还。

颁发了整个工程的接收证书时，将保留金的前一半支付给承包商。整个合同的缺陷通知期满，返还剩余的保留金。如果颁发的履约证书只限于一个区段，则在这个区段的缺陷通知期满后，并不全部返还该部分剩余的保留金。

5）物价浮动对合同价格的调整

对于施工期较长的合同，为了合理分担市场价格浮动变化对施工成本影响的风险，在合同内要约定调价的方法。通用条款内规定为公式法调价。承包商在投标书内填写可调整的内容和基价，并在签订合同前通过谈判确定。

如果发生以下两种情况的延误竣工，应分别处理。

（1）非承包商应负责原因的延误。工程竣工前每一次支付时，调价公式继续有效。

（2）承包商应负责原因的延误。在后续支付时，分别计算应竣工日和实际支付日的调价款，经过对比后按照对业主有利的原则执行。

6）基准日后法规变化引起的价格调整

在投标截止日期前的第 28 日以后，国家的法律、行政法规或国务院有关部门的规章，以及工程所在地的省、自治区、直辖市的地方法规或规章发生变更，导致施工所需的工程费用发生增减变化，工程师与当事人双方协商后可以调整合同金额。如果导致变化的费用包括在调价公式中，则不再予以考虑。较多的情况发生于工程建设承包商需交纳的税费变化，这是当事人双方在签订合同时不可能合理预见的情况，因此可以调整相应的费用。

7）工程进度款的支付

工程量清单中所列的工程量仅是对工程的估算量，不能作为承包商完成合同规定施工义务的结算依据。每次支付工程月进度款前，均需通过测量来核实实际完成的工程量，以计量值作为支付依据。

每个月的月末，承包商应提交一式六份本月支付报表；具体包括以下内容。

（1）本月完成的工程量清单中工程项目及其他项目的应付金额（包括变更）。

（2）法规变化引起的调整应增加和减扣的任何款额。

（3）作为保留金扣减的任何款额。

（4）预付款的支付（分期支付的预付款）和扣还应增加和减扣的任何款额。

（5）承包商采购用于永久工程的设备和材料应预付和扣减款额。

（6）根据合同或其他规定，应付的任何其他应增加和减扣的款额。

（7）对所有以前的支付证书中证明的款额的扣除或减少。

工程师接到报表后，对承包商完成的工程形象、项目、质量、数量，以及各项价款的计算进行核查。若有疑问时，可要求承包商共同复核工程量。工程师在收到承包商的支付报表后 28 日内，按核查结果及总价承包分解表中核实的实际完成情况签发支付证书。

工程进度款支付证书属于临时支付证书，工程师有权对以前签发过的证书中发现的错、漏或重复提出更改或修正，承包商也有权提出更改或修正，经双方复核同意后，将增加或扣减的金额纳入本次签证中。

承包商的报表经过工程师认可并签发工程进度款的支付证书后，业主应在接到证书后及时给承包商付款。业主的付款时间不应超过工程师收到承包商的月进度付款申请单后的 56 日。如果逾期支付将承担延期付款的违约责任，延期付款的利息按银行贷款利率加 3% 计算。

8.2.2 竣工验收阶段的合同管理

1. 竣工检验和移交工程

1）竣工检验

承包商完成工程并准备好竣工报告所需报送的资料后，应提前 21 日将某一确定的日期通知工程师，说明此日后已准备好进行竣工检验。工程师应指示在该日期后 14 日内的某日进行。此项规定同样适用于按合同规定分部移交的工程。

2）颁发工程接收证书

工程通过竣工检验达到了合同规定的"基本竣工"要求后，承包商在他认为可以完成移交工作前 14 日以书面形式向工程师申请颁发接收证书。基本竣工是指工程已通过竣工检验，能够按照预定目的交给业主占用或使用，而非完成了合同规定的包括扫尾、清理施工现场及不影响工程使用的某些次要部位缺陷修复工作后的最终竣工，剩余工作允许承包商在缺陷通知期内继续完成。这样规定有助于准确判定承包商是否按合同规定的工期完成了施工义务，也有利于业主尽早使用或占有工程，及时发挥工程效益。

工程师接到承包商申请后的 28 日内，如果认为已满足竣工条件，即可颁发工程接收证书；若不满意，则应书面通知承包商，指出还需完成哪些工作后才达到基本竣工条件。工程接收证书中包括确认工程达到竣工的具体日期。工程接收证书颁发后，不仅表明承包商对该部分工程的施工义务已经完成，而且其对工程照管的责任也转移给业主。

如果合同约定工程不同区段有不同的竣工日期，则每完成一个区段均应按上述程序颁发部分工程的接收证书。

3）特殊情况下的证书颁发程序

（1）业主提前占用工程。

工程师应及时颁发工程接收证书，并确认业主占用日为竣工日。提前占用或使用表明该部分工程已达到竣工要求，对工程照管的责任也相应转移给业主，但承包商对该部分工程的施工质量缺陷仍负有责任。

（2）因非承包商原因导致不能进行规定的竣工检验。

当出现施工已达到竣工条件，但由于不应由承包商负责的主观或客观原因不能进行竣工检验时，工程师应以本应该进行竣工检验日签发工程接收证书，将这部分工程移交给业主照管

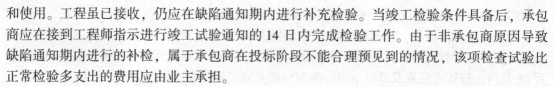

和使用。工程虽已接收，仍应在缺陷通知期内进行补充检验。当竣工检验条件具备后，承包商应在接到工程师指示进行竣工试验通知的 14 日内完成检验工作。由于非承包商原因导致缺陷通知期内进行的补检，属于承包商在投标阶段不能合理预见到的情况，该项检查试验比正常检验多支出的费用应由业主承担。

2. 未能通过竣工检验

1）重新检验

如果工程或某区段未能通过竣工检验，承包商应对缺陷进行修复和改正，在相同条件下重复进行此类未通过的试验和对任何相关工作的竣工检验。

2）重复检验仍未能通过

当整个工程或某区段未能通过按重新检验条款规定所进行的重复竣工检验时，工程师应有权选择以下任何一种处理方法。

（1）指示再进行一次重复的竣工检验。

（2）如果由于该工程缺陷致使业主基本上无法享用该工程或区段所带来的全部利益，拒收整个工程或区段，在此情况下，业主有权获得承包商的赔偿。该赔偿包括：业主为整个工程或该部分工程所支付的全部费用及融资费用；拆除工程、清理现场和将永久设备和材料退还给承包商所支付的费用。

（3）颁发一份接收证书，折价接收该部分工程。

合同价格应按照可以适当弥补由于此类失误而给业主造成的减少的价值数额予以扣减。

3. 竣工结算

1）承包商报送竣工报表

颁发工程接收证书后的 84 日内，承包商应按工程师规定的格式报送竣工报表。报表内容包括如下内容。

（1）到工程接收证书中指明的竣工日止，根据合同完成全部工作的最终价值。

（2）承包商认为应该支付给他的其他款项，如要求的索赔款、应退还的部分保留金等。

（3）承包商认为根据合同应支付给他的"估算总额"。所谓"估算总额"是指这笔金额还未经过工程师审核同意。"估算总额"应在竣工结算报表中单独列出，以便工程师签发支付证书。

2）竣工结算与支付

工程师接到竣工报表后，应对照竣工图进行工程量详细核算，对其他支付要求进行审查，然后再依据检查结果签署竣工结算的支付证书。此项签证工作，工程师也应在收到竣工报表后 28 日内完成。业主依据工程师的签证予以支付。

8.2.3 缺陷通知期阶段的合同管理

1. 工程缺陷责任

1）承包商在缺陷通知期内应承担的义务

工程师在缺陷通知期内可就以下事项向承包商发布指示。

（1）将不符合合同规定的永久设备或材料从现场移走并替换。

（2）将不符合合同规定的工程拆除并重建。

（3）实施任何因保护工程安全而需进行的紧急工作。不论事件起因于事故、不可预见事件还是其他事件。

2）承包商的补救义务

承包商应在工程师指示的合理时间内完成上述工作。若承包商未能遵守指示，业主有权雇佣其他人实施并予以付款。如果属于承包商应承担的责任原因，业主有权按照业主索赔的程序向承包商追偿。

2. 履约证书

履约证书是承包商已按合同规定完成全部施工义务的证明，因此该证书颁发后工程师就无权再指示承包商进行任何施工工作，承包商即可办理最终结算手续。缺陷通知期内工程圆满地通过运行考验，工程师应在期满后的 28 日内，向业主签发解除承包商承担工程缺陷责任的证书，并将副本送给承包商。此时仅意味承包商与合同有关的实际义务已经完成，而合同尚未终止，剩余的双方合同义务只限于财务和管理方面的内容。业主应在证书颁发后的 14 日内，退还承包商的履约保证书。

缺陷通知期满时，如果工程师认为还存在影响工程运行或使用的较大缺陷，可以延长缺陷通知期，推迟颁发证书，但缺陷通知期的延长不应超过竣工日后的 2 年。

3. 最终结算

最终结算是指颁发履约证书后，对承包商完成全部工作价值的详细结算，以及根据合同条件对应付给承包商的其他费用进行核实，确定合同的最终价格。

颁发履约证书后的 56 日内，承包商应向工程师提交最终报表草案，以及工程师要求提交的有关资料。工程师审核后与承包商协商，对最终报表草案进行适当的补充或修改后形成最终报表。承包商将最终报表送交工程师的同时，还需向业主提交一份"结清单"，进一步证实最终报表中的支付总额，作为同意与业主终止合同关系的书面文件。

工程师在接到最终报表和结清单附件后的 28 日内签发最终支付证书，业主应在收到证书后的 56 日内支付。只有当业主按照最终支付证书的金额予以支付并退还履约保函后，结清单才生效，承包商的索赔权也即行终止。

【案例】

2014 年 7 月，我国甲铁路建设工程公司承包了阿根廷"贝尔格拉诺货运铁路改造项目"工程，合同金额为 24.705 亿美元，合同工期约为 48 个月。甲铁路建设工程公司作为总承包商负责贝尔格拉诺货运铁路线长约 1 500 公里线路的修复和设备供货。开工前，业主就该工程项目扣留甲铁路建设工程公司 1.235 25 亿美元作为保留金，该保留金的扣留方式是否正确？保留金应如何偿还？

【解答】

（1）该保留金的扣留方式不正确。FIDIC 施工合同条件中规定：保留金按合同约定从承包商应得的工程进度款中相应扣减，而不是开工前一次性扣减。且每次月进度款支付时扣留的百分比一般为 5%~10%，逐月累计扣到合同约定的保留金最高限额为止。累计扣留的最高限额为合同价的 2.5%~5%。

（2）扣留承包商的保留金分两次返还，一次是颁发工程接收证书后返还；另一次是保修期满颁发履约证书后将剩余保留金返还。

颁发了整个工程的接收证书时，将保留金的前一半支付给承包商。整个合同的缺陷通知期满，返还剩余的保留金。如果颁发的履约证书只限于一个区段，则在这个区段的缺陷通知期满后，并不全部返还该部分剩余的保留金。

【本章思考题】

1. 什么是 FIDIC 施工合同条件？
2. FIDIC 土木工程施工合同的通用条件包括哪些内容？
3. FIDIC 土木工程施工合同条件中对索赔作了哪些规定？
4. FIDIC 土木工程施工合同条件中对质量管理是如何规定的？
5. FIDIC 土木工程施工合同条件中对变更处理是如何规定的？

9　铁路建设工程电子招投标

　　我国铁路建设工程招投标目前已基本实现了公开化、制度化和规范化，但依然存在着规章制度复杂、流程复杂、招投标周期较长、运作成本较高等问题。为了解决这些问题，基于互联网平台将计算机技术与招投标流程相结合的电子招投标系统应运而生。铁路建设工程电子招投标系统是通过计算机、网络等信息技术建立的专门应用于铁路建设工程招标、投标、评标、合同管理等业务的系统，应用该系统可以在网络上执行在线招标、在线投标、在线评标、在线监督检查等一系列操作，使招标公告、答疑、中（评）标结果公示等在平台上及时发布，同时铁路建设工程招投标过程的每个步骤也能得到及时公开，从而实现了高效率、低成本、透明、规范、安全的招投标管理。

　　推行铁路建设工程招投标全程电子化，建立一个完善的电子招投标交易平台是铁路建设工程招投标的必然发展趋势。

【教学目标】

1. 知识目标

（1）了解铁路建设工程电子招投标系统的组成。

（2）熟悉铁路建设工程电子招投标信息交易平台的功能。

（3）掌握铁路建设工程电子招标程序。

（4）掌握铁路建设工程电子投标程序。

（5）掌握铁路建设工程电子开标、评标、定标程序。

2. 能力目标

（1）能编制铁路建设工程电子招标文件。

（2）能进行铁路建设工程电子招标的操作。

（3）能进行铁路建设工程电子投标的操作。

（4）能进行铁路建设工程电子开标、评标、定标的操作。

3. 素质目标

（1）培养学生积极思考的能力。

（2）培养学生吃苦耐劳、勇于创新的职业精神。

（3）培养学生分析问题、解决问题的能力。

9.1 铁路建设工程电子招投标概述

9.1.1 铁路建设工程电子招投标系统

铁路建设工程电子招投标是根据招投标相关法律、法规、规章，以数据电文为主要载体，应用信息技术完成招投标活动的过程。铁路建设工程电子招投标系统是以网络技术为基础，招标、投标、评标、合同等业务全过程实现数字化、网络化、高度集成化的系统，该系统由交易平台、公共服务平台、行政监督平台三个部分组成。

1. 交易平台

交易平台是铁路建设工程招投标当事人通过数据电文形式完成招投标交易活动的信息平台。交易平台主要用于在线完成招投标全部交易过程，编辑、生成、对接、交换和发布有关招投标数据信息，为行政监督部门和监察机关依法实施监督、监察和受理投诉提供所需的信息通道。

（1）交易平台由基本功能、信息资源库、技术支撑与保障、公共服务接口、行政监督接口、专业工具接口、投标文件制作软件等构成，并通过接口与公共服务平台和行政监督平台相连接。

交易平台基本功能按照招投标业务流程要求设置，具体包括用户注册、招标方案、投标邀请、资格预审、发标、投标、开标、评标、定标、费用管理、异议、监督、招标异常、归档（存档）等功能。

（2）交易平台与公共服务平台、行政监督平台及专业工具软件之间根据铁路建设工程电子招投标流程及有关规定应具有能进行数据交换的系统接口。铁路建设工程电子招投标交易平台运营机构不得以技术和数据接口配套为由，要求潜在投标人购买指定的工具软件。

（3）铁路建设工程电子招投标交易平台依法及时公布下列主要信息。

① 招标人名称、地址、联系人及联系方式。

② 招标项目名称、内容范围、规模、资金来源和主要技术要求。

③ 招标代理机构名称、资格、项目负责人及联系方式。

④ 投标人名称、资质和许可范围、项目负责人。

⑤ 中标人名称、中标金额、签约时间、合同期限。

⑥ 国家规定的公告、公示，以及技术规范规定公布和交换的其他信息。

（4）铁路建设工程电子招投标交易平台依法设置电子招投标工作人员的职责权限，如实记录招投标过程、数据信息来源，以及每一操作环节的时间、网络地址和工作人员，并具备电子归档功能。

2. 公共服务平台

公共服务平台是为满足各交易平台之间招投标信息对接交换、资源共享的需要，并为市场主体、行政监督部门和社会公众提供信息交换、整合和发布的信息平台。公共服务平台具有招投标相关信息对接、交换、发布，资格信誉和业绩验证，行业统计分析，连接评标专家库，提供行政监督通道等服务功能。

（1）铁路建设工程公共服务平台开放数据接口、公布接口要求，与电子招投标交易平台及时交换铁路建设工程招投标活动所需的信息，以及双方协商确定的其他信息；与上一层级电子招投标公共服务平台连接，及时交换规定的信息，以及双方协商确定的其他信息。任何单位和个人不得伪造、篡改或者损毁电子招投标活动信息。

（2）铁路建设工程电子招投标公共服务平台具备下列主要功能。

① 链接各级人民政府及其下属部门网站，收集、整合和发布有关法律、法规、规章及规范性文件、行政许可和行政处理决定、市场监管和服务的相关信息。

② 连接电子招投标交易平台、国家规定的公告媒介，交换、整合和发布招投标信息。

③ 连接依法设立的评标专家库，实现专家资源共享。

④ 支持不同电子认证服务机构数字证书的兼容互认。

⑤ 提供行政监督部门和监察机关依法实施监督、监察所需的监督通道。

⑥ 整合分析相关数据信息，动态反映招投标市场运行状况、相关市场主体业绩和信用情况。

属于依法必须公开的信息，公共服务平台应当无偿提供。

（3）铁路建设工程电子招投标公共服务平台允许社会公众、市场主体免费注册、登录和获取依法公开的招投标信息，为招标人、投标人、行政监督部门和监察机关按各自职责和注册权限登录和使用公共服务平台提供必要的条件。

（4）电子招投标公共服务平台记录和公布相关交换数据信息的来源、时间并进行电子归档和备份。

3. 行政监督平台

行政监督平台是行政监督部门和监察机关在线监督电子招投标活动并与交易平台、公共服务平台对接、交换相关监督信息的信息平台。行政监督平台公布监督职责权限、监督环节、监督程序、监督时限和信息交换等要求。

（1）铁路建设工程行政监督平台开放数据接口，公布数据接口要求，不得限制和排斥已通过检测认证的电子招投标交易平台和公共服务平台与其对接和交换信息。

（2）行政监督部门、监察机关及其工作人员，除依法履行职责外，不得干预电子招投标活动，并应遵守有关信息保密的规定。

（3）投标人或者其他利害关系人认为电子招投标活动不符合有关规定的，可通过相关行政监督平台进行投诉。行政监督部门和监察机关在依法监督、检查招投标活动或者处理投诉时，通过其平台发出的行政监督或者行政监察指令，招投标活动当事人和电子招投标交易平台、公共服务平台的运营机构应当执行，并如实提供相关信息，协助调查处理。

9.1.2 铁路建设工程电子招投标特点

1. 招投标工作更加公平、公正、透明

通过电子招投标交易平台，铁路建设工程项目招投标过程中的每个环节都会及时公布、公开，使得招标人、投标人、招投标监管部门可以对整个招标过程的时效性和合法性进行有效监督和掌握，同时，投标人或者其他利害关系人依法对资格预审文件、招标文件、开标和评标结果提出的异议，以及招标人的答复，均通过铁路建设工程电子招投标交易平台进行，使得整个招投标工作更加公正、透明，提高了招投标的参与度和竞争性。

2. 招投标效率高

铁路建设工程通过电子招投标交易管理平台传输、下载电子招标文件，网上递交电子投标文件，使用计算机辅助评标系统进行评标，能大幅度提高评标专家的评标效率，缩短整个项目招投标的时间周期。

3. 招投标成本低

铁路建设工程电子招投标通过编制电子招标文件并在平台上进行备案和发布，有效减少了招标文件编制、备案和发布的成本。投标人通过编制电子投标文件并从平台上递交电子投标文件参与投标，减少了投标文件编制、递交的成本。

4. 便于查询招投标交易资料

铁路建设工程招投标交易结束后，由于电子标书的文字和图形都是数字化的，不需要存放大量纸质资料，招投标资料可以快速存档，而且能有效利用历史数据，对已存档的数据进行再次加工利用。

5. 招投标管理规范化

通过电子招投标平台，招投标的全过程受到监管部门的监管和社会监督，促使招投标各方的行为规范化。

1）招投标文件的编制规范化

铁路建设工程电子招投标平台严格要求招标人或招标代理机构按照监管部门制定的电子招标文件范本编制招标文件，招标人只能对电子招标文件范本中允许调整的区域进行相关内容的调整。

2）招投标行为规范化

（1）资格审查的电子化，杜绝了投标企业提交虚假的资格审查资料，规范了投标人的投标行为。

（2）使用数字证书，保证了电子招投标文件的完整性和保密性，为监督部门查核标书提供了有效的线索和证据。

3）评标行为规范化

（1）预先设定评审关键点，提高了评标专家的评标效率。

（2）铁路建设工程电子投标文件中的字体、字号、行间距及颜色等方面有统一规定，提交的投标文件除了内容不同外，其他均相同，杜绝了评审倾向性。

（3）铁路建设工程电子招投标对答辩线路进行了变声处理，评标过程中专家无法进行声音识别，降低了答辩环节评审的倾向性。

（4）铁路建设工程电子招投标对铁路建设工程评标全过程进行录音、录像并刻录保存，为后续监管提供了完整的历史数据。

6. 信息共享

铁路建设工程电子招投标交易管理平台通过将招投标文件电子化，可以实现异地网上远程评标，整个行业共享各地铁路建设工程信息及评标专家资源。

9.1.3 铁路建设工程电子招投标平台

1. 主要的铁路建设工程电子招投标平台

1）中国铁路招标采购网（www.cntlzb.com）

中国铁路招标采购网是国内以供需采购为定位，服务于普铁、高铁、地铁等领域，以发布物资采购、建设招标等相关信息为主的电子商务平台。该平台维护铁路市场"公开、公正、公平"的交易原则，结合铁路主管部门的相关政策法规，适应铁路市场新形势的要求，从而积极推进了铁路建设事业的发展。

2）中国铁路招标网（www.crmzb.com）

中国铁路招标网是铁路工程建设、铁路物资采购项目的专业信息发布平台。其为铁路招标、铁路物资采购招标、铁路工程招标、轨道交通招标、地铁招标、城际铁路招标、中国铁路总公司招标、各铁路局集团有限公司招标等项目提供招标和采购信息服务。

3）中国铁建股份有限公司电子商务平台（http：//www.crccmall.com）

中国铁建股份有限公司电子商务平台由中国铁建股份有限公司设备物资部联合信息中心、中铁物资、中铁天瑞共同组建，该平台使中国铁建各级单位的物资、设备、软件、服务等各种采购实现了网上办理，提高了采购的透明度、降低了采购成本。

4）中国中铁采购电子商务平台（www.crecgec.com）

中国中铁采购电子商务平台是由中国中铁股份有限公司授权鲁班（北京）电子商务科技有限公司建设维护的"物资、机械、分包劳务、办公用品"等集中采购平台，于2013年12月26日正式上线启动，其实现了中国中铁股份有限公司总部、工程局集团公司两级集中采购。

中国中铁股份有限公司及其旗下46家企业集团公司"物资、机械、分包劳务、办公用品"采购信息发布、招标公告、中标公示等业务在中国中铁采购电子商务平台进行。供应商可以在平台参与各相关单位组织的招标、竞价、询价、竞争性谈判等交易行为。

5）铁路建设工程网交易平台（www.rebcenter.com）

铁路建设工程网交易平台是实现网上招投标交易功能的系统平台。

铁路建设工程网发布铁路建设工程招标公告、招标过程信息（资格预审结果、公告变更、答疑补遗、开标结果、中标信息等），收集和存储相关法律、法规、规章、企业状况信息、铁路建设信息，为招投标双方提供信息服务。铁路建设工程招标人和投标人可以通过铁路建设工程网交易平台进行招投标交易。

2. 铁路建设工程电子招投标信息交易系统软件

（1）浪潮 GS 管理系统软件。

（2）广联达电子招投标管理系统软件。

（3）阿里巴巴招投标管理系统软件。

（4）品茗网上招投标管理系统软件。

9.1.4 铁路建设工程电子招投标电子签名、电子加密和解密

1. 铁路建设工程电子招投标电子签名

《电子招标投标办法》第四十条规定，招标投标活动中的下列数据电文应当按照《中华人民共和国电子签名法》和招标文件的要求进行电子签名并进行电子存档：

（1）资格预审公告、招标公告或者投标邀请书；

（2）资格预审文件、招标文件及其澄清、补充和修改；

（3）资格预审申请文件、投标文件及其澄清和说明；

（4）资格审查报告、评标报告；

（5）资格预审结果通知书和中标通知书；

（6）合同；

（7）国家规定的其他文件。

2. 铁路建设工程电子招投标电子加密和解密

铁路建设工程电子招投标应使用合法的电子认证服务机构颁发的数字证书，并能够根据招标文件确定操作方式和责任主体，对需要保密的数据电文进行加密和解密，以确保数据电文的保密性。

9.1.5 铁路建设工程电子招投标活动中的法律责任

（1）铁路建设工程电子招投标系统有下列情形的，责令改正；拒不改正的，不得交付使用，已经运营的应当停止运营。

① 不具备《电子招标投标办法》及技术规范规定的主要功能。

② 不向行政监督部门和监察机关提供监督通道。

③ 不执行统一的信息分类和编码标准。

④ 不开放数据接口、不公布接口要求。

⑤ 不按照规定注册登记、对接、交换、公布信息。

⑥ 不满足规定的技术和安全保障要求。

⑦ 未按照规定通过检测和认证。

（2）铁路建设工程招标人或者电子招投标系统运营机构存在以下情形的，视为限制或者排斥潜在投标人。

① 利用技术手段对享有相同权限的市场主体提供有差别的信息。

② 拒绝或者限制社会公众、市场主体免费注册并获取依法必须公开的招投标信息。

③ 违规设置注册登记、投标报名等前置条件。

④ 故意与各类需要分离开发并符合技术规范规定的工具软件不兼容。

⑤ 故意对递交或者解密投标文件设置障碍。

【案例】

中铁八局四公司一项目部在某高速铁路线路建设工程中，需要铁合金（FeSi90Al1.5）16 t，其向中铁八局物资管理部递交了采购计划，中铁八局物资管理部经过市场调查，了解到这种规格的铁合金供应商有多家，为了择优选择供应商、降低招标成本，中铁八局物资管理部决定采用电子招标的方式进行采购。中铁八局物资管理部进行电子招标应采用哪种信息平台和系统软件？

【解答】

（1）中铁八局属于中国中铁股份有限公司旗下企业，所以，中铁八局物资管理部应在中国中铁采购电子商务平台进行该种规格铁合金的采购招标。

（2）浪潮 GS 管理系统软件采用微软先进的智能客户端技术，为大中型企业集团提供了数据集中、应用集中、管理集中的全面解决方案。其构建于浪潮通用业务平台 GSP 之上，是目前国内最先进的集成化管理信息系统（ERP）产品。中铁八局物资管理部可采用浪潮

GS 管理系统软件进行招标的操作。

9.2 铁路建设工程电子招标

9.2.1 铁路建设工程电子招标的准备工作

1. 招标人（招标代理）注册

《电子招标投标办法》第十六条规定：招标人或者其委托的招标代理机构应当在其使用的电子招标投标交易平台注册登记。

1）铁路建设工程电子招投标的招标人注册

（1）招标人注册需绑定一个或多个 CA 证书。

（2）招标人有唯一的注册编码。

（3）招标人注册时应记录注册信息的申报人员和交易平台验证人员。

（4）铁路建设工程电子招投标交易平台通过比对来排除重复，并在修正、验证后进行确认，最终将招标人写入信息库，实现从公共服务平台公共信息资源数据库交换招标人注册信息。

2）铁路建设工程电子招投标的招标代理机构注册

（1）招标代理机构注册需绑定一个或多个 CA 证书。

（2）招标代理机构注册时应记录注册信息的申报人员和交易平台验证人员。

（3）铁路建设工程电子招投标交易平台通过比对来排除重复，并在修正、验证后进行确认，最终将招标代理机构写入信息库，实现从公共服务平台公共信息资源数据库交换招标代理机构注册信息。

2. 招标人（招标代理）信息库

1）铁路建设工程电子招投标的招标人信息库

① 招标人信息库数据内容包括招标人代码、招标人名称、负责人、国别/地区、行业代码、营业执照号码、CA 证书编号、组织机构代码、税务登记号、开户银行、基本账户账号、注册资本、币种、信息申报责任人、联系电话、联系地址、邮政编码、电子邮箱等信息。

② 招标人信息库应建立招标人招标业绩、奖惩、履约记录等信息。

③ 铁路建设工程电子招投标信息平台通过信息库对招标人信息进行检索和统计分析。

2）铁路建设工程电子招投标的招标代理机构信息库

（1）招标代理机构信息库建立招标代理机构信息，数据内容包括代理机构代码、代理机构名称、负责人、国别/地区、资质类别、资质等级、营业执照号码、CA 证书编号、组织机构代码、税务登记号、开户银行、基本账户、注册资本、信息申报责任人、联系电话、联系地址、邮政编码、电子邮箱等信息。

（2）招标代理机构信息库应建立招标职业资格人员信息，数据内容包括姓名、性别、身份证件类型、身份证件号码、出生年月、所在行政区域代码、最高学历、联系电话、通讯地址、邮政编码、所在单位、职务、职业证书编号、注册登记证书编号、从业年限、项目业绩、奖惩记录等。

（3）招标代理机构信息库应建立招标代理机构电子招标业绩、奖惩记录和履约记录等信息。

（4）铁路建设工程电子招投标信息平台通过信息库对投标人信息进行检索和统计分析。

9.2.2 铁路建设工程电子招标的招标方案

为了更好地完成铁路建设工程电子招标，铁路建设工程招标人在组织招标前须制定招标方案，招标方案的编制包括招标项目编制和招标项目计划编制。

1. 招标项目编制

（1）建立和递交项目相关信息。数据项包括项目编号、项目名称、项目地址、项目法人、联系人及其联系方式、项目行业分类、资金来源、项目规模等。

（2）建立项目与属于本项目下的招标项目之间的关联关系。

（3）建立和递交招标项目相关信息。数据项包括项目名称、招标项目编号、招标项目名称、招标人代码、招标代理机构代码、招标内容与范围，以及招标方案说明、招标方式、招标组织形式、附件等。

（4）建立招标项目与本招标项目下标段（包）之间的关联关系。

（5）建立和修改招标项目标段（包）。数据项包括招标项目编号、标段（包）编号、标段（包）名称、标段（包）内容、标段（包）分类代码、投标人资格条件等。

（6）设定招标项目代理机构职责和权限。数据项包括招标代理机构代码，招标代理机构名称，招标代理机构资格分类分级代码，招标代理内容、范围、权限，招标代理机构项目负责人及其职责权限和联系方式等。

（7）招标项目编制时可以进行招标委托合同的编辑、递交和签署。

（8）招标项目数据应向公共服务平台提供。

2. 招标项目计划编制

（1）设定招标项目团队成员组成及其职责分工。

（2）招标人对招标项目任务计划进行编制、报审、下达、调整。

数据项包括招标项目编号、招标项目名称、标段（包）编号、工作任务计划、项目团队成员组成及其职责分工等。

3. 建立招标项目信息库

（1）招标项目信息库应建立招标项目信息，数据项包括项目名称、项目编号、项目行业分类代码、项目所在行政区域代码、法定代表人、招标交易平台代码、招标项目编号、招标项目名称、招标内容与范围、招标方案说明及附件、招标人代码、招标代理机构代码，以及进行信息交换的公共服务平台标识码等。

（2）招标项目信息库应建立标段（包）和中标信息，数据项包括标段（包）编号、标段（包）内容、标段（包）分类代码、投标人资格条件、中标人代码、中标价格、项目负责人、项目质量要求、项目工期（交货期）、中标通知书编号、合同订立价格，合同结算价格、合同验收质量、合同履行期限等。

（3）招标项目信息库应依据《铁路建设项目施工招标投标实施细则（试行）》的有关规定建立时间信息，数据项包括招标项目建立时间、公告发布时间、开标时间、中标候选人公示时间、中标通知时间、签约时间、合同完成时间等。

9.2.3 铁路建设工程电子招标的投标邀请

（1）招标公告与资格预审公告。招标人或者其委托的招标代理机构应当在资格预审公告、招标公告或者投标邀请书中载明潜在投标人访问电子招投标交易平台的网络地址和方法。依法必须进行公开招标项目的上述相关公告应当在电子招投标交易平台和国家发展和改革委指定的媒介同步发布。

① 铁路建设工程电子招投标的资格预审公告数据项包括招标项目编号、招标项目名称、相关标段（包）编号和投标资格、资格预审文件获取时间及获取方法、资格预审申请文件递交截止时间及递交方法、资格预审公告发布时间、附件等。

② 铁路建设工程电子招投标的招标公告数据项包括招标项目编号、招标项目名称、相关标段（包）编号和投标资格、招标文件获取时间及获取方法、投标文件递交截止时间及递交方法、公告发布时间、附件等。

（2）投标邀请书。采用邀请招标的投标邀请书的数据项包括标段（包）编号、标段（包）名称、投标资格、招标文件获取时间及获取方法、投标文件递交截止时间及递交方法、回复截止时间、投标邀请发出时间、附件等。

采用资格预审的投标邀请书（代资格预审结果通知书）的数据项包括标段（包）编号、标段（包）名称、招标文件获取时间及获取方法、投标文件递交截止时间及递交方法、回复截止时间、投标邀请发出时间、附件等。

（3）资格预审文件或者招标文件的发售期、提交资格预审申请文件的时间、招标人确定投标文件提交截止时间参照《铁路建设项目施工招标投标实施细则（试行）》的相关规定执行。

9.2.4 铁路建设工程电子招标的发标

招标人或者其委托的招标代理机构应当及时将数字化的资格预审文件、招标文件加载至电子招投标交易平台，供潜在投标人下载或查阅。

1. 资格预审文件

资格预审文件数据项包括标段（包）编号、申请资格、申请有效期、申请文件递交截止时间、申请文件递交方法、开启时间、开启方式、评审办法、附件等。

1）资格预审文件的开启

资格预审文件开启记录的数据项包括参与开启的单位、开启时间、开启内容等。

2）资格预审申请文件的评审

（1）资格预审评审委员会依法组建，其数据项包括标段（包）编号、专家人数、行政区域代码、专业、等级、回避条件等。

（2）资格预审评审委员会按照约定的评审方法、标准对资格预审申请文件进行解析、对比。

（3）铁路建设工程电子招投标通过交易平台可以对远程异地的资格预审文件进行评审。

（4）资格预审结果文件的数据项包括标段（包）编号、通过资格预审的申请人名单、附件等。

3）资格预审结果通知书

资格预审评审委员会确认通过资格预审的申请人后，发布资格预审结果通知书，并向公共服务平台提供。

资格预审结果通知书的数据项包括：招标人、招标代理机构、招标项目名称及其编号、标段（包）编号、资格预审通过单位名称、资格预审通知书发出时间、附件等。

2. 招标文件

（1）招标人对招标文件进行编辑、提交、审核、确认、备案和发出，招标文件的数据项包括标段（包）编号、投标资格、投标有效期、投标保证金、投标文件递交截止时间、投标文件递交方法、开标时间、开标方式、评标办法、附件等。

（2）铁路建设工程电子招投标交易平台按照标准文件或示范文本生成招标文件，并向公共服务平台提供。招标文件多个不同格式附件可以组合打包生成一个文件。

（3）招标文件中设定投标文件的主要内容、格式要求、递交截止时间（开标时间），交易平台记录招标文件下载人、下载时间、下载次数。

3. 踏勘现场

（1）铁路建设工程电子招投标的"踏勘现场"包括现场踏勘通知的编辑、发出。其数据项应包括招标项目编号、标段（包）编号、踏勘通知内容、踏勘发出时间、附件等。

（2）招标人按招标文件约定的时间，向所有已获取招标文件的潜在投标人发出现场踏勘通知并提示现场踏勘时间。

（3）踏勘信息的记录数据项包括招标项目编号、标段（包）编号、踏勘单位名称及其代表姓名、踏勘时间、附件等。

4. 资格预审文件/招标文件的澄清与修改

（1）招标人通过铁路建设工程电子招投标交易平台对资格预审文件/招标文件澄清问题的内容进行编辑、递交，数据项包括标段（包）编号、文件编号、要求澄清的问题、附件等。

（2）铁路建设工程电子招投标通过交易平台控制资格预审申请人/投标人递交澄清问题的时间、招标人递交澄清答复的时间；向所有已获取文件的潜在资格预审申请人/投标人发送通知，并以醒目方式公告澄清与修改的内容。

（3）潜在资格预审申请人/投标人可以下载澄清与修改文件，并递交回执，招标人可以对文件的澄清与修改进行编辑、审核、发出，其数据项包括标段（包）编号、澄清与修改文件编号、对文件澄清与修改的内容、澄清与修改递交时间、附件等。

（4）招标人对资格预审文件、招标文件进行澄清或者修改的，应当通过电子招投标交易平台以醒目的方式公告澄清或者修改的内容，并以有效方式通知所有已下载资格预审文件或者招标文件的潜在投标人。

9.2.5 铁路建设工程电子招标的其他规定

（1）铁路建设工程电子招投标数据电文形式的资格预审公告、招标公告、资格预审文件、招标文件等应当标准化、格式化，并符合有关法律法规及国家有关部门颁发的标准文本的要求。

（2）除《电子招标投标办法》和《电子招标投标系统技术规范》规定的注册登记外，任何单位和个人不得在招投标活动中设置注册登记、投标报名等前置条件限制潜在投标人下载资格预审文件或者招标文件。

（3）在投标截止时间前，铁路建设工程电子招投标交易平台运营机构不得向招标人或者其委托的招标代理机构以外的任何单位和个人泄露资格预审文件、潜在投标人名称和数量及可能影响公平竞争的其他信息。

【案例】

中铁八局四公司一项目部在某高速铁路线路建设工程中，按进度计划于 2019 年 5 月 1 日需要铁合金（FeSi90Al1.5）15 t，项目部于 2019 年 4 月 1 日前向中铁八局物资管理部分别递交了采购 5 t 和采购 10 t 的两份采购计划，中铁八局物资管理部在网上发布了关于该种铁合金的招标公告。针对采购计划，中铁八局物资管理部应怎样进行电子招标？

【解答】

中铁八局物资管理部针对案例中的事项应按：编制采购方案（组包）→编制采购项目（组标）→发布招标公告→发布招标文件的程序进行电子招标。

1. 编制采购方案（组包）

（1）在铁路建设工程电子招投标交易平台"所有功能"界面的"电子采购"功能中点击"采购立项"中的"采购方案编制"。

采购方案编制界面如图 9 - 1 所示。

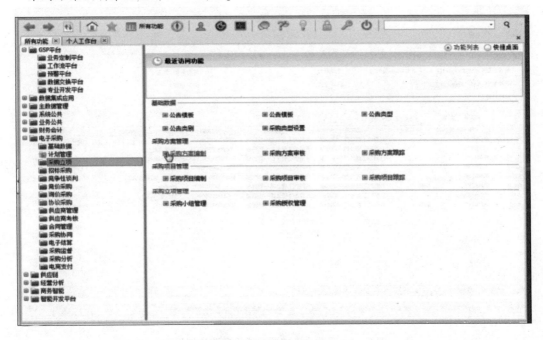

图 9 - 1 采购方案编制界面

（2）如图 9 - 2 所示，进入"采购方案编制"界面，在"采购单位"栏输入"中铁八局物资管理部"，点击"参照"。

（3）如图 9 - 3 所示，弹出"采购立项参照采购计划"界面，选择第一条"PUR6139"采购计划，点击"确定"。

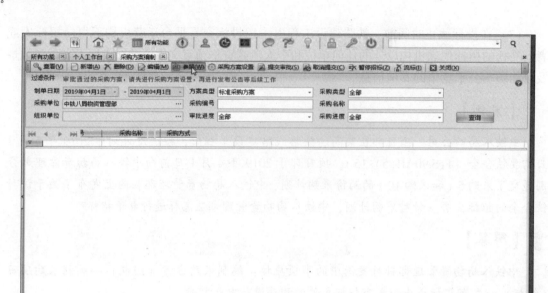

图 9 - 2　采购方案编制 - 参照界面

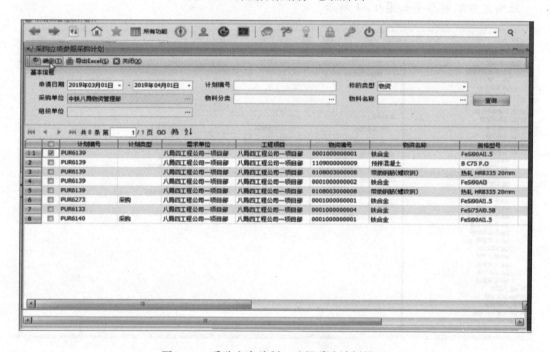

图 9 - 3　采购方案编制 - 选择采购计划界面

（4）回到"采购方案编制"界面，在"采购编号"和"采购名称"栏分别输入"组包 1201"，勾选"是否组包"按钮，在"包件编号"和"包件名称"栏分别输入"组包 1201 - 001"，点击"保存"，第一个包件完成。采购方案编制 - 组包 1 界面如图 9 - 4 所示。

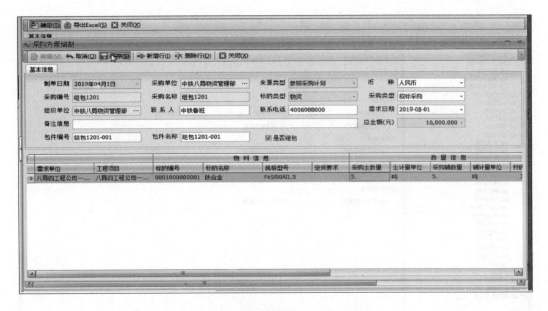

图9-4 采购方案编制-组包1界面

（5）采用同样的方法，再选择另一条采购计划"PUR6140"，制作第二个包件，点击"保存"。

采购方案编制-组包2界面如图9-5所示。

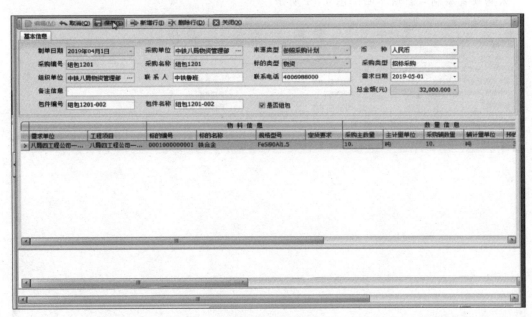

图9-5 采购方案编制-组包2界面

2. 编制采购项目（组标）

（1）在"所有功能"界面，点击"采购立项"中的"采购项目编制"。

采购项目编制界面如图9-6所示。

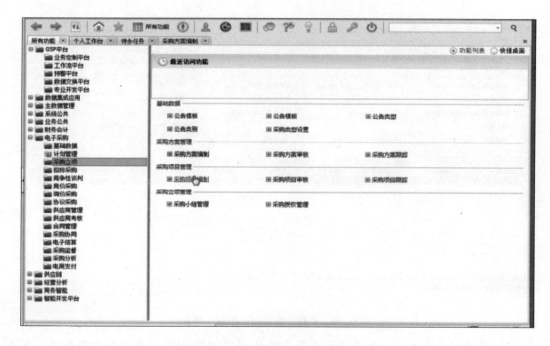

图 9 – 6　采购项目编制界面

（2）在"采购项目编制"界面，输入采购单位，点击"新增"。

采购项目编制 – 新增界面如图 9 – 7 所示。

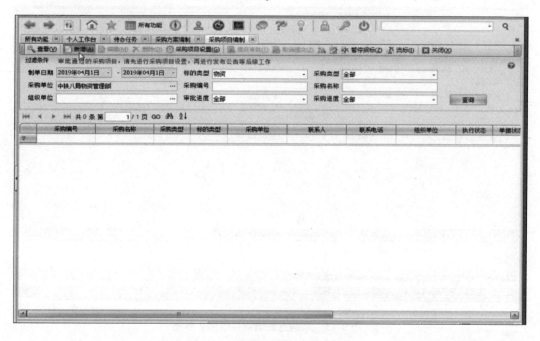

图 9 – 7　采购项目编制 – 新增界面

（3）如图 9 – 8 所示，在弹出的"采购项目制单"界面的"基本信息"里输入"采购单位"和"组织单位"，点击"选择已有采购方案"。

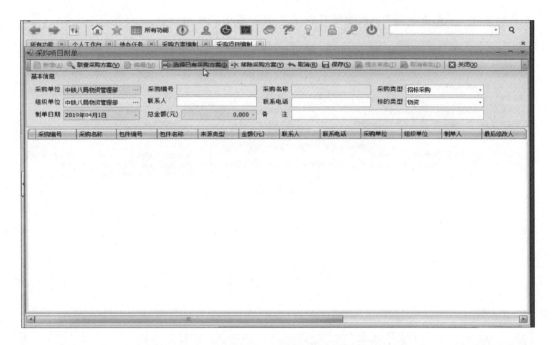

图9-8　采购项目编制-基本信息界面

（4）如图9-9所示，在弹出的"选择方案管理"界面中勾选已经建立的两个组包方案，点击"确定"。

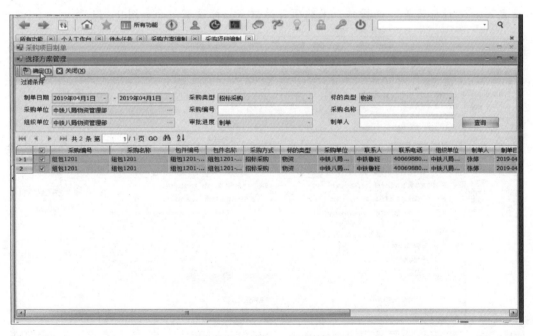

图9-9　采购项目编制-选择方案管理界面

（5）回到"采购项目制单"界面，赋予两个包件统一的"采购编号：培训1201"和"采购名称：培训1201"。点击"保存"后，系统提示"是否将采购编号和采购名称同步到下级采购方案",点击"是"。采购项目制单界面如图9-10所示。

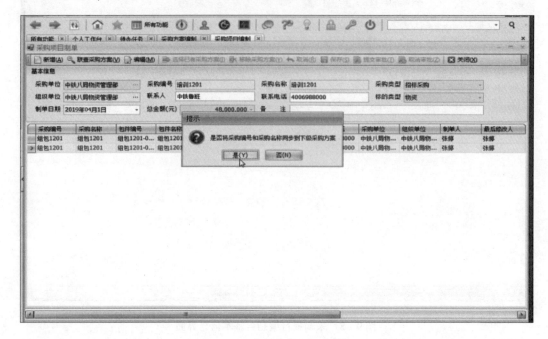

图9-10 采购项目制单界面

(6) 进入"采购项目编制"中"采购项目设置"界面,点击"招标设置",进行"基本设置"和"评标设置"的操作。采购项目编制-招标设置界面如图9-11所示。

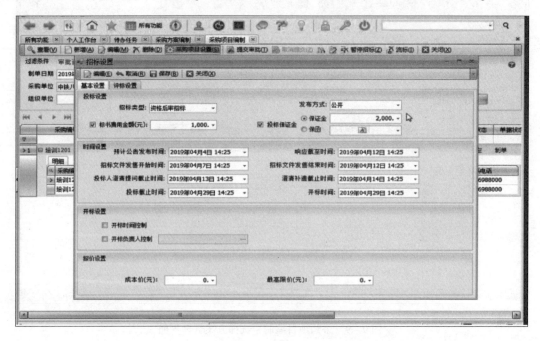

图9-11 采购项目编制-招标设置界面

采购项目编制-评标设置界面如图9-12所示。

图9－12　采购项目编制－评标设置界面

（7）所有设置完成后，点击"提交审批"，弹出"审批流程帮助"界面，勾选包件"培训1201－001""培训1201－002"，点击"审批通过"。审批通过之后即可进行招标公告的发布。组标方案审批通过界面如图9－13所示。

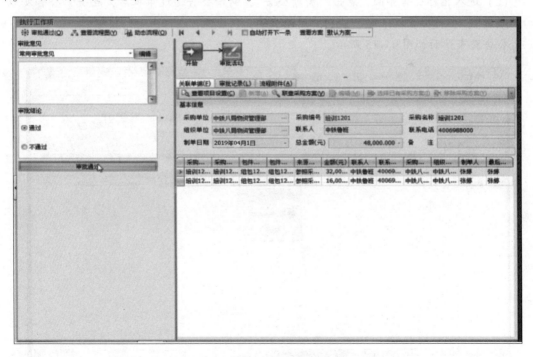

图9－13　组标方案审批通过界面

3. 发布招标公告

（1）回到"所有功能"界面，在"电子采购"的"招标采购"中，点击"公开招标（资格后审）"中的"招标公告"。招标公告界面如图9-14所示。

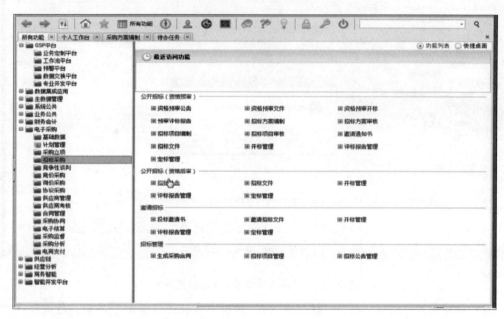

图9-14　招标公告界面

（2）进入招标公告界面，点击"新增公告"，新增公告通过审批后，点击"公告发布"和"确定"，招标公告就"挂"在门户网站上了，供应商可在网上看到招标公告。

公告发布界面如图9-15所示。

图9-15　公告发布界面

4. 发布招标文件

（1）招标公告发布后，下一步进行招标文件的发布。在"招标采购"中点击"招标文件"。招标文件界面如图9－16所示。

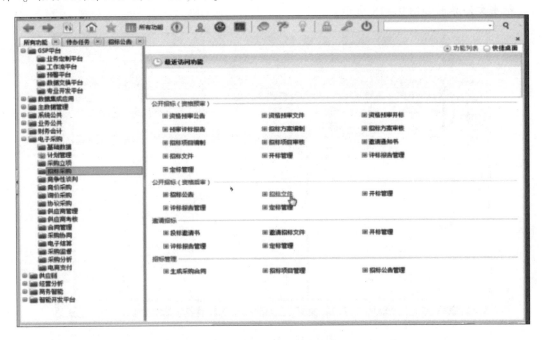

图9－16　招标文件界面

（2）在"招标文件"界面，输入采购单位，界面弹出采购列项栏，选择"培训1201"，点击"标书文件"。标书文件界面如图9－17所示。

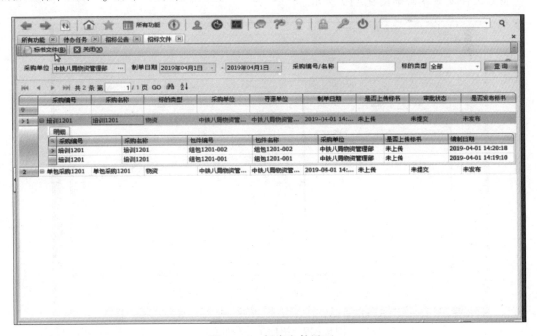

图9－17　标书文件界面

（3）在"标书文件"界面选择模板"万能文档.docx"，点击"同步文件"，把"万能文档.docx"模板赋予"培训1201－001"包件，将"测试数据汇总.docx"模板赋予"组包1201－002"包件，点击"提交审批"。

标书文件界面如图9－18所示。

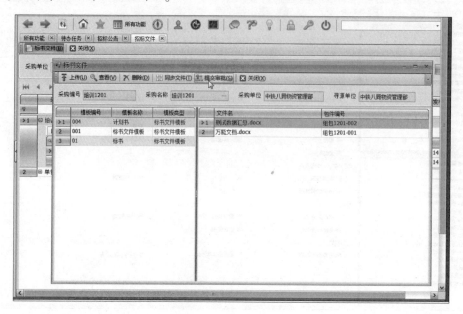

图9－18　标书文件界面

（4）在"审批意见"栏，点击"审批通过"，审批通过之后，回到"标书文件"界面，点击"发布"按钮。招标文件发布成功，供应商即可从供方交易系统下载"标书文件"。

招标文件发布界面如图9－19所示。

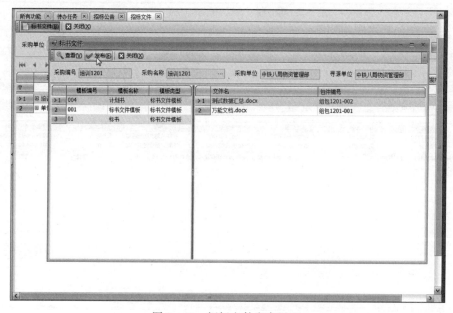

图9－19　招标文件发布界面

9.3 铁路建设工程电子投标

9.3.1 铁路建设工程电子投标的准备工作

1. 投标人注册

投标人应当在资格预审公告、招标公告或者投标邀请书中载明的铁路建设工程电子招投标交易平台注册登记。

（1）投标人需绑定一个或多个 CA 证书。

（2）投标人只能将电子印章绑定到一个 CA 证书。

（3）投标人注册时应记录注册信息的申报人员和交易平台验证人员。

（4）铁路建设工程电子招投标信息平台通过比对、排除重复，再进行修正、验证确认，将投标人写入信息库，并从公共服务平台公共信息资源数据库交换投标人注册信息。

2. 投标人信息库

投标人应如实递交有关信息，并经铁路建设工程电子招投标交易平台运营机构验证。

（1）投标人信息库数据项按不同主体分别包括：投标人代码、投标人名称、负责人、国别/地区、资质序列、资质等级、资信等级、奖惩记录、营业执照号码、CA 证书编号、组织机构代码、税务登记号、开户银行、基本账户账号、注册资本、注册资本币种、信息申报和变更责任人、联系电话、联系地址、邮政编码、电子邮箱等信息。

（2）投标人信息库应建立投标人中标业绩明细数据、奖惩与履约等信息。

（3）投标人信息库应建立专业职业资格人员（注册建造师、注册监理工程师等）的相关信息，数据项包括姓名、性别、身份证件类型、身份证件号码、出生年月、所在行政区域代码、最高学历、联系电话、通讯地址、邮政编码、所在单位、职务、技术职称、职业资格序列、职业资格等级、职业证书编号、从业经历、从业年限、项目业绩、奖惩记录等信息。

（4）投标人信息库应建立投标人黑名单。

（5）铁路建设工程电子招投标交易平台通过信息库对投标人信息进行检索和统计分析。

9.3.2 铁路建设工程电子投标的资格预审申请文件/投标文件

1. 资格预审申请文件/投标文件的在线或离线编辑和制作

铁路建设工程电子招投标交易平台允许投标人离线编制资格预审申请文件/投标文件，并且分段或者整体加密、解密，投标人应当按照招标文件和电子招投标交易平台的要求编制并加密资格预审申请文件/投标文件。

（1）资格预审申请文件/投标文件的编辑和制作主要包括文件导入、文件内容编辑、工程量清单（如有）导入、版式文件转换、电子签章、文件生成、校验及加密等。

（2）资格预审申请文件数据项包括标段（包）编号、申请人代码、投标资格条件、项目负责人、申请时间、附件等。

（3）投标文件数据项包括标段（包）编号、投标人代码、投标报价、工期（交货期）、投标有效期、投标保证金形式、投标保证金金额、投标单位项目负责人、投标时间、附件等。

2. 资格预审申请文件/投标文件的递交、修改和撤回

投标人通过资格预审公告、招标公告或者投标邀请书载明的铁路建设工程电子招投标交易平台递交数据电文形式的资格预审申请文件/投标文件。

（1）资格预审申请文件/投标文件应在招标文件规定的递交截止时间前递交、补充、修改和撤回。投标截止时间前未完成投标文件传输的，视为撤回投标文件。

（2）资格预审申请文件/投标文件递交时间截止后，交易平台将拒绝资格预审申请人/投标人递交、修改和撤回文件。

（3）资格预审申请文件/投标文件应按照招标文件约定的加密方式选择按标段（包）分段或整体加密、递交；投标人未按规定加密的资格预审申请文件/投标文件，交易平台将拒收并提示。

3. 铁路建设工程电子招投标信息交易平台对资格预审申请文件/投标文件的管理

（1）资格预审申请文件/投标文件通过交易平台接收、校验、递交回执，交易平台对文件按接收时间排序。

（2）交易平台对资格预审申请文件/投标文件的主要数据项内容和格式进行校验。

（3）交易平台拒收未按法律法规规定和招标文件要求递交的文件、拒绝接收递交时间截止时尚未完成传输的文件。

（4）交易平台能防止资格预审申请文件/投标文件被篡改。

9.3.3　铁路建设工程电子投标的投标保证金

（1）铁路建设工程电子招投标交易平台记录和提示投标保证金接收、退还信息，数据项应包括标段（包）编号、投标人代码、投标人名称、保证金金额、保证金支付形式、保证金凭证接收时间、保证金到账时间和保证金退还时间等。

（2）投标保证金接收情况可以通过交易平台展示。

（3）铁路建设工程电子招投标交易平台按照招标文件要求对投标保证金支付形式、资金到账时间、金额、接收凭证等进行符合性校验。

9.3.4　铁路建设工程电子投标的其他规定

（1）铁路建设工程电子招投标交易平台的运营机构，以及与该机构有控股或者管理关系的可能影响招标公正性的任何单位和个人，不得在该交易平台进行的招标项目中投标和代理投标。

（2）铁路建设工程电子招投标交易平台收到投标人送达的投标文件，应当即时向投标人发出确认回执通知，并妥善保存投标文件。在投标截止时间前，除投标人补充、修改或者撤回投标文件外，任何单位和个人不得解密、提取投标文件。

（3）禁止除资格预审申请人/投标人以外的任何人在投标截止前解密、提取文件。

【案例】

中铁八局四公司一项目部在某高速铁路线路建设工程中，按进度计划，2019年5月1日需要铁合金（FeSi90Al1.5）15 t，中铁八局物资管理部依据该项目部提交的采购计划，编制了组包方案，进行了组标，并在中国中铁采购电子商务平台发布了招标公告，上海某铁合金供应商想承揽此次业务。针对招标公告，上海某铁合金供应商要想承揽此次业务应如何进行投标？

【解答】

针对招标公告，上海某铁合金供应商应按：查看采购信息→下载标书文件→编辑投标报价→网上投标的程序进行电子投标。

1. 查看采购信息

（1）从铁路建设工程电子招投标交易平台的门户网站进入供方交易系统，点击"供应商门户"中的"采购信息"。

供应商门户 – 采购信息界面如图 9 – 20 所示。

图 9 – 20 供应商门户 – 采购信息界面

（2）在采购信息界面，选择"采购编号为培训1201"的采购信息，点击"只看关注"。

采购信息界面如图 9 – 21 所示。

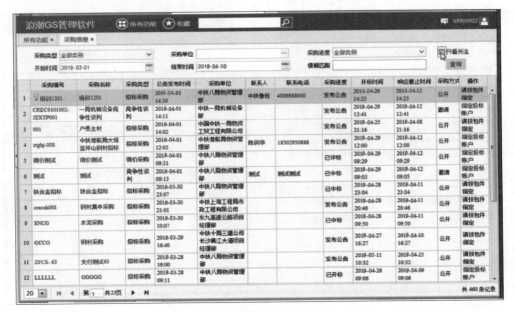

图 9 – 21 采购信息界面

（3）勾选"只看关注"，后，弹出标的明细界面，供应商在这个界面可以看到组标中的"组包1201－001"和"组包1201－002"两个包件。

标的明细界面如图9－22所示。

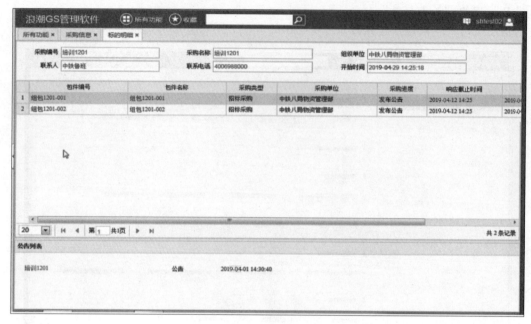

图9－22　标的明细界面

2. 下载标书文件

（1）在"标的明细"界面，点击"组包1201－001"包件，弹出"招标采购明细"。在招标采购明细界面，供应商输入"联系方式、联系人"，点击"提交"。

招标采购明细界面如图9－23所示。

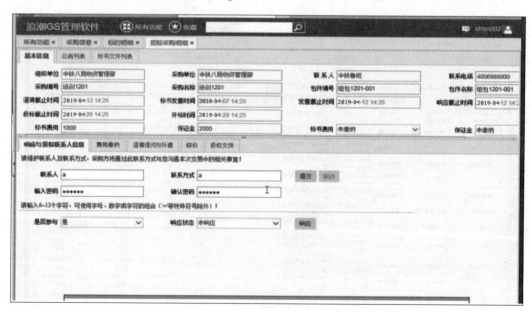

图9－23　招标采购明细界面

（2）供应商在"是否参与"中选择"是"，在"响应状态"中选择"响应"。
响应界面如图9-24所示。

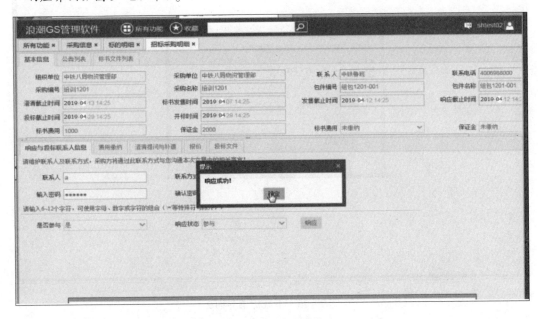

图9-24 响应界面

（3）供应商接下来应下载标书文件，如果没有缴纳标书费用，系统将提示"不允许下载，请确认是否已经缴纳标书费用"，如果已缴纳标书费用，点击"万能文档.docx"，弹出"您要对万能文档.docx执行什么操作"后，标书文件就可以下载了。

下载标书界面1、2如图9-25、图9-26所示。

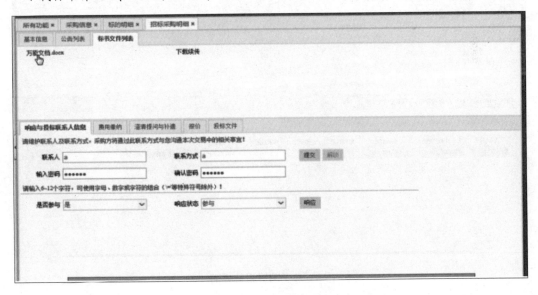

图9-25 下载标书界面1

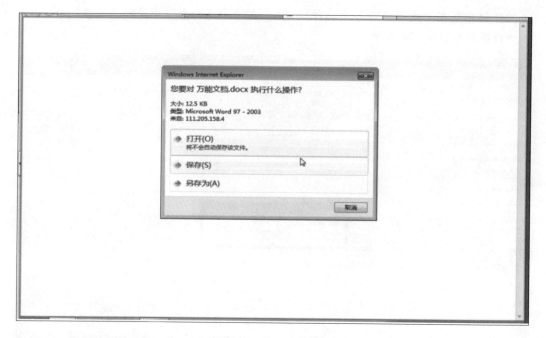

图 9 – 26　下载标书界面 2

3. 编辑投标报价

标书下载后，供应商最主要的任务是"报价"，在"报价"界面，供应商点击"编辑报价"，进行物料"出厂单价"和"运杂费单价"的编辑。

编辑报价界面如图 9 – 27 所示。

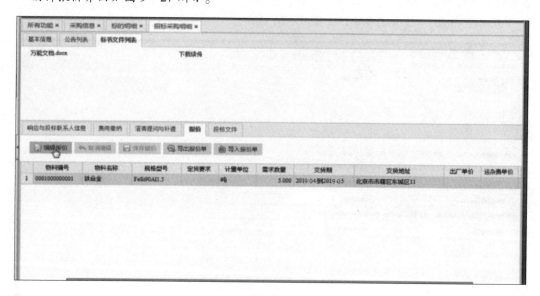

图 9 – 27　编辑报价界面

4. 网上投标

报价编辑完成后，供应商保存报价，并打开"投标文件"，点击"上传标书"。至此，供应商就完成了网上投标，系统将默认该供应商进入"允许入围"状态。

上传标书界面如图 9 - 28 所示。

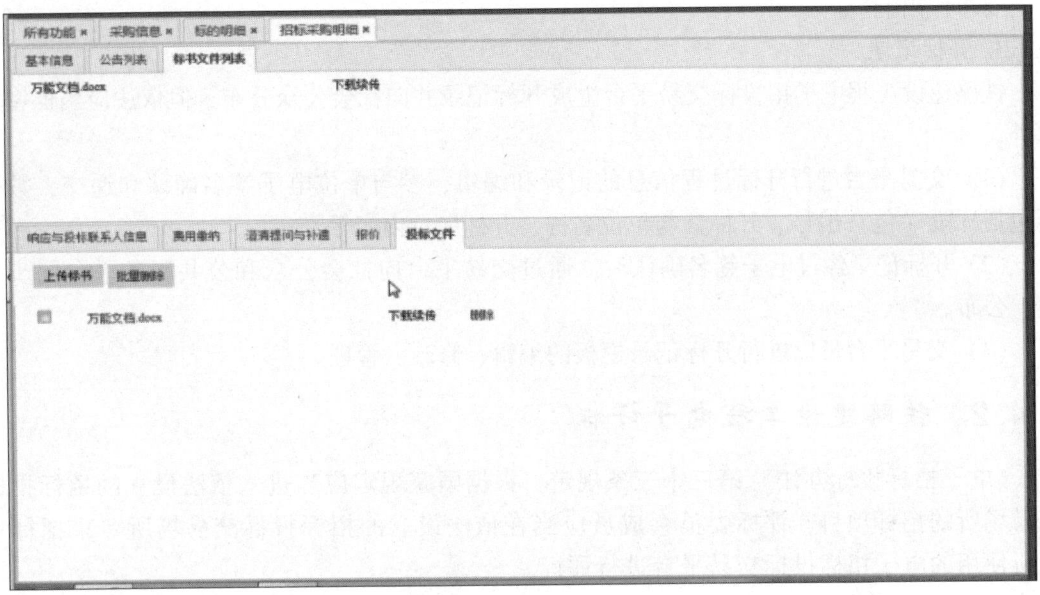

图 9 - 28　上传标书界面

9.4　铁路建设工程电子开标、评标、定标

9.4.1　铁路建设工程电子开标

铁路建设工程电子招投标交易平台在开标时对投标文件进行数据读取、记录和展示，展示内容中应包括标段（包）编号、投标人名称、报价、工期（交货期）、投标保证金额、投标保证金到账时间、投标文件递交时间等招标文件所确定的唱标内容。

1. 开标

（1）铁路建设工程电子开标应当按照招标文件确定的时间，在铁路建设工程电子招标交易平台上公开进行，所有投标人均应准时在线参加开标。

（2）开标时交易平台需验证投标单位是否达到和显示法定数量，并根据实际情况启动开标或取消开标。

（3）开标时交易平台需验证并公布投标文件不被篡改、不遗漏及投标过程记录。

2. 投标文件在线解密

（1）开标时，铁路建设工程电子招投标交易平台自动提取所有投标文件，提示招标人和投标人按招标文件规定方式按时在线解密并记录解密过程。解密全部完成后，应当向所有投标人公布投标人名称、投标价格和招标文件规定的其他内容。

（2）因投标人原因造成投标文件未解密的，视为撤销其投标文件；因投标人之外的原因造成投标文件未解密的，视为撤回其投标文件，投标人有权要求责任方赔偿因此遭受的直接损失。部分投标文件未解密的，其他投标文件的开标可以继续进行。

（3）招标人在招标文件中明确投标文件解密失败的补救方案，投标文件应按照招标文件的要求作出响应。

3. 开标记录

铁路建设工程电子招投标交易平台生成开标记录并向社会公众公布，但依法应当保密的除外。

（1）交易平台进行开标过程信息的记录和编辑、参与单位电子签名确认和递交，数据项包括标段（包）编号、开标参与单位名称、开标展示内容等。

（2）开标记录经过电子签名确认后，通过交易平台向社会公众和公共服务平台同步交换、公布。

（3）交易平台可以进行开标记录模板的编辑、修改、管理。

9.4.2 铁路建设工程电子评标

《电子招标投标办法》第三十三条规定，根据国家规定应当进入依法设立的招标投标交易场所的招标项目，评标委员会成员应当在依法设立的招标投标交易场所登录招标项目所使用的电子招标投标交易平台进行评标。

电子评标应当在有效监控和保密的环境下在线进行。

1. 铁路建设工程电子招投标评标专家

（1）专家信息库依法建立，数据项包括：专家编号、姓名、性别、身份证件类型、身份证件号码、出生年月、所在行政区域代码、最后毕业院校、最高学历、联系电话、通讯地址、邮政编码、所在单位、是否在职、职务、工作简历、专业分类、技术职称、职业资格序列、职业资格等级、从业年限、奖惩记录等信息。

（2）交易平台进行铁路建设工程评标专家的审核、入库、培训、考核、暂停、退出，并按地区、专业等随机抽取和记录评标专家。

（3）交易平台记录专家信息入库、变更和审核验证的时间及责任人，并设置专家回避情形。

（4）交易平台向公共服务平台专家库推荐专家入库。

2. 铁路建设工程电子招投标评标委员会

（1）评标委员会依法组建，数据项包括标段（包）编号、专家人数、行政区域代码、专业、等级、回避条件等组建要求。

（2）评标委员会成员在铁路建设工程电子招投标交易平台进行账号生成、签到、身份确认和回避确认，同时，交易平台将评标专家行为考评记录递交到专家所属公共服务平台连接的专家库。

（3）交易平台接收专家库反馈并抽取评标专家名单、设置评标委员会职责分工，数据项包括专家编号、专家姓名、通知时间、通知方式等，评标委员会名单在评标前应保密。

（4）交易平台通过公共服务平台连接的专家库通知评标委员会成员报到的时间和地点。

3. 铁路建设工程电子招投标评审

（1）招标人在铁路建设工程电子招投标交易平台按招标项目类型和评标办法设置评标

模板；按招标文件约定的评标方法、评审因素和标准设置评审表格和评审项目，评审项目访问和信息阅读依评审权限设置，无相应权限者无法查阅或操作相关数据。

（2）评标中需要投标人对投标文件澄清或者说明的，招标人和投标人应当通过铁路建设工程电子招投标交易平台交换数据电文。

（3）评标委员会按招标文件约定的评标方法，依据招标项目清单、标底总价、分项单价与投标报价对投标文件进行校验、解析、对比，辅助评分或计算评标价，汇总计算投标人综合评分或评标价并进行排序。

（4）交易平台对投标文件、异常投标行为、评标委员会成员打分结果进行检测和辅助分析。

4. 铁路建设工程电子招投标评标报告

评标委员会完成评标后，通过铁路建设工程电子招投标交易平台向招标人提交数据电文形式的评标报告。

（1）评标委员会进行评标报告的编辑、阅读的权限设置、签署和提交，数据项包括标段（包）编号、中标候选人名称及排名、投标价格、评分结果或评标价格、中标价格、附件等。

（2）招标人应向公共服务平台监督通道提供评标报告数据。

5. 铁路建设工程异地评标

铁路建设工程电子招投标可以进行网络远程异地评标，评标委员会对网络远程异地评标应进行必要的沟通；交易平台对网络远程异地评标委员会进行有效的监控，并控制评标时间和地点。

9.4.3 铁路建设工程电子定标

1. 确定铁路建设工程电子招投标中标人

1）中标候选人公示

依法必须进行招标的项目的中标候选人应当在铁路建设工程电子招投标交易平台进行公示和公布。中标候选人公示的编辑、提交审核、验证确认、备案、发布等数据项包括：标段（包）编号、公示内容（含中标候选人名称及排序、投标价格、中标价格）、公示时间等。中标候选人公示数据应向公共服务平台提供。

2）确定中标人

中标人可以由招标人确定，也可以授权评标委员会确定。

2. 铁路建设工程电子招投标中标通知书

招标人确定中标人后，应当通过铁路建设工程电子招投标交易平台以数据电文形式向中标人发出中标通知书，并向未中标人发出中标结果通知书，同时向公共服务平台提供中标通知书和中标结果通知书。

1）中标结果公告

依法必须进行招标的项目的中标结果应当在铁路建设工程电子招投标交易平台进行公示和公布。

中标结果公告由招标人进行编辑、提交审核、验证确认、备案、发布并向公共服务平台提供，数据项包括：标段（包）编号、标段（包）名称、中标人名称、中标价格、附件等。

2）中标通知书

招标人对中标通知书和中标结果通知书进行编辑、验证确认和递交，同时编辑、确认和递交中标、未中标理由，数据项包括：招标项目名称及其编号、标段（包）编号、中标人、中标价格、附件等。

中标通知书发出后，在规定的时间内，招标人通过铁路建设工程电子招投标交易平台，以数据电文形式与中标人签订合同。

【案例】

中铁八局四公司一项目部在某高速铁路线路建设工程中，按进度计划，2015年5月1日需要铁合金（FeSi90Al1.5）15 t，中铁八局物资管理部依据该项目部提交的采购计划，在中国中铁采购电子商务平台发布了招标公告，上海某铁合金供应商与其他几家铁合金供应商参加了投标。中铁八局物资管理部怎样在网上对上海某铁合金供应商及其他几家铁合金供应商的投标文件进行评审？如何确定中标人？

【解答】

中铁八局物资管理部针对上海某铁合金供应商及其他几家铁合金供应商的投标文件应按：开标→抽取评标专家→评标→编制评标报告→发布中标公示→确定中标人→发出中标通知的程序进行评审，确定中标人。

1. 开标

（1）招标文件发布之后，进行开标工作。在铁路建设工程电子招投标交易平台的"所有功能"界面，点击"招标采购"中的"开标管理"。

开标管理界面如图9-29所示。

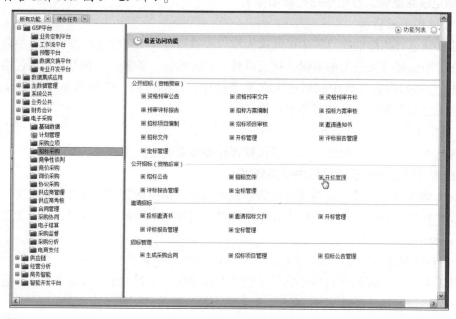

图9-29 开标管理界面

（2）在"开标管理"界面，选取包件"组包培训 1201 - 001"，点击"开标记录"，弹出"开标记录表"，在解锁之后，弹出供应商的报价，点击"保存"。

开标记录表界面如图 9 - 30 所示。

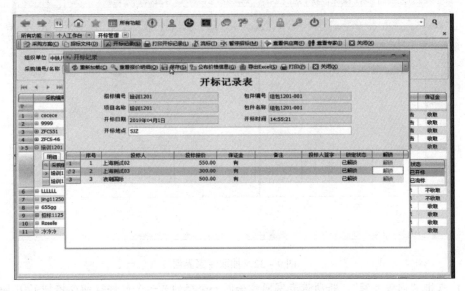

图 9 - 30　开标记录表界面

（3）在"开标记录"界面，点击"公布价格信息"，将供应商的报价公开，同时推送给其他参与商，公布的价格是供应商的总价，供应商的价格明细不公布。

公布价格信息界面如图 9 - 31 所示。

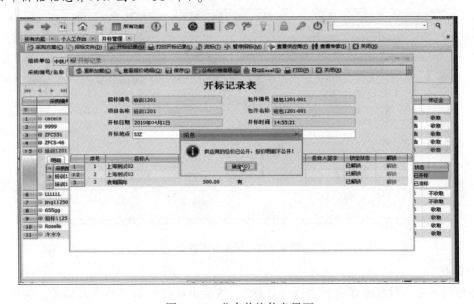

图 9 - 31　公布价格信息界面

2. 抽取评标专家

（1）点击"抽取专家"，在"抽取专家"界面，可以选取"招标人代表"和"物资专家"，选取之后在"抽取专家"界面的右方即可看到被抽取的评委，点击"保存设置"。

抽取专家界面如图 9 – 32 所示。

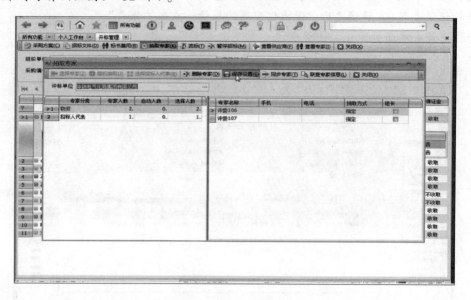

图 9 – 32 抽取专家界面

（2）点击"同步专家"，将所选专家同步给同一个标的另一个包件（组包培训 1201 – 002）。同步专家界面如图 9 – 33 所示。

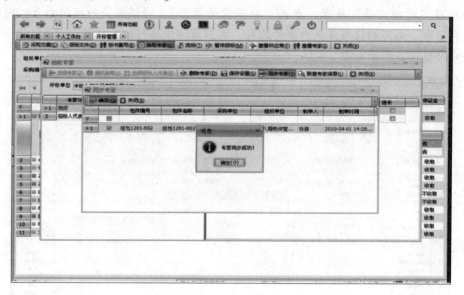

图 9 – 33 同步专家界面

3. 评标

评标顺序是：所有专家进行"专家评标"、然后由评标组长汇总重大偏差，其他专家组成员确认"重大偏差""投标报价评审"，查看"汇总评标结果"，之后由专家组长进行"评标结论"的生成。

（1）进入评标专家平台，点击"专家门户"，弹出"专家评标"和"专家信息"，点击"评标专家"。

专家门户 – 评标专家界面 1 如图 9 – 34 所示。

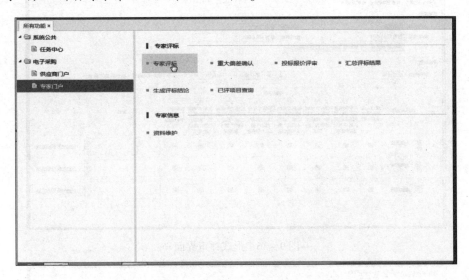

图 9 – 34 专家门户 – 评标专家界面 1

（2）在"评标专家"界面，找到要评标的单据，点击"评标"按钮。

专家门户 – 评标专家界面 2 如图 9 – 35 所示。

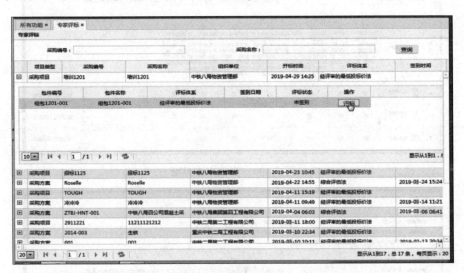

图 9 – 35 专家门户 – 评标专家界面 2

（3）评标的第一步是进行形式评审。

形式评审界面如图 9 – 36 所示。

（4）评标的第二步是进行资格审查。

资格审查界面如图 9 – 37 所示。

（5）评标的第三步是进行商务评审。

商务评审界面如图 9 – 38 所示。

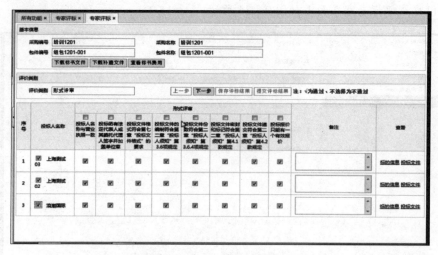

图 9 – 36　形式评审界面

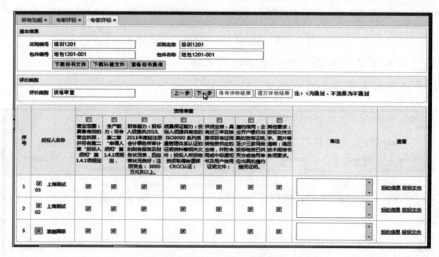

图 9 – 37　资格审查界面

图 9 – 38　商务评审界面

（6）评标的第四步是进行技术评审，如果没有通过技术评审，要在"备注"中，输入未通过技术评审的信息。

技术评审界面如图9-39所示。

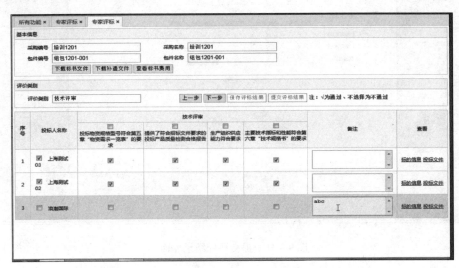

图9-39 技术评审界面

（7）形式评审、资格审查、商务评审、技术评审完成后，点击"保存评标结果"。

保存评标结果界面如图9-40所示。

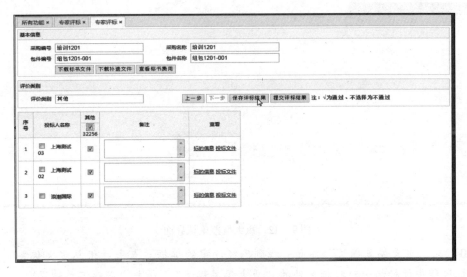

图9-40 保存评标结果界面

（8）评标结果保存后，点击"提交评标结果"，弹出评标结果的汇总。在这个界面，可以看到对三家供应商评标的综合情况。

提交评标结果界面如图9-41所示。

（9）回到"所有功能"界面，点击"重大偏差确认"。

重大偏差确认界面如图9-42所示。

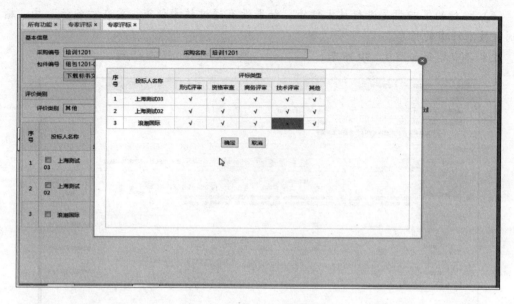

图 9 - 41　提交评标结果界面

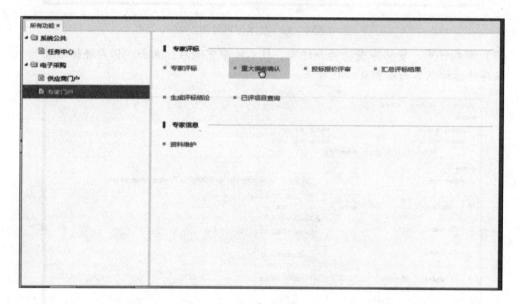

图 9 - 42　重大偏差确认界面

（10）在"重大偏差确认"界面，找到已经评审的单据，点击"汇总重大偏差"，即可看到评标过程中评标组长对投标文件的"重大偏差描述"，点击"保存汇总结果"。

重大偏差描述界面如图 9 - 43 所示。

（11）"重大偏差确认"完成后，进行"投标报价评审"。

专家评标 - 投标报价评审界面如图 9 - 44 所示。

（12）在"投标报价评审"界面，点击"报价评审"后，弹出"报价明细"和"报价汇总"，在"报价明细"界面，对供应商的出厂价、运杂费、单价等进行评审。

报价明细界面如图 9 - 45 所示。

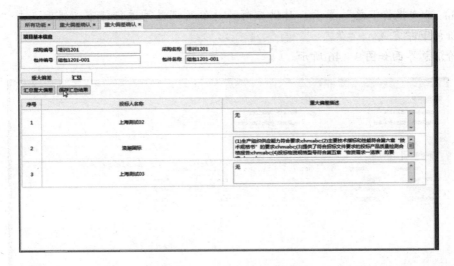

图 9 - 43　重大偏差描述界面

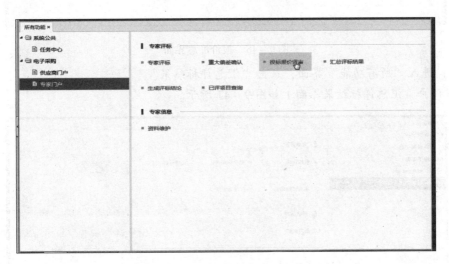

图 9 - 44　专家评标 - 投标报价评审界面

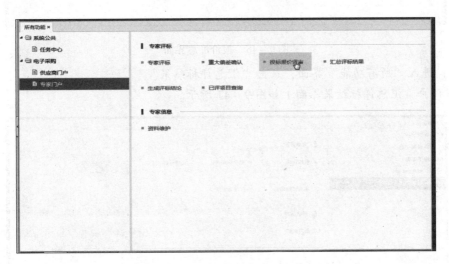

图 9 - 45　报价明细界面

（13）在"报价汇总"界面，对供应商的总价及调差等进行评审。然后点击"保存"，投标报价评审即完成。

报价汇总界面如图9-46所示。

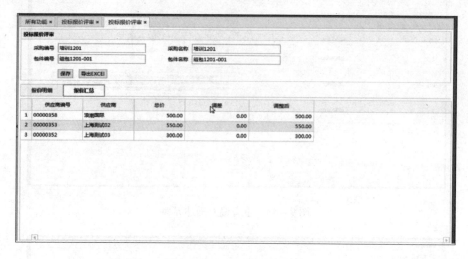

图9-46 报价汇总界面

（14）进入"所有功能"界面，点击"汇总评标结果"。

专家门户-汇总评标结果界面1如图9-47所示。

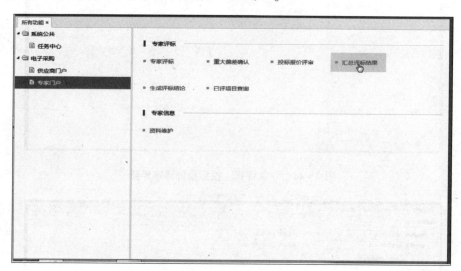

图9-47 专家门户-汇总评标结果界面1

（15）在"评标结果"界面，找到已经评审的单据，点击"汇总评标结果"，即可查看评标专家对三家供应商的"形式评审、资格审查、商务评审、技术评审、其他"等评审信息。

专家门户-汇总评标结果界面2如图9-48所示。

4. 编制评标报告

（1）进入"所有功能"界面，点击"生成评标结论"。

专家门户-生成评标结论界面如图9-49所示。

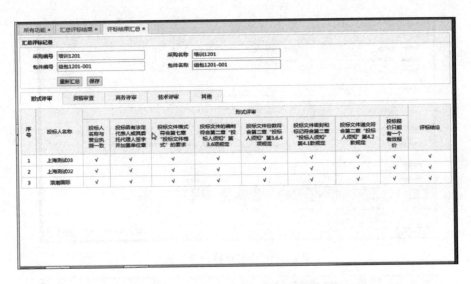

图9-48 专家门户–汇总评标结果界面2

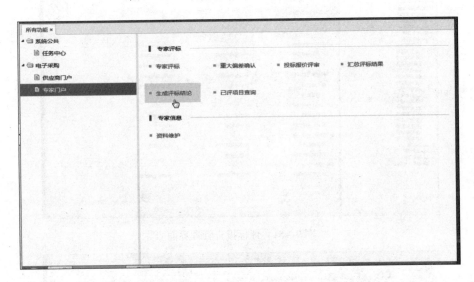

图9-49 专家门户–生成评标结论界面

（2）进入"生成评标结论"界面，点击"编制"，弹出"评标结论"界面，专家组长需在这里完成三项工作，第一项是勾选"中标候选人"，第二项是"上传评标报告"，第三项是给出评标结论，点击"保存评标记录"。

保存评标记录界面如图9-50所示。

（3）回到"所有功能"界面，点击招标采购中"评标报告管理"。

评标报告管理界面如图9-51所示。

（4）在"评标报告管理"界面，找到已经评审完的单据，点击已评审的包件，再点击"采购成交情况分析"。在采购成交情况分析表中，对供应商的采购成交价、市场信息价、概算价等进行分析。之后保存采购成交情况信息。

采购成交情况分析表界面如图9-52所示。

铁路建设工程招投标与合同管理概论

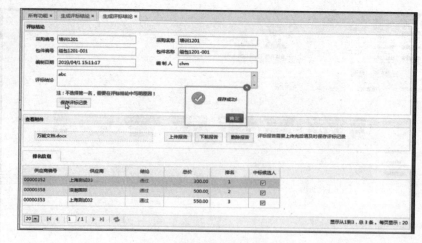
图9-50　保存评标记录界面

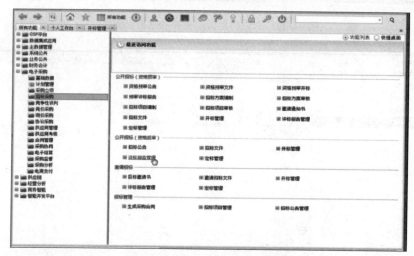
图9-51　评标报告管理界面

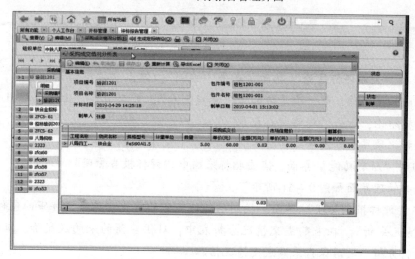
图9-52　采购成交情况分析表界面

222

5. 发布中标公示

（1）点击"中标公示"。

中标公示界面如图 9 – 53 所示。

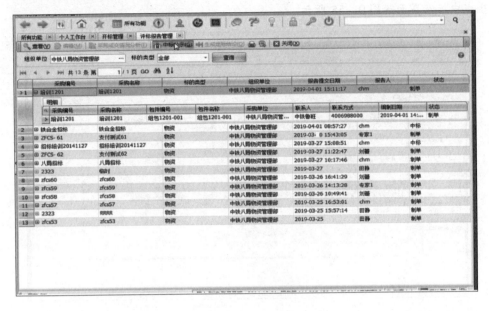

图 9 – 53　中标公示界面

（2）在"公示"界面勾选"培训 1201"，通过点击"发布"将中标信息公布到门户网站上。

中标公示发布界面如图 9 – 54 所示。

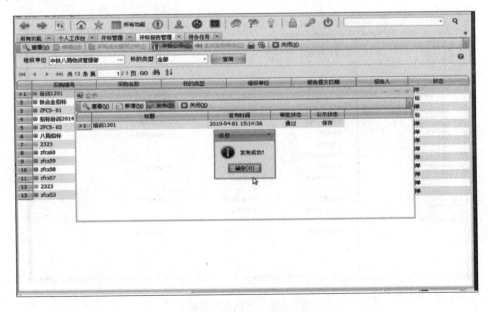

图 9 – 54　中标公示发布界面

6. 确定中标人

进入"生成定标结论"界面，勾选中标人，点击"生成"，保存成功后就确定了中标人。

生成中标人界面如图9-55所示。

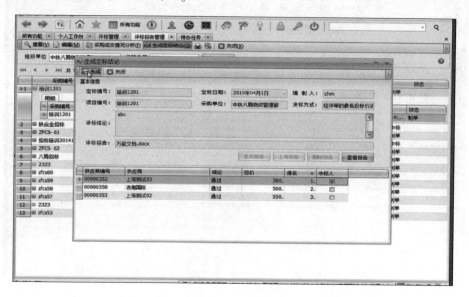

图9-55 生成中标人界面

7. 发出中标通知

(1)"中标结果"审批通过之后，点击"定标管理"。

定标管理界面如图9-56所示。

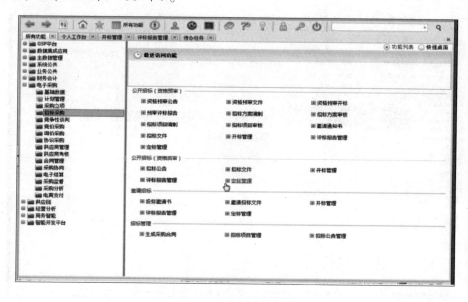

图9-56 定标管理界面

(2) 在"定标管理"界面，找到中标的包件并点击包件，点击"发布中标通知"。

发布中标通知界面如图9-57所示。

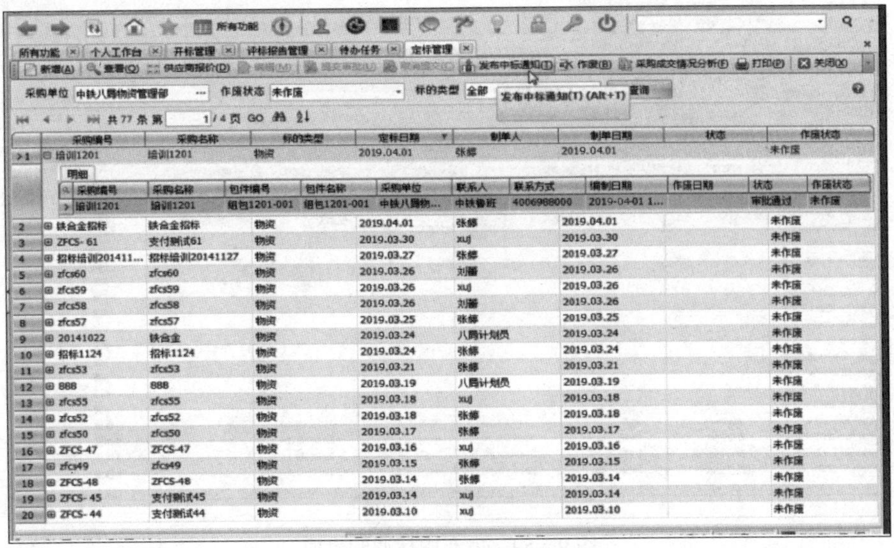

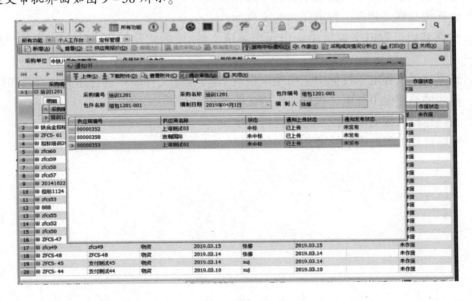

图9-57 发布中标通知界面

(3) 点击"发布中标通知"后,弹出"通知书"界面,点击"上传",向中标的供应商上传中标通知书,向未中标的供应商上传未中标通知书。上传之后,点击"提交审批"。

提交审批界面如图9-58所示。

图9-58 提交审批界面

(4) "中标通知书"审批通过之后,回到"发布中标通知"界面,点击"发布"按钮,进行中标通知的发布。发布成功后,供应商即可从交易系统中看到中标结果。

发布中标通知界面如图9-59所示。

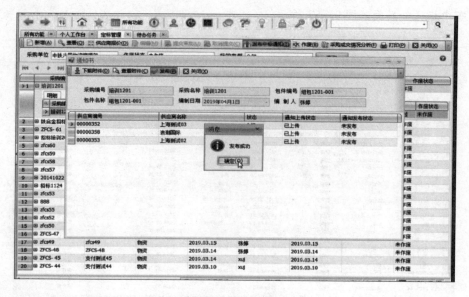

图 9 - 59　发布中标通知界面

【本章思考题】

1. 在铁路建设工程电子招投标中哪些数据电文需要电子签名并存档？

2. 怎样编制铁路建设工程电子招投标的招标项目？

3. 怎样编制铁路建设工程电子招标文件？

4. 铁路建设工程电子投标中资格预审申请文件/投标文件如何进行在线或离线编辑和制作？

5. 铁路建设工程电子投标中资格预审申请文件/投标文件怎样进行递交、修改和撤回？

6. 简述铁路建设工程电子投标文件的在线解密。

7. 铁路建设工程电子招投标怎样进行评审？

8. 铁路建设工程电子中标通知书如何编辑？

参 考 文 献

[1] 严玲. 招投标与合同管理工作坊：案例教学教程［M］. 北京：机械工业出版社，2015.

[2] 沈中友. 工程招投标与合同管理［M］. 北京：机械工业出版社，2017.

[3] 唐小平. 新版铁路工程造价标准主要特点与使用要点［J］. 铁路工程技术与经济，2017，32（4）：1-8.